Dietmar Grieser

Das gibt's nur in Wien

Dietmar Grieser
Das gibt's nur in Wien

Eine autobiographische Spurensuche

Mit 24 Abbildungen

AMALTHEA

Bildnachweis

Archiv Grieser (S. 16, 149, 242), Fabian Dembski (S. 24, 33, 55, 63, 83, 91, 105, 117, 142, 239, 251), First Look/picturedesk.com (S. 43), Franz Hubmann/Imagno/picturedesk.com (S. 67), allOver/Interfoto/picturedesk.com (S. 79), ORF (S. 135), Archiv Zemanek (S. 162), Archiv Pramberger (S. 177), Christian Kreuziger/picturedesk.com (S. 197), Norbert Cerny (S. 203), Archiv Amalthea Verlag (S. 227)

Besuchen Sie uns im Internet unter:
www.amalthea.at

© 2012 by Amalthea Signum Verlag, Wien
Alle Rechte vorbehalten
Umschlaggestaltung: Kurt Hamtil, verlagsbüro wien
Umschlagmotiv: imagno/Harry Weber
Bildredaktion: Mag. Victoria Bauernberger
Herstellung und Satz: VerlagsService Dr. Helmut Neuberger
& Karl Schaumann GmbH, Heimstetten
Gesetzt aus der 11,25/15 Punkt New Caledonia
Printed in the EU
ISBN 978-3-85002-805-9

Für Thomas und Claudia

Inhalt

Vorwort 9

Der Spaziergänger

Menschen im Hotel 11

Grünes Glück und grünes Pech 22

Bühne des Lebens 30

Erdberger Spaziergänge 39

Vom Papiermacherplatzl
zur »Musikmeile Wien« 51

Die Grießergasse 57

»Sag danke, Opa!« 62

Absolution 69

Traumwelt Kino 81

Erst, wann's aus wird sein … 87

Die Waldohreulen von Stammersdorf 93

Peking-Ente auf wienerisch 99

Der Genießer

Von Beiseln und Weinschenken,
von Kaffeehäusern und Luxusrestaurants 107

Wiener Küche 125

Mein Meißner 137

Der Alltagsmensch

Die Sache mit der Staatsbürgerschaft *145*

Diese Deutschen *153*

Vierteltelefon und Hektograph *160*

Unterm Dach *169*

Nachrichten aus dem Grätzel *179*

Hussein *187*

Ein Dackel muß es sein! *191*

Der Autor

Signierstunde *201*

Lesung im Riesenrad *208*

Nichts als Pannen *218*

Hausbesuch *224*

Das T-Shirt mit den drei Fischen *230*

Vier Buchstaben *234*

Der Vorlaß *239*

Mein Nobelpreis *243*

Was ich an Wien mag/nicht mag *247*

Personenregister *251*

Vorwort

Was, noch ein Wien-Buch? Ist zu diesem Thema nicht längst alles, alles, alles gesagt? Und habe nicht ich selber mit sage und schreibe acht einschlägigen Titeln diesbezüglich jedes zulässige Maß überschritten?

»Alte Häuser – große Namen« war das erste in der Reihe meiner Wien-Bücher; es folgten Porträtsammlungen wie »Wien – Wahlheimat der Genies«, das Pendant »Heimat bist du großer Namen« und »Verborgener Ruhm«, das Erotikon »Eine Liebe in Wien«, die Spurensuche »Weltreise durch Wien« und die Praterparade »Gustl, Liliom und der Dritte Mann«. Auch »Schauplätze österreichischer Dichtung«, »Köpfe« und »Der erste Walzer« sind Titel, die über weite Strecken Wien zum Gegenstand haben. Kaum eine der großen Figuren aus der opulenten Kulturgeschichte dieser Stadt, der ich mich nicht aus diesem oder jenem Blickwinkel genähert hätte.

Nur *ein* Aspekt schien mir bei meiner anhaltenden Beschäftigung mit dem Topos Wien entbehrlich: der Blick auf meine *eigenen* Erfahrungen mit dieser Stadt und ihren Menschen. Dazu habe ich mich allenfalls gesprächsweise geäußert. Doch immer öfter wurden Stimmen laut, ich sollte dies doch auch in Buchform tun.

Dem großen Humanisten Reinhold Schneider hat ein Aufenthalt von vier Monaten genügt, um das Material für den 300-Seiten-Band »Winter in Wien« zusammenzutragen. Es ist ein bedeutendes, ein überragendes Werk geworden, an das

Vorwort

nichts, was ihm an Vergleichbarem gefolgt ist, heranreicht. Aber sind deswegen wir anderen, denen Wien ebenfalls – und oftmals über weit größere Zeitspannen hinweg – zum Schicksal geworden ist, zum Schweigen verurteilt?

55 Jahre lebe ich nun in dieser Stadt – das ist kein Lapperl. Da sammelt sich schon einiges an Erfahrungen, Erlebnissen, Erinnerungen an. Gemessen an dem großen Vorbild Reinhold Schneider mögen es Petitessen, Momentaufnahmen, Episoden mit Hang zum Anekdotischen sein. Sollten sie dennoch den vielen (und bekannten) Facetten Wiens die eine oder andere neue hinzufügen, hätte sich die Arbeit an dem vorliegenden Buch gelohnt.

Dietmar Grieser, im April 2012

Der Spaziergänger

Menschen im Hotel

Das Stephanushaus in der Ungargasse ist ein von katholischen Ordensschwestern geführter Beherbergungsbetrieb, der in punkto Kategorie schwer einzuordnen ist. Für ein Hotel zu wenig alert und freizügig, für eine Frühstückspension zu wenig intim und für ein Kloster wiederum zu weltlich, ist das sechsstöckige Haus aus den Sechzigerjahren, das über neunzig Betten, eine Empfangshalle, einen Gemeinschaftsraum, ein Fernsehzimmer und eine Kapelle verfügt, vor allem eines: preiswert und sauber. Seit vielen Jahren bin ich Stammkunde, führe dem Stephanushaus immer wieder Gäste zu, die auf Luxus weniger Wert legen als auf Solidität und Billigkeit. Den kargen Charme, den die Betreiberinnen – circa fünf Nonnen überwiegend fortgeschrittenen Alters – ausstrahlen, macht die günstige Verkehrslage des Hauses wett: Die Straßenbahn der Linie O vor der Tür, ist es auch nur wenige Schritte zur U-Bahn-Station Rochusgasse, man ist also im Nu im Stadtzentrum, auf den diversen Bahnhöfen, an den Hotspots des Sightseeing-Tourismus.

Hervorgegangen ist das Stephanushaus aus einer Priesterherberge, die in früheren Zeiten vornehmlich durchreisenden Geistlichen aus Ungarn offenstand, und in den oberen Etagen gibt es noch immer eine Reihe von Zimmern, die mit Dauergästen aus dem kirchlichen Bereich belegt sind: Priestern, die hier – wie in einer Art Ausgedinge – ihren Lebensabend verbringen.

Der Spaziergänger

Damit sie wissen, was sie erwartet, kläre ich die Gäste, die ich ans Stephanushaus vermittle, stets darüber auf, mit welchen Vor- und welchen Nachteilen sie zu rechnen haben, mit welchen Rechten und Pflichten, mit welchen Beschränkungen und auch – vorausgesetzt, sie bringen eine kräftige Dosis Humor mit – mit welchen Skurrilitäten.

Das Stephanushaus ist nichts für Leute, die an eine 24stündig besetzte Rezeption, an liebevolle Umsorgung durch ein Heer dienstbarer Geister oder an Extras wie Hausbar, Souvenirshop und Kosmetiksalon gewöhnt sind. Auch die den Schwestern eigene Strenge, die nur wenig Raum läßt für den gerade von Touristen hochgeschätzten Wiener »Schmäh«, ist wohl nicht nach jedermanns Geschmack. Am besten kommen mit Atmosphäre und Stil des Stephanushauses Leute mit Jugendherbergserfahrungen zurecht, und auch eine gewisse Nähe zur katholischen Glaubensgemeinschaft kann, wiewohl den Gästen nicht das Mindeste an Frömmigkeit abverlangt wird, von Vorteil sein. Der polnische Germanistikstudent Waldemar J., der im Frühjahr 2007 für eine Woche nach Wien kam, um Material für seine Doktorarbeit über mein literarisches Schaffen zu sammeln, und jeden Morgen zur Frühmesse in der hauseigenen Kapelle erschien, durfte sich ebenso der besonderen Zuwendung der Schwestern erfreuen wie jene Reisegruppe aus Portugal, die es sich nicht nehmen ließ, beim gemeinsamen Frühstück regelmäßig das Tischgebet zu sprechen.

Weniger Glück hatte ich mit jener fanatischen, ja fundamentalistischen Protestantin aus dem westfälischen Bocholt, die, treue Leserin meiner Bücher – nach jahrelangem nur brieflichen Kontakt mit mir – mit dem Wunsch nach Wien gekommen war, ihrem Lieblingsautor für ein paar Tage auch physisch nahe zu sein. Es war ein Fehler, sie im Stephanushaus einzuquartieren. Es war Hochsaison, das Haus war überbelegt, für Carla G. blieb nur ein Zimmer im fünften Stock, das normalerweise für pensionierte katholische Priester reserviert ist. Als ich Frau G. noch am Tag ihrer Ankunft – wie vereinbart – zu einem gemeinsamen Stadtbummel abholte, erfuhr ich, was geschehen war. Sie hatte ihr Zimmer bezogen, hatte ihren Koffer ausgepackt und war gerade im Begriff, ihre Sachen zu verstauen, als es beim Öffnen des Kleiderschranks zum Eklat kam: Das gute Möbelstück war prall gefüllt – und zwar mit lauter Meßgewändern: dem einfachen Werktags und dem feierlichen Sonntagsornat, dazu Chorrock, Stola und Kollar.

Für die glühende Protestantin, der alles Katholische ein Greuel ist, ein schwerer Schock. Die Schwestern des Stephanushauses hatten in der Hektik des Betriebes versehentlich verabsäumt, das Zimmer von jenen Habseligkeiten zu befreien, die einer ihrer Dauergäste für die Zeit bis zu seiner Wiederkehr zurückgelassen hatte. Für Carla G. eine schier unerträgliche Zumutung: Nie im Leben würde sie es über sich bringen, ihre Kleider, Röcke und Blusen in einem Schrank zu verstauen, der mit »andersgläubigem« Gewand angefüllt war. Frau G., außer sich vor Empörung, bestand darauf, auf der Stelle das Quartier zu wechseln – wie hatte ich sie nur einer solchen Brüskierung aussetzen können! Es kostete mich alle meine Überredungskunst, sie zu beruhigen und – falls dies überhaupt möglich sein würde – zum Bleiben zu veranlassen. Ich rang nach Argumenten, appellierte an die allgemeinchristlichen Tugenden der Toleranz und Sanftmut, beschwor den Geist der Ökumene, flehte sie an, die Sache mit Humor

Der Spaziergänger

zu nehmen, und brachte die verfahrene Situation schließlich doch zu einem guten Ende: Carla G. blieb.

Als wir einige Zeit später – mein Gast war inzwischen in sein Bocholt heimgekehrt – unsere Korrespondenz wieder aufnahmen, war ihr Zorn verflogen, sie bedankte sich überschwänglich für »die schönen Tage in Wien«, und sogar über ihr Mißgeschick mit dem »katholischen« Kleiderschrank konnte sie inzwischen, wie ich aus ihrem Brief herauslas, von Herzen lachen. Und ich bin sicher, auch die strengen Schwestern des Stephanushauses, die von dem Vorfall nichts mitbekommen hatten, würden, wenn ich ihnen heute davon erzähle, in Carlas Lachen fröhlich einstimmen.

Was meine eigenen Erfahrungen mit Wiener Beherbergungsbetrieben betrifft, so ist zunächst einmal festzuhalten, daß ich nicht nur zur Spezies der »Urbomanen« zähle (wie Paul Nizon unseresgleichen einmal genannt hat), sondern ein bekennender Hotelmensch bin. Es hängt wohl mit meiner angeborenen Neigung zu Bequemlichkeit und meiner Scheu vor den praktischen Dingen des Alltags zusammen, daß ich die Sorgen um Wohnen und Einrichten, um Möblieren, Reparieren und Instandhalten gerne anderen überlasse. Noch heute, wo ich längst glücklicher Eigentümer einer komfortablen Atelierwohnung in bester Wohnlage bin, könnte ich mir leicht vorstellen, auf Dauer in einem erstklassigen Hotel zu residieren – so wie das in früheren Zeiten unter Künstlern nichts Außergewöhnliches gewesen ist. Joseph Roth ist von einem Hotel ins andere übersiedelt, Marcel Prawy hat bis zuletzt im Sacher, Fritz Eckhardt bis zuletzt im Intercontinental gewohnt. Oskar Werner ist sogar in einem Hotelzimmer gestorben – es ist der Europäische Hof in Marburg, wo

14

er im Zuge seiner letzten Deutschland-Tournee für ein paar Tage abgestiegen war. Es ist übrigens dasselbe Hotel, in dem auch ich regelmäßig logiere, wenn ich mich in der betreffenden Region aufhalte. Ich gebe allerdings zu, daß ich mein Zimmer im zwischenzeitlich in Marburger Hof umbenannten Haus stets mit gemischten Gefühlen beziehe – wer will schon, wenn er zu später Stunde in sein Quartier zurückkehrt und sich zum Schlafen niederlegt, an Todeskampf und Tod seines Vormieters erinnert werden?

Auch Wien ist reich an Gasthöfen, Pensionen und Hotels, in denen namhafte Personen ihr Leben ausgehaucht haben – so etwa der (nicht mehr existierende) Altenburger Hof in der Krugerstraße, wo dem englischen Schriftsteller W. H. Auden am 28. September 1973 die letzte Stunde schlug. Eine Gedenktafel, die an das traurige Ereignis erinnert, wird man in allen diesen Fällen vergeblich suchen: Mit dem Tod läßt sich keine Reklame machen und sei der betreffende Gast auch noch so prominent.

Als ich im Oktober 1957 nach Wien übersiedelte und mich nach einem ersten Quartier umsah, fiel meine Wahl weder auf ein bescheidenes Untermietzimmer noch gar auf eine »richtige« Mietwohnung: Ein preiswertes Hotelzimmer sollte es sein, von dem aus ich in aller Ruhe nach einer festen Bleibe würde Ausschau halten können. Die Tage in meinem Provisorium – so lautete der Plan – würde ich dazu nützen, die mir bis dato fremde Stadt kennenzulernen, ihre Wohnmöglichkeiten zu erkunden und sodann über meinen künftigen Verbleib zu entscheiden. Dieses »Wartezimmer« fand ich im Hotel Adlerhof am Hafnersteig, einer engen, nur für Fußgänger erreichbaren Gasse zwischen Fleischmarkt und Schwedenplatz.

Der Spaziergänger

Mit 23 nach Wien – ins Stundenhotel!

Wienkundige Freunde in Münster, wo ich mein Universitätsstudium absolviert hatte, hatten mir auf dem Weg in mein neues Leben diese Adresse mitgegeben und im Hinblick auf meine kargen Finanzen sogar die Zimmernummer genannt, nach der ich fragen sollte. Nr. 32 war eine jener fensterlosen Schlafkammern unterm Dach, die zwar nur das Allernötigste an Mobiliar aufwiesen, dafür aber spottbillig waren.

Ich hatte Glück, Nr. 32 war frei, ich hatte an meinem künftigen Wohnort Wien ein Dach überm Kopf. Daß sich mir noch am Tag meiner Ankunft der »wahre« Charakter meines Domizils erschloß, schreckte mich nicht nur nicht, sondern machte die Sache nur noch interessanter: Das Hotel Adlerhof zählte zu jenen Etablissements, in denen Zimmer nicht nur für längere Aufenthalte, sondern auch für stundenweisen Gebrauch abgegeben werden. Weder das ständige Kommen und Gehen der einschlägig eskortierten Gäste noch die aus den Nachbarzimmern dringenden Begleitgeräusche störten mich. Im Gegenteil: Ich fand es aufregend, ohne eigenes Zutun am Liebesleben der Stadt teilzuhaben, und es lag lediglich an der etwas »einseitigen« Möblierung meines Zimmers (kein Schreibtisch, nur ein riesengroßes Bett), daß ich nach Ablauf einer Woche doch lieber auszog und mich nach einer neuen, einer »richtigen« Unterkunft umsah.

Als ich in späteren Jahren auch die noblere Seite der Wiener Hotellerie kennenlernte, bildete sich eine Reihe von Favoriten heraus, von denen ich mir gut vorstellen konnte, mich unter ihrem Dach auf Dauer niederzulassen. Das war und blieb natürlich ein unrealistisches Spiel mit extravaganten Begehrlichkeiten. Wer, mit solch bescheidenen Einkünften wie meinen, konnte sich ein Logis im Imperial leisten? Meine Erfahrungen mit den Wiener Luxusherbergen blieben also auf eine Reihe berufsbedingter Treffs mit prominenten Gästen beschränkt, die mich in »ihren« Hotelhallen zum Gedankenaustausch oder Interview empfingen.

Carl Zuckmayer, ein Mann von besonders unkompliziertem und leutseligem Naturell, ließ mich sogar in seine Suite ein – es war im damals noch nicht ganz so luxuriösen Sacher, in dem der schon betagte Dichter bei jedem seiner Wien-Aufenthalte mit Gattin Alice Herdan abzusteigen pflegte. Das Ehepaar bezog zwei nebeneinanderliegende Zimmer mit Verbindungstür. Zuckmayer war nach einem Herzinfarkt gesundheitlich angeschlagen; vom Nebenraum aus wachte Frau Alice darüber, daß ich die mir vom behandelnden Arzt zugestandene Gesprächszeit von einer halben Stunde um keine Minute überzog. Dafür war es Zuckmayer selber, der sich über das

Der Spaziergänger

gebotene Limit lässig hinwegsetzte: Der Redefluß des sich wieder im Vollbesitz seiner Kräfte Wähnenden ließ keinen Blick auf die Uhr zu, und auch die mahnenden Worte seiner mehrmals in die Unterhaltung eingreifenden Ehefrau konnten den Dichter nicht zum Stoppen bringen. Eine Anekdote jagte die andere, und auch als ich mich schon fast verabschiedet hatte, rief er mir mit letzter Kraft noch eine weitere, eine allerletzte Schnurre nach, die sich gerade erst vor ein paar Tagen zugetragen hatte: Der damalige Bundeskanzler Klaus hatte durch einen seiner Emissäre anfragen lassen, ob der Dichter geneigt wäre, einen Orden der Republik Österreich anzunehmen. Zuckmayers Antwort: »Nein danke, eine Kiste Wein wäre mir lieber.« Bundeskanzler Klaus ging willig darauf ein: Noch am selben Tag wurde Zuckmayer das Gewünschte in die Hotelsuite geliefert, und es bedarf wohl keiner weiteren Erwähnung, daß es sich dabei um ein Gebinde aus den edelsten Sorten handelte, das selbst den ausgewiesenen (und einer rheinhessischen Winzerdynastie entstammenden) Weinkenner Zuckmayer in Jubel ausbrechen ließ.

Ein weiteres Wiener Luxushotel, in dem ich mich wiederholt mit Interviewpartnern traf, war das altehrwürdige Imperial am Kärntnerring, das allgemein dafür bekannt war, seinen Gästen auch die ausgefallensten Wünsche zu erfüllen. Hatten sie Kaiser Selassie von Äthiopien während seines Österreich-Besuchs nicht sogar den von ihm erbetenen Betsessel und König Baudouin von Belgien einen Beichtstuhl ins Schlafgemach gestellt?

Auch die Jugendstilpracht des Bristol wußte ich zu schätzen. Im dortigen Festsaal hatte ich als Gast der von Bundesratspräsident Herbert Schambeck geleiteten

18

Menschen im Hotel

Österreichisch-Deutschen Kulturgesellschaft meine ersten Wiener Vorträge gehalten – die nachfolgenden Bankette im mustergültig geführten Hotelrestaurant waren jedesmal ein Fest.

Bei einer dieser Gelegenheiten erfuhr ich von einer wahrhaft grotesken Episode, die sich Anfang 1938 im Bristol abgespielt hat. Joseph Roth, vor der nun auch Österreich bedrohenden »braunen Gefahr« längst nach Frankreich emigriert, traf an der Seite seiner damaligen Lebensgefährtin, der Schriftstellerkollegin Irmgard Keun, zu einem letzten Kurzaufenthalt in Wien ein. Das Bristol war überbelegt, sämtliche Doppelzimmer vergeben. Joseph Roth und Irmgard Keun, frisch verliebt, mußten sich mit Einzelzimmern begnügen. Doch das noch größere Problem war die Unterbringung des zur selben Zeit in Wien weilenden Roth-Kollegen Anton Kuh. Der vier Jahre Ältere, berüchtigt für sein grenzgeniales Schnorrertum, nützte die Gelegenheit, sich mit Hilfe seines Freundes Joseph Roth ein Gratisquartier zu erschwindeln. Der Plan, den man gemeinsam ausheckte, sah vor, daß Roth den Kollegen Kuh heimlich in sein eigenes Zimmer einschleuste und seinerseits in dasjenige von Irmgard Keun zog. Der Coup wäre unbemerkt geblieben, wäre Anton Kuh nicht, wie es mitunter seine Gewohnheit war, splitternackt durch den Hotelkorridor gelaufen. Ein Zimmermädchen, des unverfrorenen Gastes ansichtig werdend, meldete den skandalösen Vorfall bei der Direktion des Hauses, und der Spuk endete, wie er enden mußte: mit schmachvollem Hinauswurf des »blinden Passagiers«.

Ein besonderes Faible hatte ich auch für das alte, damals noch nicht generalsanierte Ambassador in der Kärntnerstraße. Ich kannte es von den Recherchen, die ich im Lauf der Jahre für

19

Der Spaziergänger

das eine oder andere meiner Buchthemen angestellt hatte. Im Ambassador (damals noch – unter dem Namen seines Gründers – als Hotel Krantz firmierend) hatte beispielsweise Mark Twain am 17. September 1898 eine Suite im zweiten Stock bezogen, von deren Fenstern aus der Dichter Kaiserin Elisabeths Beisetzung in der gegenüberliegenden Kapuzinergruft beobachten konnte, und auf dem Weg nach Venedig hatte im Frühsommer 1911 die polnische Aristokratenfamilie von Moes im Hotel Krantz einen Zwischenaufenthalt eingelegt (Sohn Wladyslav, ein bildhübscher, blondlockiger Knabe von zwölf Jahren, sollte einige Jahre später – als Hauptfigur der Thomas-Mann-Novelle »Tod in Venedig« – unter dem Namen Tadzio in die Weltliteratur eingehen). Auch mein Interesse für Karl Mays letzte Vortragsveranstaltung, die – zehn Tage vor dessen Tod – in den Wiener Sophiensälen stattfand und dem Autor des »Winnetou« einen Zuhörerrekord einbrachte, führte mich zu Recherchen ins Ambassador: Hier logierte der Siebzigjährige mit Gattin Klara im März 1912, hier machte ihm Bertha von Suttner ihre Aufwartung, hier versteckte man ihn vor den andrängenden Journalisten und vor den Massenhuldigungen der beim Kartenvorverkauf leer ausgegangenen Fans.

Das alte Ambassador war übrigens eine Zeit lang auch für mich selbst einer der bevorzugten Aufenthaltsorte. Hier, im links vom Hoteleingang gelegenen Café, das heute Teil des Verkaufsraums einer internationalen Modehauskette ist, nahm ich hinter den großen Fenstern mit Blick auf die Kärntnerstraße meinen Vormittagskaffee oder meinen Five-o-clock-Pernod ein, las die in reicher Vielfalt aufliegenden Zeitungen, traf meine Freunde, ordnete meine Notizen. Die schwache Besucherfrequenz, die morbide Eleganz des

20

Menschen im Hotel

plüschig-verstaubten Mobiliars und die Diskretion des Bedienungspersonals machten das Lokal zu einem Geheimtipp, den unter anderem auch Einzelgänger wie Thomas Bernhard klug zu nutzen wußten. Sein (als »Komödie« titulierter) Roman »Alte Meister« ist über weite Strecken eine einzige Liebeserklärung an jene »Fensterecke« des Café Ambassador, wo der Dichter seinen Protagonisten, den Musikwissenschaftler Reger, tagtäglich Platz nehmen ließ – an dem Tisch »neben dem Judentisch, der vor dem Ungarntisch steht, der hinter dem Arabertisch steht«.

Zwei Dinge sind es vor allem, die Thomas Bernhards Romanfigur den Aufenthalt im Café Ambassador unentbehrlich machten: die jahraus jahrein gleichbleibende Raumtemperatur von 23 Grad und »die nicht nur architektonisch, sondern auch sanitär-soziologisch bis in die kleinsten Einzelheiten hinein perfekte Beschaffenheit der Toiletten«, die sich – so Bernhard – wohltuend abhob von den himmelschreiend elenden Sanitärverhältnissen der Wiener Gastlokale, Institutionen und Wohnungen. »Die Wiener Toiletten«, so holte Thomas Bernhard im Mittelteil der »Alten Meister« zu einem ebenso furiosen wie amüsanten Rundumschlag aus, »sind insgesamt ein Skandal. Selbst auf dem unteren Balkan finden Sie nicht eine einzige solche verwahrloste Toilette. Wien ist ein einziger Toilettenskandal; selbst in den berühmtesten Hotels der Stadt befinden sich skandalöse Toiletten. Wien ist ganz oberflächlich wegen seiner Oper berühmt, aber tatsächlich gefürchtet und verabscheut wegen seiner skandalösen Toiletten. Wenn Sie mit einem Wiener in seine Wohnung gehen, bleibt Ihnen meistens vor Schmutz der Verstand stehen.« Wovor ihm, dem Musik- und Kunstkenner Reger, besonders ekelte, seien die diesbezüglichen Verhältnisse im

Kunsthistorischen Museum gewesen, die ihn förmlich dazu gezwungen hätten, sich zur Verrichtung seiner Notdurft ins Ambassador zu retten. Thomas Bernhards Resümee: »Wenn ich das Ambassador nicht hätte, überlebte ich nicht.«

Zu der Zeit, da ich selber häufig im Ambassador verkehrte, wurde das Hotel von zwei alten Damen geführt. Sie waren Schwestern, beide schon etwas gebrechlich, mit dem Management des Hauses eindeutig überfordert. Der Betrieb ging schlecht, es fehlte an neuen Ideen, an Marktstrategie, an Werbung. Ich schlug ihnen daher vor, Thomas Bernhards wortmächtige Elogen auf das Ambassador für ihre Reklamezwecke zu nutzen, keinen besseren Apologeten könnten sie sich wünschen als den inzwischen allseits, ja weltweit berühmten Dichter. Doch die beiden Damen rümpften die Nase und wehrten verschreckt ab: Um Himmels Willen, die Auslassungen dieses zügellosen »Herrn Bernhard« seien keineswegs nach jedermanns Geschmack, würden bei der noblen Klientel des Ambassador auf heftigsten Widerstand stoßen, und das mit den Toiletten, wenn es auch noch so gut gemeint sei, wäre überhaupt indiskutabel, unter keinen Umständen für einen Hotelprospekt wie den ihren geeignet. Ich gab meinen Kampf auf, das Kapital blieb ungenutzt, und mit dem Ambassador ging es in der Folge weiter bergab.

Grünes Glück und grünes Pech

Wenn ich in meinem Wohnviertel aus dem Haus trete, im Arenbergpark meine Runden drehe und dabei auf die Gärtnerinnenbrigade treffe, die die Blumenbeete pflegt, das Unkraut auszupft und neue Pflanzen setzt, geselle ich mich mitunter zu

Grünes Glück und grünes Pech

den ebenso geschickten wie fleißigen Arbeiterinnen und lobe sie für ihre hervorragenden Dienste. Zuerst begegneten sie mir mit Mißtrauen, hatten wohl erwartet, daß ich irgendetwas zu beanstanden hätte, zu »matschkern«, wie man in Wien sagt. Inzwischen kennen sie mich, begrüßen mich und machen mich von sich aus darauf aufmerksam, welche Blumen beim nächsten Turnus vorgesehen sind, oder machen mir gar Hoffnung, meine eigenen Anregungen aufzugreifen und an den zuständigen Revierleiter im Gartenamt weiterzuleiten.

Ja, Wien ist eine Stadt, die über die herrlichsten Grünflächen und Parks verfügt und sie auch mustergültig pflegt. Daß sogar manche der abgasverseuchten Hauptverkehrswege von Blumenrabatten gesäumt sind, versetzt mich regelmäßig in Verwunderung: Wie schaffen es diese tapferen Gewächse, dem permanenten CO_2-Ausstoß zu trotzen und, davon unbeirrt, ihre Blütenpracht zu entfalten?

Unter den zahlreichen öffentlichen Grünanlagen der Stadt sind neben »meinem« Arenbergpark der elegante Burggarten, der abwechslungsreiche Türkenschanzpark und der lehrreiche »Botanische« meine Favoriten. Auch Stadtpark, Volksgarten und Prater möchte ich nicht missen, und selbst dem einen oder anderen »Beserlpark«, obwohl arm an Schönheiten, vermag ich gewisse Reize abzugewinnen und sei es nur das Erstaunen darüber, wie sich auch in den ärgsten Betonwüsten so manches Stückchen Flora zu behaupten weiß.

Was mir weniger gefällt, sind die Horden von Joggern, Nordic-Walkern und Gymnastikern, die in zunehmendem Maß von den Wiener Parks Besitz ergreifen. Müssen sie unbedingt vor meiner Nase ihre Glieder recken, ihren Schweiß ausdünsten und ihre seltsamen Geräte in Betrieb setzen?

Der Spaziergänger

Naherholungsgebiet Karlsplatz, Sonntagnachmittag

Grünes Glück und grünes Pech

Woran es in Wien – so wie in anderen Großstädten auch – fehlt, ist lediglich der nach außen sichtbare Blumenschmuck der Wohnhäuser: Ich sehe reihenweise Fenster, Veranden und Balkons, aus denen nicht das kleinste bißchen Grün sprießt. Wie gut täte da der Millionenstadt ein Schuß Alpbach, Sankt Jakob im Walde oder Altaussee!

Ich gebe allerdings zu, daß auch mein eigener Beitrag zur pflanzlichen Behübschung der Stadt zu wünschen übrig läßt. Ich habe mir zwar in früheren Jahren alle Mühe gegeben, meine Fenster mit Blumenkästen und meine Terrasse mit Topfpflanzen zu schmücken, scheiterte jedoch wieder und wieder an meiner gärtnerischen Unzulänglichkeit und gab daher meine Bemühungen, mit der Aufzucht von Pelargonien, Stechpalmen und Bananenstauden zu brillieren, entmutigt auf. Erst recht mißlang es mir, das Prachtexemplar eines Bonsais, der mir geschenkt worden war, durchzubringen: Eine Massenattacke gefräßiger Raupen killte den heiklen Gesellen bis aufs letzte Blatt. Mit den heftigsten Schuldgefühlen denke ich auch an jene Kostbarkeit zurück, die mir der hochgeschätzte Kollege Heinz Knobloch vor Jahren als Gastgeschenk aus Berlin mitgebracht hatte: ein wunderschönes Exemplar von Goethes Urpflanze. Bis heute habe ich dem freundlichen Spender verschwiegen, daß sein »Bryophyllum« an dessen neuem Bestimmungsort kläglich eingegangen ist. Ich werde also wohl mit der schmerzlichen Einsicht leben müssen, daß ich nicht über jene Gabe verfüge, die man in Wien ein »grünes Handerl« nennt.

Hatte ich mich mit diesem Defizit nicht schon in Kindertagen abfinden müssen, als mein Vater – es war in den gemüse- und obstarmen Jahren nach 1945 – die Idee gehabt hatte, uns drei Söhne zu individueller gärtnerischer Aktivität anzuspornen? An den wiesenreichen Ausläufern der Kleinstadt, in der unsere Familie damals lebte, war meinem Vater vom Magistrat eine herrenlose Grünfläche von vier mal sechs Metern zugesprochen worden, die er in drei gleichgroße Beete aufteilte und meinen beiden Brüdern und mir zur selbständigen »Bewirtschaftung« überließ. Das Nützliche mit dem Didaktischen verbindend, schwebte ihm vor, jeder der drei Buben würde auf seinem Beet nach Gutdünken Nutzpflanzen aufziehen, die – falls das Experiment gelänge – dem notleidenden Haushalt unserer Mutter zugute kommen würden. Karotten, Erbsen und Fisolen aus dem eigenen Garten – welch verlockende Aussicht!

Die Rechnung meines Vaters ging zum Teil auf – jedenfalls, was meine Brüder betraf. Die Saat ihrer beider Beete ging wunschgemäß auf; insbesondere Helmut (der denn auch in späteren Jahren prompt Gartenarchitekt wurde) konnte mit stattlichen Erträgen prahlen. Nur auf *meinem* Beet rührte sich wenig, und meine angeborene Scheu vor jeder Art von Wettstreit tat ein Übriges, meine gärtnerischen Ambitionen alsbald zum Erliegen zu bringen.

35 Jahre später – nun schon in Wien ansässig und Besitzer einer geräumigen Atelierwohnung mit allen Möglichkeiten der Begrünung – unternahm ich einen neuen (und wohl letzten) Anlauf, mich als »Pflanzer« zu bewähren. Amaryllis, Clivia und Philodendron bevölkerten mein Heim, und auch wenn sich die Lebensdauer meiner grünen Lieblinge in Grenzen hielt, konnte ich doch – bei strenger Einhaltung der Pflegevorschriften – gewisse gärtnerische Erfolge verbuchen. Vor allem mein 1982 erworbener, zu der stolzen Höhe

Grünes Glück und grünes Pech

von vier Metern aufragender Ficus lyrata wurde mir zu einem geliebten Hausgenossen, ohne dessen Blätterpracht ich mir mein Leben kaum noch vorstellen konnte. Doch leider leider – auch diesmal ging die Sache schief.

Ich nenne keine Namen, verrate weder Sender noch Sendung. Ich sage nur so viel: Das Fernsehen hat meinen schönen Baum auf dem Gewissen. Aber bin ich nicht letztlich selber daran schuld? Hätte ich nicht aufpassen müssen, daß die Eindringlinge, als sie zum Interview in meiner Wohnung anrückten und ihre Vorbereitungen für den Anderthalb-Stunden-Dreh trafen, kein Unheil anrichten?

Kameramänner, Toningenieure und Beleuchter sind in der Regel freundliche und unkomplizierte Leute, mit denen man sofort auf ein Bier gehen würde, denen man sorglos Wohnungsschlüssel und Tresorcode anvertrauen könnte. Nur eines macht den Umgang mit ihnen problematisch: ihr unstillbarer Drang nach Veränderung. Sie stellen in den Räumlichkeiten, die sie zum Drehort gewählt haben, alles auf den Kopf. Um die bestmögliche Perspektive und den optimalen Bildhintergrund zu erzielen, lassen sie keinen Stein auf dem anderen. Tische werden verrückt, Sessel und Stehlampen hin und her geschoben, Bücher und Papierstapel umgeschichtet: Kein Gegenstand ist vor ihnen sicher. Und ziehen sie nach getaner Arbeit ab, ist der Raum, in dem sie gewerkt haben, nicht mehr wiederzuerkennen. Dem Gastgeber fällt dabei die stumme Rolle des tatenlos Zusehenden zu: Wer, den es ins Fernsehen drängt, würde es wagen, einem Kamerateam ins Handwerk zu pfuschen?

Diesmal aber – so wurde mir nach Beendigung der Aufnahme klar – hätte ich eingreifen, hätte ich mich querlegen müssen. War es denn unbedingt nötig, daß sie sich auch an

27

Der Spaziergänger

meinem Baum vergreifen, ihn drehen und wenden, ihn herumschieben wie ein lästiges Möbelstück?

Der Baum – das ist, wie schon erwähnt, mein vier Meter hoher Ficus lyrata, der seit fast dreißig Jahren seinen immer gleichen Platz zwischen Atelier und Terrasse innehat. Schon wegen des immensen Gewichts des dazugehörigen Kübels habe ich den sanften Riesen in all den Jahren kein einziges Mal verrückt – mit meinen schwachen Kräften wäre ich dazu sowieso nicht imstande gewesen. Ich erinnere mich gut, wie er mir seinerzeit von einem Helfertrupp der Schönbrunner Bundesgartenverwaltung ins Haus geliefert wurde. An einem Freitagmorgen rückten sie zu zweit an, um das riesige Gewächs in den fünften Stock zu hieven. Doch das Unternehmen mußte abgebrochen werden, Baum und Kübel waren zu schwer. Wir einigten uns darauf, ihn übers Wochenende im Eingangsbereich des Hauses ruhen zu lassen und am folgenden Montag, nun aber um zwei Männer verstärkt, einen zweiten Anlauf zu versuchen. Und diesmal klappte es: Die Gärtner, in puncto Raumstatik ebenso ausgewiesene Kenner wie in puncto Lichteinfall, wiesen meinem Ficus den für sein weiteres Gedeihen idealen Standort zu, und dabei blieb es für die folgenden drei Jahrzehnte. Nichts wurde an seiner Position geändert, und da ich mich auch hinsichtlich Wässerung und Düngung streng an die Empfehlungen der Fachleute hielt, entwickelte sich mein grüner Hausgenosse prächtig. Auch meine Angewohnheit, regelmäßig mit ihm zu sprechen, ihn bei frischem Sprießen zu loben und bei eklatantem Verdorren zu tadeln, tat ein Übriges, sein Wachstum zu fördern. Ich übertreibe nicht, wenn ich sage, zwischen meinem Ficus und mir habe sich mit den Jahren so etwas wie eine Liebesbeziehung entwickelt.

28

Grünes Glück und grünes Pech

Natürlich war diese Beziehung auch mancherlei Schwankungen ausgesetzt: Vor allem in letzter Zeit stellten sich an diesem und jenem der Äste Ermüdungserscheinungen ein, die Blattverluste häuften sich, schon war das Schlimmste zu befürchten. Doch immer, wenn der grüne Greis schlappzumachen schien, »derrappelte« er sich wieder, produzierte frische Blätter, erfreute mich mit überraschenden Signalen neuer Hoffnung.

Bis zu dem Tag, da das Fernsehen zu mir kam …

Ach, hätte ich doch aufgepaßt und die ahnungslosen Filmleute davon abgehalten, meinen Ficus herumzubugsieren! Abgelenkt durchs stille Memorieren der zu erwartenden Interviewfragen und -antworten, war meinem Blick entgangen, was da wenige Schritte von mir entfernt vonstatten ging, und als ich schließlich das ganze Ausmaß des Unglücks erkannte, war's für jedes Eingreifen zu spät. Nur wenige Tage gingen ins Land und mein armer Baum warf in rasanter Folge seine Blätter ab, wurde von Stunde zu Stunde nackter und nackter, hatte seine Standortveränderung nicht verkraftet. Ich konnte mir ausrechnen, wann es so weit sein würde, endgültig von ihm Abschied nehmen zu müssen.

Es wurde ein trauriger Abschied. Um den erlittenen Verlust weder dem Leichtsinn der ansonsten so netten Fernsehleute noch meiner eigenen Unachtsamkeit anlasten zu müssen, flüchtete ich mich in den Gedanken, irgendwann wäre es wohl sowieso mit meinem grünen Hausgenossen zu Ende gegangen. Gewiß, gewiß. Und dennoch: nur ein schwacher Trost.

Der Spaziergänger

Bühne des Lebens

Es war eine Werbeveranstaltung in den noblen Räumlichkeiten des Palais Kinsky auf der Freyung; die Spitzen der Dresdner Tourismuswirtschaft hatten im Verein mit der Deutschen Botschaft zu einer Multimedia-Show über die Schönheiten der sächsischen Barockmetropole eingeladen, die von Kennern gern als Elbflorenz gepriesen wird. Man erfuhr eine Menge über die berühmten Bauwerke der 1945 zerstörten und nach dem Krieg mustergültig wiederaufgebauten Stadt: über Zwinger und Frauenkirche, über Semperoper und Grünes Gewölbe und über vieles andere mehr. Eine der Referentinnen, deren Ausführungen wir lauschten, rühmte vor allem die leichte Erreichbarkeit all der Sehenswürdigkeiten, und sie verwendete dafür eine Wortschöpfung, die ich zum ersten Mal hörte: Dresden, so führte sie aus, sei eine Stadt von optimaler »Fußläufigkeit«.

Ich kann nicht sagen, daß mir dieser Begriff gefiel. Bei »Läufigkeit« denkt unsereins eher an das Sexualverhalten geschlechtsreifer Hündinnen, aber immerhin war klar, was damit gemeint war: die Möglichkeit, die Wegstrecken zwischen den einzelnen Bauten auf bequeme Weise zu Fuß zurückzulegen. Du brauchst für deine Rundgänge keine öffentlichen Verkehrsmittel, gelangst ohne Touristenbus oder Taxi ans Ziel, kommst mit deinen zwei Beinen aus.

Auch wenn ich wenig Neigung verspüre, den von den Dresdner Touristikexperten geprägten Begriff »Fußläufigkeit« in meinen Wortschatz aufzunehmen, stimme ich ihm in der Sache zu – umso mehr, als auch Wien zu jenen Städten zählt, in denen sich der Besucher weitgehend per pedes bewegen kann. Ob vom Stephansdom zur Oper oder von

30

Bühne des Lebens

der Hofburg zum Belvedere – überallhin sind es nur wenige Schritte, bloß in den Prater, auf den Kahlenberg oder nach Schönbrunn wird man auf U-Bahn oder Bus zurückgreifen.

Und doch: Das Fußgängerparadies Wien hat auch Mängel. Was Wien – etwa im Gegensatz zu Paris – fehlt, sind die Lokale, von denen aus man, bequem in seinem Sessel ruhend und genüßlich seinen Aperitif schlürfend, das Leben und Treiben der Straßenpassanten verfolgen kann. Die Pariser Cafés mit ihren demonstrativ zum Gehsteig hin aufgestellten Tischen und Sesseln bilden einen idealen Aussichtspunkt, das Völkergemisch der Passanten, ihre modischen Eigenheiten und die Besonderheiten ihrer Selbstdarstellung zu beobachten, zu bestaunen und zu kommentieren.

Nicht so in Wien: Hier sind die nach außen geöffneten Lokalitäten – ob Ringstraßencafé, Hotelterrasse oder Schanigarten – nicht der Straße, sondern dem Lokalinneren zugewandt, ja durch Zaun, Spalier oder Kübelpflanzenarrangement vom Passantenstrom abgeschirmt: Man will für sich sein, ungestört vom Rest der Welt, will nur die Gesellschaft seiner Zechkumpane genießen, nicht aber das Spektakel, das sich hinter dem Rücken der Gäste abspielt.

Auch der »Corso« der Italiener, die sich zu bestimmten Stunden und an bestimmten Plätzen zu lockerem Flanieren, zu lauthals geführtem Gedankenaustausch und zu genüßlichem gegenseitigen »Ausrichten« treffen, ist den Wienern fremd. Ich kenne nur wenige Örtlichkeiten in dieser Stadt, an denen man lustvoll den Freuden der Menschenbeobachtung frönen kann.

Der Stadtpark mit seinem üppigen Angebot an Sitzgelegenheiten ist eine dieser raren Bühnen mit hohem

Der Spaziergänger

Observierpotential. Wenn die im nahen »Intercontinental« logierenden Großfamilien aus den orientalischen Ländern zum Nachmittagsspaziergang ausschwärmen – Vater »Pascha« vorneweg, die Kinderschar und die tiefverschleierten Ehefrauen in gemessenem Abstand hinterdrein –, bietet sich dem Passanten ein faszinierendes Bild exotischen Lebensstils, das sich in Türkenvierteln wie dem Kardinal-Nagl-Platz oder dem Brunnenmarkt aufs malerischste wiederholt.

Zu meinen bevorzugten Zielen, um den lieben Mitmenschen bei ihren Auftritten im öffentlichen Raum zuzuschauen, zählen der Karlsplatz im 4. und der Fritz-Grünbaum-Platz im 6. Bezirk. Im Winter, wenn frischer Schnee den Boden bedeckt, ist auch der St. Ulrichs-Platz zwischen Neustift- und Burggasse eine herrliche Bühne – in diesem Fall für die Kleinsten der Kleinen. Wenn es zutrifft, was man mir erzählt hat, ist an diesem Ort Schneeräumung und Salzstreuen unerwünscht: Es ist der einzige Platz in Zentrumsnähe, der fürs Rodeln freigegeben ist. Fast ländlichen Charakter hat der Platz vor dem ehemaligen Servitenkloster am Alsergrund – so mag es einst unter der Dorflinde zugegangen sein, beim Stundenschlag der Kirchenglocke.

Doch wo auch immer – ich wähle für meine Pirschgänge, die sich je nach Wetterlage und Besucheraufkommen bis zu zwei Stunden hinziehen können, vorzugsweise den Sonntagnachmittag. Es ist die Zeit, da die dortigen Selbstdarsteller – Familien mit ihren Kindern, die in Zeitungslektüre vertieften Pensionisten, fotowütige Touristen, geschäftstüchtige Straßenmusikanten oder auch nur zufällig des Weges kommende Passanten – in jener Entspanntheit zu erleben sind, die ihnen das Wochenende gönnt. Aller Arbeitsstreß scheint von ihnen

Bühne des Lebens

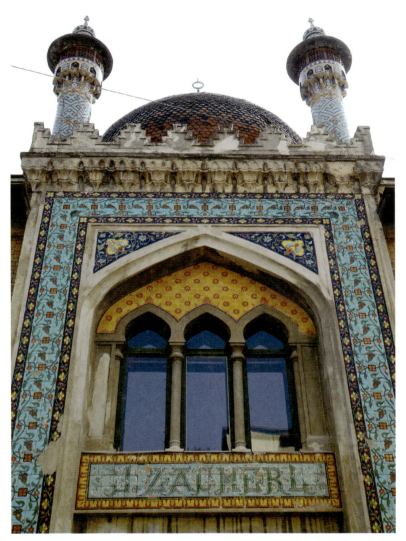

*Orient in Wien: die ehemalige Insektenpulverfabrik
Zacherl in Unter-Döbling*

Der Spaziergänger

abgefallen, kein Aktenköfferchen trübt das Bild, die werktägliche Symphonie der Handy-Klingeln ist zu sonntäglicher Kammermusik reduziert, und vereinzelt glaube ich sogar letzte Überbleibsel jenes Outfits ausmachen zu können, das man einstmals »Sonntagsstaat« genannt hat. Es handelt sich hierbei vorwiegend um Gastarbeiter der älteren Generation, denen es noch ein Bedürfnis zu sein scheint, wenigstens ein paar Stunden pro Woche in eine sorgfältig gebügelte Hose zu schlüpfen und in ein frisches weißes Hemd.

Erfüllt der weitläufige Karlsplatz mit seinem von ehrwürdigen Baudenkmälern, dem großen Teich und reichem Baumbestand geprägten Exterieur alle Voraussetzungen für eine veritable Bühne, so ist der ungleich kleinere, ja winzige Fritz-Grünbaum-Platz, an dem Barnabitengasse, Schadekgasse, Windmühlgasse und Gumpendorferstraße aufeinandertreffen, eher der Kategorie »Pawlatschen« zuzurechnen. Doch die »Darbietungen« der »Mitwirkenden« sind da wie dort die gleichen: Da pilgern die Jungväter mit ihren teils braven, teils ungebärdigen Sprößlingen zum »Haus des Meeres«, da treffen sich die Filmfreaks zum gemeinsamen Kinobesuch im »Apollo«, da herrscht in und um die in bunter Vielfalt vorhandenen Eß- und Trinklokale ein ständiges Kommen und Gehen, und da darf der Beobachter seine Phantasie spielen lassen, um zu ergründen, welches Ziel jene abenteuerlich herausgeputzten Damen mittleren Alters anpeilen mögen, die – einzelne unternehmungslustig, andere verloren wirkend – solo den Platz überqueren. Sind es am Karlsplatz die in großer Zahl bereitgestellten Sitzgruppen, die dem Besucher günstige Aussichtspositionen verschaffen, so ist es auf dem Fritz-Grünbaum-Platz nur eine winzige, doch dafür optimal

34

Bühne des Lebens

platzierte Bank, auf der er sich niederlassen und dem bunten Treiben zuschauen kann (vorausgesetzt, es ist ein Platz frei). Der Karlsplatz ist das Burgtheater, der Fritz-Grünbaum-Platz das Volkstheater. »Bühne des Lebens« hat Heimito von Doderer seinen Favoriten unter den literarischen Flaniermeilen genannt: die Strudlhofstiege.

Zwischen 16 und 18 Uhr rücke ich an, um in Stellung zu gehen, und ich bin noch nie enttäuscht worden. Selbstverständlich verbinde ich An- und Abmarsch mit mehr oder minder ziellosem Schlendern durch die angrenzenden Straßen, Gassen und Stiegen: Auch da – weitab von allen touristischen Hotspots – warten auf den Spaziergänger die interessantesten Entdeckungen. »Mit dem bloßen Ansehen von Monumenten in fremden Städten ist es nicht getan!« hat 1929 schon der Berliner Feuilletonist Franz Hessel dekretiert, als er mit seiner Betrachtung »Versuch mit Wien« über seine hierorts gewonnenen Eindrücke räsonierte, und sein Freund und Kollege Walter Benjamin pflichtete ihm mit dem Essay »Die Wiederkehr des Flaneurs« bei, in dem er die Frage aufwarf: »Ist die Stadt nicht zu voll von Tempeln und nationalen Heiligtümern, um ungeteilt mit jedem Pflasterstein, jedem Ladenschild, jeder Toreinfahrt in den Traum des Passanten eingehen zu können?« Und er fährt fort: »Die großen Reminiszenzen, die historischen Schauer – sie sind dem wahren Flaneur ein Bettel, den er gerne dem Reisenden überläßt. Und all sein Wissen von Künstlerklausen, Geburtsstätten und fürstlichen Domizilen gibt er für die Witterung einer einzigen Schwelle oder für das Tastgefühl einer einzigen Fliese dahin, wie der erstbeste Haushund sie mit davonträgt.«

Der Spaziergänger

Haushund – ja, das ist das passende Stichwort. Gleich ihm, dem unablässig auf Spurensicherung erpichten Köter, streune ich durch das betreffende, von den Wienern »Grätzel« genannte Viertel – offen für jedes noch so belanglos erscheinende Detail, schnuppere an Haustoren und Stiegengeländern, verweile vor den verwitterten Auslagen aufgelassener Läden, entziffere die erodierten Inschriften rätselvoller Gedenktafeln, deren Widmungsträger seit langem aus dem öffentlichen Bewußtsein verschwunden sind, oder sinniere über die Genesis jener schütteren Baumgruppen, die sich mit den Jahren zum »Beserlpark« emanzipiert haben.

Ich will es bei einem einzelnen Beispiel belassen, auf das ich – stellvertretend für hunderte und aberhunderte andere – bei einem meiner Spaziergänge durch den 4. Bezirk gestoßen bin. Es ist an jener Straßenecke nahe der Ostpforte des Belvederegartens, wo Theresianumgasse und Mommsengasse aufeinanderstoßen: ein prachtvolles Patrizierhaus mit herrschaftlichem Portal, heute Firmensitz namhafter Unternehmen, einstmals wohl das Palais einer begüterten Sippe aristokratischen Geblüts oder auch als Botschaftsresidenz genutzt. Und was erblicke ich über dem (inzwischen zur Garageneinfahrt umfunktionierten) Nebeneingang? Ein ins Mauerwerk eingelassenes steinernes Relief mit der Inschrift »Eingang für Lieferanten und Dienerschaft«.

Es ist anzunehmen, daß die Gültigkeit der Bezeichnung seit Jahrzehnten abgelaufen, der Aufmarsch von Stubenmädchen und Lakaien, von Hausgärtnern und Herrschaftskutschern nur noch eine blasse Erinnerung an lange vergangene Zeiten ist. Was also mögen sich die heutigen Hauseigentümer dabei gedacht haben, daß sie bei der jüngsten Renovierung ihres Besitzes verfügt haben, den steinernen Anachronismus

»Eingang für Lieferanten und Dienerschaft« nicht nur zu belassen, sondern ausdrücklich und in neuer Pracht zu restaurieren? Haben wir es mit einer extremen Auslegung der Denkmalschutzgesetzgebung zu tun? Oder aber nur mit einem Akt von Renommiergehabe, von neureicher Prahlerei – und dies alles in Sichtweite der nur wenige Schritte von hier entfernten Arbeiterkammer, also der Standesvertretung aller Werktätigen? Wir werden es nie erfahren, dieses Wien ist voller Rätsel.

Übrigens auch voller Schandflecke. Wenn ich Gäste aus dem Ausland durch »mein« Wien führe, achte ich stets darauf, daß sie Architekturdenkmäler zu sehen bekommen, die in den Programmen der gängigen Sightseeing-Touren ausgespart bleiben. Für die Besichtigung von Schönbrunn und Belvedere kommen sie leicht ohne meine Assistenz aus. Ich trete erst in Aktion, wenn es um Besonderheiten wie etwa Otto Wagners Jugendstilkirche auf der Baumgartnerhöhe oder Fritz Wotrubas modernes Gegenstück auf dem Maurer Berg geht. Beide werden von den Routiniers der Fremdenverkehrswirtschaft vernachlässigt, beide sind nicht leicht zu finden, und beide sind – jedes auf seine Art – Perlen der Baukunst.

Eine solche Perle aus jüngster Zeit erhoffte ich mir, als vor einigen Jahren bekannt wurde, daß Zaha Hadid, die Nr. 1 unter den Architektinnen des 21. Jahrhunderts, den Auftrag annahm, auf dem verwaisten Gelände südlich der U-Bahn-Station Spittelau einen extravaganten Wohnbau zu errichten, der dem modernen Wien – im Schatten der Wirtschaftsuniversität und des mit Hundertwasser-Elementen behübschten Fernwärme-Komplexes – ein weiteres Wahrzeichen verschaffen sollte. »Despotin, Amazone, Diva« – so hatte

Der Spaziergänger

ich die aus dem Irak stammende und von ihrem Stammsitz London aus ihre kühnen Projekte entwerfende Künstlerin in einem meiner Bücher charakterisiert. »Ein Erdbeben von einer Frau«, nannten sie ihre Kritiker, »mal feuerspeiender Vulkan, mal sanftmütige arabische Prinzessin, mal wilde Furie«. Ob es die Bergisel-Sprungschanze in Innsbruck, das Leipziger BMW-Gebäude oder die Brücke von Abu Dhabi war – stets war von »gebauten Explosionen« und »materialisierten Energiestößen«, von »ekstatisch tanzenden Baukörpern« und »Zirkusnummern der Statik« zu hören, die allesamt schon vor Baubeginn ein Stück Architekturgeschichte waren. Die Erwartungen, die in Zaha Hadids Wien-Projekt, die Überbauung des um 1900 von Otto Wagner errichteten und nun schon seit Jahrzehnten funktionslosen Stadtbahnviadukts, gesetzt wurden, waren dementsprechend groß.

Doch was ist daraus geworden? Ein zwar im einzelnen imponierender, aus drei scharfkantigen Baukörpern zusammengefügter strahlend weißer Wohnbaukomplex, doch im Ganzen ein lebloses, schon vor seiner Fertigstellung devastiertes und von den Betreibern ungeliebtes Gebilde, das noch nicht einmal leicht zu finden ist. Nur eine schmale, sowohl versteckte wie verrottete Stiege bei der Friedensbrücke führt zu jenem Fußgänger- und Radfahrerweg am Donaukanalufer, der den Blick auf das großspurig als »Spittelau 10« apostrophierte Objekt freigibt.

Am Ziel angelangt, erlebe ich, wo doch buntes Treiben pulsieren sollte, eine geradezu gespenstische Stille: Kein einziger Bewohner, der mir begegnet, kein Eingang, an dessen Klingelbrett ein Name zu lesen wäre, kein Fenster, hinter dem sich das kleinste bißchen Leben rührt. Auch von der »Erlebnisgastronomie«, die die Plakate des in den Baukörper

38

hineingezwängten Lokals »Riverside« verheißen, ist nichts zu spüren, und nur die mit Aktenordnern angefüllten Regale, die ich durch die Glaswand eines computergespickten Büros wahrnehme, lassen darauf schließen, daß diese architektonische Totgeburt über so etwas wie eine Administration verfügt.

Unterhalb der Anlage, schon im Gestrüpp der Uferböschung, campieren »Sandler« und werfen Angler ihre Netze aus. Statt ortskundiger Passanten, die ich bezüglich »Spittelau 10« befragen könnte, treffe ich nur auf vereinzelte Jogger, und die wollen ungestört ihrer Wege ziehen. Bleibt also bloß die Flucht von dieser unwirtlichen Stätte und der nordwärts gerichtete Blick auf den zum Greifen nahen Kahlenberg und Leopoldsberg. Zaha Hadid hat gut daran getan, ihren Auftraggebern die Anbringung einer Gedenktafel zu verwehren, die sie, den Weltstar unter den Architekten des 21. Jahrhunderts, als Schöpferin von »Spittelau 10« ausweist.

Erdberger Spaziergänge

Es war kurz vor meinem 70. Geburtstag. Wie ich später erfuhr, war im Büro des für die Kulturagenden zuständigen Referenten der Bezirksvorstehung Ratlosigkeit aufgekommen, wie aus diesem Anlaß gebührend mit dem Jubilar zu verfahren sei. Ich nehme an, Evelyn Rosenkranz, Chefin der führenden Buchhandlung meines Wohnbezirks, hatte der Behörde einen Wink gegeben, und da man dort spontan Bereitschaft erkennen ließ, mich mit irgendeiner Auszeichnung zu überraschen, andererseits aber die Zeit für eine solche Initiative äußerst knapp bemessen war, wurde in aller Eile darüber beratschlagt, wie man sich behördlicherseits aus der Affäre ziehen könne. Die

Der Spaziergänger

Verleihung einer Ehrenbürgerschaft kam nicht in Betracht: Ihr müßte ein langes und instanzenreiches Verfahren vorausgehen; auch ist es fraglich, ob der Kandidat für eine derart hochkarätige Würdigung nicht erst das Zeitliche gesegnet haben muß. Die Lösung, auf die sich die Damen und Herren des Kulturausschusses schließlich einigten, war die Erfindung eines Ehrentitels, der bis dahin noch niemals verliehen worden war: des Titels »Kulturbürger des Bezirks Landstraße«.

Die dazugehörige Feier wurde in die erwähnte Buchhandlung in der Ungargasse verlegt, die Schauspielerin Barbara Wussow, ein bekennender Grieser-Fan, wurde für eine Lesung aus meinen Werken, der mit mir freundschaftlich verbundene Politologe Norbert Leser für die Laudatio gewonnen, Bezirksvorsteherstellvertreter Z. nahm die Überreichung der Urkunde vor. Das in aller Eile angefertigte Dokument war mit Bezirkswappen und Medaille dekoriert, hob in knappen, aber treffenden Worten meine »Verdienste um die Kultur der Stadt Wien« hervor und war von den Spitzenmandataren des Bezirks Landstraße unterzeichnet. Freudig nahm ich die Urkunde entgegen, sprach die obligaten Dankworte und lauschte im übrigen der ebenso kenntnisreichen wie liebevollen Ansprache des Herrn Z. Was mir an seinen Worten speziell auffiel, war jener Passus, mit dem er auf die inneren Verhältnisse unseres »zweiteiligen« Bezirks einging: hier der stolze Nimbus des vornehmen Diplomatenviertels zwischen Ungargasse und Belvedere, dort die »einfacheren« Strukturen des »Arbeiterviertels« Erdberg zwischen Landstraßer Hauptstraße und Donaukanal. Herr Z. nützte die Gelegenheit zu einem Plädoyer für den gemeinhin »geringer« eingestuften Bezirksteil Erdberg und ließ seine Ansprache in eine Art Appell ausklingen, doch auch diesem Viertel die

40

Erdberger Spaziergänge

ihm gebührende Ehre zu erweisen. Auch Erdberg habe seine Qualitäten, verfüge über so manche ruhmreiche Persönlichkeit, sei keineswegs ein Bezirk zweiter Klasse.

Der aus seinen Worten herauszuhörende leise Vorwurf, das – im Vergleich zum Diplomatenviertel – minder ansehnliche Erdberg werde von vielen Leuten unterschätzt, mochte seine Berechtigung haben, nur mich – mich traf er nicht. Sind es nicht gerade diese unscheinbaren, ja zum Teil häßlichen Gassen rund um den von türkischstämmigen Neubürgern dominierten Kardinal-Nagl-Platz, die ich seit Jahr und Tag für meine abendlichen Spaziergänge wähle? Hier herrscht das pralle Leben, hier werde ich, wenn ich mich vom Schreibtisch löse und Entspannung suche, von keinerlei Sehenswürdigkeiten oder Zufallsbegegnungen abgelenkt, hier kann ich ungestört meinen Gedanken nachgehen, und niemand nimmt daran Anstoß, wenn ich, von einem Geistesblitz überfallen, in meinen Schritten innehalte, den Schreibblock hervorhole und mir Notizen mache. Besonders in den Abendstunden, da sich die Straßen, Gassen und Plätze von Passanten geleert haben, ist dieses Erdberg das ideale Revier für jene Art ziellosen Flanierens, das ich dringend benötige, um nach des Tages Arbeit frische Kraft zu schöpfen.

Wie steril ist dagegen das den jenseitigen Teil des Bezirks einnehmende Viertel der Botschaftsgebäude und Konsulate, der Adelspalais und der Unterstellhütteln, in denen die Wachleute und Polizisten, die zum Schutz der Diplomaten abkommandiert sind, bei Schlechtwetter Zuflucht suchen. Mißtrauisch von ihnen beäugt, würde ein spätabendlich herumlungernder Zeitgenosse wie ich vielleicht gar terroristischer Umtriebe verdächtigt werden. Kaum je sieht man in den noblen Häusern der Metternich- oder Jacquingasse zu

Der Spaziergänger

später Stunde eine Tür aufgehen. Wie gelangen die hier Woh-
nenden ins Hausinnere, und wie gelangen sie ins Freie? Tragen sie Tarnkappen? Nein, da ist mein Spazierrevier Erdberg
eindeutig die bessere Wahl: lässig, entspannt, vital.

Eine, die mir dafür die Augen geöffnet hat, ist Erne Seder.
Dem breiten Publikum eher als Schauspielerin in Erinnerung, hatte sich die 1925 Geborene auch als Schriftstellerin
einen Namen gemacht, hatte Hörspiele und Fernsehdreh-
bücher, Romane und Kinderbücher verfaßt. Und als im Jahr
2002 eine Neuauflage ihres autobiographischen Werks »Der
Vollmond stand über Erdberg« in Druck ging, lud mich ihr
Verlag ein, dafür ein Vorwort zu schreiben.

Drei Gründe waren es, die es mir leicht machten, den Auftrag zu übernehmen. Erstens schätzte ich die Arbeit der neun
Jahre älteren Kollegin, zweitens hatte ich Erne Seder bei
irgendeiner Gelegenheit auch persönlich kennengelernt und
spontan Sympathie für sie empfunden, und drittens lebte, als
die Verlagsanfrage bei mir eintraf, im Nu meine alte, in mehreren meiner Bücher ausgelebte Neigung wieder auf, den
Originalschauplätzen literarischer Werke nachzuspüren. Ich
begab mich also an den »Ort der Handlung«, und dieser »Ort
der Handlung« war das alte Erdberg, in dem Erne Seder aufgewachsen und bis zu ihrem Tod im Jahr 2006 ansässig gewesen ist. Nur so hatte sie das Leben und Treiben in den Gassen
und Parks, den Wohnhäusern, Werkstätten und Läden rings
um den Fiakerplatz mit solcher Farbigkeit und Frische schil-
dern können, und sie tat dies mit umso mehr Empathie, als
vieles davon zum Zeitpunkt ihres Schreibens von der Bildfläche verschwunden und einem neuen, einem nüchterneren
Erdberg gewichen war.

*Erne Seder (hier als Haushälterin Frau Sokol
in »Die liebe Familie«)*

Erne Seder, Tochter eines Akrobaten und einer Varietétänzerin, Enkelin eines Kinovorführers und Nichte einer Klofrau, läßt uns mit ihren Kindheitserinnerungen in ein Vorstadtmilieu eintauchen, in dem auch die Mädchen »Lausbuben« sind, sich also fürs Schuleschwänzen im Unterschriftfälschen üben und mit Duettgesang in Hinterhöfen oder mit Leichenbergungen aus dem Donaukanal ihr Taschengeld aufbessern. Wir sehen unsere Heldin die kalten Winter mit heißen Steinen überstehen, die ihr, mit Flanelltüchern umwickelt, abends ins Bettzeug gesteckt werden, und wir sehen sie im Sommer barfuß in den von der mittäglichen Hitze aufgeweichten Straßenbelag treten, um sich zu »verewigen«. Wir erfahren, wie sie an der Bassena der Hausmeisterin die tägliche Milch und das sonntägliche Bier zwecks Vermehrung wässert, wie sie die Watschen der Großmutter nicht als Grausamkeit, sondern als

Ausdruck von Sorge, ja Liebe erlebt oder wie sie keinen Schlaf findet, weil die tagsüber konsumierten Kinofilme des nachts weitergeträumt werden wollen. Sie läßt uns miterleben, wie die Achtjährige im Gebüsch des nahen Parks ein Loch gräbt, um dem verstorbenen Großvater ihre Lieblingszuckerln zu »opfern«, oder wie sie die beim Heustadelwasser gerettete Jungente um des Überlebens willen an den Fundort im Prater zurückbringen muß. »Das alte Erdberg meiner Kindheit«, so resümiert die alternde Erne Seder ihren überreichen Erinnerungsvorrat, »hatte als Grundton etwas wie stille Trauer. Wieso weiß ich nicht, aber sie ist mir noch heute wie ein Geschmack auf der Zunge – eine Art Schicksalsergebenheit, die fast dem Osten zugehört.«

Heute ist an die Stelle des »Ostens« der Orient getreten: Auf den Parkbänken des Kardinal-Nagl-Platzes füttern die türkischen Kopftuchfrauen ihre Babys, während die älteren Kinder sich im Fußballkäfig tummeln und die Männer sich an den Freilufttischen zum gemeinsamen Brettspiel zusammenfinden. In den Gastwirtschaften dreht sich der Kebab-Spieß, die kleinen Gemischtwarenläden halten auch noch zu später Abendstunde offen, und beim türkischen Friseur zahlt man für den Einheitsschnitt den halben Preis. Bloß der Schuster, der seinen Einmannbetrieb auch im strengsten Winter mit einem uralten Kanonenöfchen heizt, zählt noch zur alten Garde, und nur ein paar letzte Fiaker holen in ihrem einstigen Dorado rings um die Gestettengasse allmorgendlich die Pferde aus dem Stall. An die Pestgräber von 1713 erinnert die Schutzmantelmadonna in der Leonhardgasse, die, in den Wiederaufbaujahren nach 1945 zur Retterin vorm Bombenkrieg umgedeutet, in die Feuermauer einer der neuen

Erdberger Spaziergänge

Wohnhausbauten integriert worden ist, und die auf dem Areal des ehemaligen Mautner Markhof'schen Kinderspitals dahindämmernde Elisabethkapelle wird mittlerweile von den Altkatholiken für deren Sonntagsmesse genutzt. Unter der Woche bleibt die Kapelle geschlossen – ausgenommen Donnerstagabend, wo sie – laut Aushang – »gegebenenfalls« für Gedächtnisgottesdienste zur Verfügung steht.

Gedenktafeln, wie sie in den innerstädtischen Bezirken an jedem zehnten Hausportal an einstige Berühmtheiten erinnern, sind in Erdberg rar: Der Schubertturm gibt nur noch einem gesichtslosen Wohnhausneubau seinen Namen, vom Brentano-Schlössl hat sich kein einziger Stein erhalten, und die Geschichte von der Gefangennahme des Britenkönigs Richard Löwenherz, dem, vom Kreuzzug heimkehrend und als Pilger verkleidet, nur gegen hohes Lösegeld die Freilassung gelang, kann man heute nur noch in den alten Ortschroniken nachlesen.

Etwas, das Erdberg ebenfalls von anderen Wiener Stadtbezirken unterscheidet, ist, daß auch der neugierigste Flaneur nur wenig vom Innenleben dieses Rayons und seiner Bewohner mitbekommt. Es ist eine geschlossene, ja abgeschlossene Welt, zu der der Außenstehende kaum Zugang hat. Wer, außer der Volkshochschule mit ihrem reichen Kursprogramm, der Städtischen Bücherei mit ihrem kompetenten, jeden Leserwunsch erfüllenden Personal oder dem als Bulgarisches Kulturinstitut wiedererstandenen Wittgensteinhaus sollte einen hier zur Einkehr laden? Die Freunde, mit denen man sich zum Gedankenaustausch trifft, die Gastgeber, die einen zu ihren Festen bitten, die Leser, die einen mit Signierwünschen locken – sie alle sind in anderen Wohngegenden der Stadt ansässig.

Nur an eine einzige Ausnahme erinnere ich mich, und auch die liegt schon viele Jahre zurück. Es war im Sommer 1981. Barbara Frischmuth lebte damals, bevor sie sich endgültig in ihrer Geburtsheimat Altaussee niederließ, für einige Jahre in Erdberg. In der Kübeckgasse hatten sie und Sohn Florian eine schöne, helle und bequeme Wohnung bezogen. Barbara Frischmuth schrieb damals, wenn ich mich recht entsinne, an ihrem Roman »Die Frau im Mond«. Eine gemeinsame Einladung zu einem Symposium am Österreichischen Kulturinstitut in Kairo hatte mich mit ihr zusammengeführt. Vor unserer Abreise nach Ägypten waren noch ein paar Kleinigkeiten zu erörtern, und zu diesem Zweck lud mich die Kollegin zu einem Nachtmahl in ihre Erdberger Wohnung ein. Als besondere kulinarische Attraktion kündigte sie gebratene Parasole an – von einer ihrer Waldwanderungen hatte sie einige dieser ebenso seltenen wie wohlschmeckenden Pilze mitgebracht.

Es wurde ein sehr gelungener Abend, das Essen war vorzüglich, und auch das Gespräch mit der Gastgeberin verlief, nachdem das Thema Reisevorbereitungen abgehakt war, harmonisch und interessant. Auch an den folgenden Tagen hielt meine Dankbarkeit für die liebevolle Gastfreundschaft der verehrten Kollegin an – wäre da nicht die Sache mit den Parasolen gewesen …

Ich muß vorausschicken, daß sich Barbara Frischmuth bei allem, was mit Pilzen zu tun hat, sehr gut auskennt. Sie wußte also genau, worin sich der (auch Riesenschirmling genannte) Parasol von dem ihm entfernt ähnlichen hochgiftigen Knollenblätterpilz unterscheidet, und sie gab dieses Wissen, als

Erdberger Spaziergänge

sie daranging, das Essen vorzubereiten, auch an ihren kleinen Sohn, den zu dieser Zeit siebenjährigen Florian, weiter.
Die beweglichen Stielringe, so erklärte sie ihm, seien das
entscheidende Merkmal, an dem man den Parasol erkenne.
In diesem Augenblick – noch bevor die Pilze in der Pfanne
gelandet waren – läutete das Telefon, Barbara Frischmuth
eilte ins Vorzimmer und führte ihr Gespräch. In die Küche
zurückgekehrt, vollendete sie ihr Werk und briet die Pilze –
es wurde, wie schon gesagt, ein köstliches Mahl. Nur Florian,
wohl gelangweilt von den Fachsimpeleien seiner Mutter und
ihres Gastes, zog sich zu seinen Aquarienfischen zurück und
war, als der Abend ausklang, nur auf heftiges Zureden bereit,
sich von mir zu verabschieden. Als ich das Haus verlassen
hatte, brachte Barbara Frischmuth ihren Sohn zu Bett, und
bei dieser Gelegenheit erwähnte der schon Schlaftrunkene
beiläufig, daß an einem der Pilze der Stielring nicht zu bewegen gewesen sei. Barbara Frischmuth lachte und tat Florians Bemerkung als typischen Bubenschabernack ab: als leicht
durchschaubares Manöver, seiner Mutter einen Schrecken
einzujagen.

Nachdem sie den Tisch abgedeckt, das Geschirr gespült
und sich für die Nachtruhe hergerichtet hatte, ging auch sie zu
Bett. Gegen ihre Gewohnheit wachte sie um vier Uhr früh auf
– gequält von dem Gedanken, an Florians Bemerkung könnte
vielleicht doch etwas dran sein. Sollte es ihr – abgelenkt durch
den Telefonanruf – tatsächlich passiert sein, daß sie an einem
der Pilze die Stielringprobe unterlassen hatte? Und was wäre,
wenn ich, der Gast, das Opfer dieser Unachtsamkeit geworden wäre, also statt des Parasols einen Knollenblätterpilz verzehrt hätte? Meinen qualvollen Tod vor Augen, fand Barbara
Frischmuth in der angebrochenen Nacht keinen Schlaf.

Der Spaziergänger

Ihr selber war das Essen gut bekommen, desgleichen ihrem Sohn – es konnte also nur der Gast den tödlichen Pilz erwischt haben. Um ihren Gewissensqualen ein Ende zu bereiten, sich zugleich aber auch nicht als Hysterikerin vor mir lächerlich zu machen, rief mich Barbara Frischmuth mehrere Male an – immer unter dem Vorwand, es sei ihr noch dies und jenes weitere Detail zu unserer bevorstehenden Ägyptenreise eingefallen. So unauffällig wie möglich ließ sie in ihre Telefonate die Frage nach meinem Befinden einfließen: ob ich nicht ebenso wie sie den Föhn spürte, vielleicht gar Kopfschmerzen hätte?

Ich konnte die Anruferin beruhigen: Es ging mir blendend, der Verdacht (von dem ich erst Jahre später erfahren sollte) war unbegründet, Barbara Frischmuth war nicht zur Giftmörderin geworden. Eine Folge hatte die Sache allerdings doch: Barbara Frischmuth, den glücklichen Ausgang der Affäre mit einer Flasche Sekt feiernd, schwor sich, niemals wieder jemanden zu selbstgebrockten Pilzen einzuladen – es sei denn, es kämen Eierschwammerln oder Herrenpilze auf den Tisch.

Wenn ich von meinen Erdberg-Rundgängen zu meinem Quartier am Dannebergplatz zurückkehre, wo ich seit 1984 wohne, wähle ich niemals den direkten Weg, sondern lege zum Schluß immer noch eine Runde durch den Arenbergpark ein, der sich vor meiner Haustür ausbreitet. Tagsüber ist das von der Neuling- und der Barmherzigengasse gesäumte Areal das Revier der mit ihren Kinderwagen anrückenden Jungmütter, abends gehört der Arenbergpark den Hundehaltern. Nur gelegentlich – anläßlich einer Vernissage oder einer Spezialführung – kommt auch im rückwärtigen, an den Kinderspielplatz angrenzenden Abschnitt des Parks eine gewisse Betriebsamkeit auf: Hier erhebt sich, einer düsteren Trutzburg

Erdberger Spaziergänge

gleich, der größere der beiden Flakbunker, die dem sonst so idyllischen, von den Stadtgärtnern mustergültig gepflegten Gelände eine gespenstische Note verleihen. Vom Museum für Angewandte Kunst als »Außenstelle« fürs Experimentelle genutzt, öffnen sich von Zeit zu Zeit die riesigen Stahltore des Betonmonsters fürs allgemeine Publikum, und es ist schwer abzuschätzen, was auf dieses die stärkere Anziehungskraft ausübt: die zur Diskussion gestellten Kunstwerke oder der Schauder, der von dem sie bergenden Bauwerk ausgeht.

Schon auf Grund ihrer bis zu sechs Meter starken Betonmauern praktisch unzerstörbar, stellen die beiden Flakbunker im Arenbergpark gleichermaßen furchteinflößende wie mahnende Relikte aus dem Zweiten Weltkrieg dar, in denen sich auf beklemmende Weise die ganze Misere des »Anschlusses« Österreichs an Hitler-Deutschland spiegelt.

Zwischen Dezember 1942 und Oktober 1943 auf Weisung des Reichsministeriums für Bewaffnung und Munition errichtet – Codename: Baldrian –, waren die Flaktürme (deren es in Wien weitere Exemplare im Eszterhazypark, im Augarten und auf dem Gelände der Stiftskaserne gibt) für die Abwehr der Angriffe feindlicher Bomberverbände bestimmt und zwar jeweils im »Doppelpack«: der sogenannte Gefechtsturm mit den auf der Plattform postierten Geschützen und der Leitturm mit seinem die einzelnen Einsätze regelnden Ordnungssystem. Im vierten Stock, so lese ich in einer in den »Wiener Geschichtsblättern« veröffentlichten Studie über den »Schirachbunker«, war ein Spital untergebracht, im fünften die Heizungs- und Belüftungsanlage, im sechsten eine Abteilung der »Flugmotorenwerke Ostmark«, im siebenten die Gaupropagandaleitung und der Radiosender Wien. Erst die beiden obersten Etagen »gehörten« dem Militär.

49

Der Spaziergänger

Als »Luftschutzkeller« für Zivilisten aus den angrenzenden Wohnstraßen wurden die Stockwerke 1 bis 3 genutzt – ich weiß von etlichen, heute hochbetagten Leuten aus der unmittelbaren Nachbarschaft, die 1944/45 bei Fliegeralarm in den Flakbunkern des Arenbergparks Zuflucht gefunden haben.

Fremde, die sich heute – auf dem Weg zum 15 Gehminuten entfernten Hundertwasserhaus – in unser Grätzel verirren, stehen oft ratlos vor den riesigen grauen Betonzwillingen und heischen Auskunft; Englischsprachige, zur Not auch Italiener und Spanier kann ich mit einem für diesen Zweck eingelernten Sprüchlein bedienen. Ich selber habe mich in den dreißig Jahren, die ich hier lebe, mit der Existenz der Flakbunker abgefunden, sie in meiner Schutzphantasie zu Requisiten einer imaginären Freilichtinszenierung von Wagners »Götterdämmerung« hochzustilisieren versucht.

Aufgeschreckt hat mich in jüngster Zeit, was aus der Zunft der Architekturhistoriker zu vernehmen war: Tausende Zwangsarbeiter vornehmlich tschechischer oder russischer Herkunft, aber auch »normale« Fremdarbeiter und Kriegsgefangene seien für den Bau der Betonmonster herangezogen worden; die Bleistiftkritzeleien und Kreideinschriften, die sie in den Fluren und Innenräumen hinterlassen haben, bezeugen auf bedrückende Weise, welche Atmosphäre von Verzweiflung und Angst, aber auch von Aufbegehren und Wut während der Bauarbeiten geherrscht haben muß. Nicht minder eindrucksvoll die Hilferufe der Zivilisten, die hier bei den Bombenangriffen von 1944/45 eingepfercht waren und mit Parolen wie *Wo bleibt Wasser?* gegen Versorgungsmängel aller Art anzukämpfen hatten. Unter den von Schutt und Kehricht zugedeckten Relikten, auf die die Architekturhistoriker und

50

Denkmalschützer bei ihren Recherchen stießen, fanden sich nicht nur zahlreiche in die Ziegel der Zwischenwände eingekerbte Namen von Zwangsarbeitern und Wehrmachtsangehörigen, sondern auch Alltagsgegenstände wie Konservendosen und Trockenshampoo, ja mittendrin sogar ein Wunder: ein Theaterzettel von der Laienaufführung eines Nestroy-Stückes, das im Mai 1944 an diesem düsteren Ort über die Bühne gegangen war – gespielt von einem Ensemble aus »Wiener Schauspielschülern und Luftwaffenhelfern des Flakturms Arenbergpark« und inszeniert von einem 15jährigen Flakhelfer namens Helmut Qualtinger ... Es wäre vielleicht keine schlechte Idee, sich im Zuge der Aufarbeitung dieses makabren Kapitels unserer jüngeren Geschichte auch an einem Remake jener verzweifelten, unter schwierigsten Bedingungen erfolgten Demonstration kulturellen Überlebenswillens zu versuchen. Die Chancen für seine Verwirklichung stünden allerdings schlecht: Wie man hört, ist der eine der beiden Betonkuben in jüngster Zeit in die Hände eines Mieters übergegangen, der das Baumonster der Vierzigerjahre als Datenspeicher nutzen will. Seine Tore dürften sich damit für Außenstehende ein für allemal geschlossen haben.

Vom Papiermacherplatzl zur »Musikmeile Wien«

Als die Wiener Verkehrsbetriebe vor einigen Jahren darangingen, Streckenführung und Benennung einer Reihe wichtiger Straßenbahnlinien einer Revision zu unterziehen, stand unter anderem auch eine »Umtaufe« des guten alten »D-Wagens« zur Debatte. Die zwischen dem ehemaligen Südbahnhof und

Der Spaziergänger

der Endstation Nußdorf verkehrende Tramway sollte fortan
»Linie 3« heißen. Doch die forschen Rathaus-Strategen hatten die Rechnung ohne die Wiener Bevölkerung gemacht:
Nicht nur unter den Anrainern der den 3. mit dem 19. Bezirk
verbindenden Strecke erhob sich lauter Protest gegen die
drohende Veränderung – mit der voraussehbaren Folge, daß
das Projekt unter dem Druck der Öffentlichkeit abgebla-
sen werden mußte: Der D-Wagen blieb auch weiterhin der
D-Wagen. Die Wiener hängen an ihren Traditionen.

Ganz besonders gilt dies für die Straßennamen. Als 1946
auf Betreiben der sowjetischen Besatzungsmacht der Schwarzenbergplatz in Stalinplatz umgetauft wurde, ließ das die
Wiener völlig kalt: Ungeachtet der ausgewechselten Straßenschilder, der neuen Telefonbucheinträge und der unaus-
weichlichen Umadressierung der betroffenen Firmen und
Institutionen hielten sie, was den täglichen Sprachgebrauch
betrifft, unbeirrt an der altgewohnten Benennung fest. Und
nur ein Jahr nach Inkrafttreten des österreichischen Staats-
vertrags war es mit dem kommunistischen Spuk auch offiziell
vorbei: Der Schwarzenbergplatz war wieder, was er seit 1880
gewesen war: der Schwarzenbergplatz.

Bei einem meiner Rundgänge durch den 6. Bezirk stieß ich
unlängst auf ein Kuriosum, das auf besonders liebenswerte
Weise diesen Hang der Wiener bezeugt, ab und zu das Rad
der Geschichte anzuhalten. Wenn Sie am Beginn der Gumpendorferstraße an jenem winzigkleinen Platz innehalten,
von dem die kurze Rahlgasse und die mehrfach gekrümmte
Theobaldgasse abzweigen, wird Ihnen ein Straßenschild auf-
fallen, dessen Namen Sie in keinem Stadtplan finden. Es befindet sich zwischen der Gehsteigkante der Gumpendorferstraße

Vom Papiermacherplatzl zur »Musikmeile Wien«

und dem 1916 von der Opernsängerin Hedwig Francillo-Kauffmann gestifteten Tiertränkebrunnen, ist an einem eisernen Pfeiler aus der Zeit um 1900 montiert und lautet: VI., Gumpendorf, Papiermacherplatzl.

Von den anderen altertümlichen Straßenschildern im Ovalformat, die sich an vielen Stellen insbesondere der Inneren Stadt finden, unterscheidet sich dieses durch zweierlei: Erstens ist es schon so verrostet, daß die Schrift nur bei genauem Hinsehen noch zu entziffern ist, und zweitens ist es streng genommen »ungültig«. Da das Papiermacherplatzl seit vielen Jahrzehnten aufgelassen und aus allen Wiener Stadtplänen getilgt ist, ist selbstverständlich auch das betreffende Straßenschild obsolet, ja es fragt sich, ob dessen Aufstellung nicht sogar gegen das Gesetz verstößt. Ich halte es durchaus für denkbar, daß ein humorloser und anzeigefreudiger Paragraphenreiter mit seinem Verlangen durchkäme, den kecken Anachronismus von Amts wegen eliminieren zu lassen. Darf denn das sein: ein Straßenschild ohne dazugehörige Straße?

Der Nostalgiker (und der hätte in einer Stadt wie Wien mit Sicherheit eine überwältigende Mehrheit hinter sich) sieht das naturgemäß anders. Er ist entzückt über die solcherart geweckte Erinnerung an jene lange versunkene Zeit, da es in diesem Grätzel von Papiermanufakturen wimmelte, die Gerüche von Holz und Leim und Druckfarbe die umliegenden Gassen erfüllten. Übrigens vermute ich hinter der Reaktivierung des alten Straßenschildes die lange Hand des Mariahilfer Bezirksmuseums, das in der Rahlgasse, also gleich ums Eck, residiert: Ihnen, den wackeren Hütern der Kulturschätze von anno dazumal, gebührt Anerkennung und Dank für ihren Übermut, eine Örtlichkeit erhalten zu haben, die es von Rechts wegen gar nicht gibt: das Papiermacherplatzl.

Der Spaziergänger

Auch die »echten« Straßennamen sind ein interessantes Kapitel. Der aufmerksame Spaziergänger trifft da in einem fort auf Überraschungen. Was Wien von anderen, vor allem von kleinen Ortschaften unterscheidet, ist, daß viele der in den hiesigen Straßennamen Verewigten eine ganz konkrete Beziehung zu Wien haben. Jede Stadt, die etwas auf sich hält, hat ihre Mozartgasse. Aber in Wien hat der Meister gelebt, hier ist er gestorben, und hier hat er einen Teil seiner Werke geschaffen. Die Edisonstraße erinnert an den spektakulären Wien-Aufenthalt des Erfindergenies, der Julius-Tandler-Platz an die segensreiche Tätigkeit des großen Sozialreformers, die Dürergasse an die einschlägigen Reichtümer der Albertina.

Manche der »Kandidaten« haben sogar das Glück, mit einer Straße geehrt zu werden, die sich in unmittelbarer Nähe ihrer einstigen Wirkungsstätte befindet: Der Herbert-von-Karajan-Platz säumt die Staatsoper, der Josef-Meinrad-Platz umschließt das Burgtheater, und der Beethovengang in Heiligenstadt war tatsächlich eine der bevorzugten Flaniermeilen des Meisters. Von der Lehárgasse sind es nur wenige Schritte zum Theater an der Wien, der Uraufführungsstätte der »Lustigen Witwe«; die Metternichgasse grenzt an die einstmalige Residenz des Staatskanzlers; vom Oskar-Kokoschka-Platz blickt der Spaziergänger auf den Prachtbau der »Angewandten«; die Sindelargasse zählt zum Favoritner »Einzugsbereich« des legendären Wunderteam-Fußballers; und der Weinkenner weiß es sicherlich zu schätzen, daß eine der heurigenreichsten Gassen von Döbling dem Mann gewidmet ist, der die Weinrebe nach Österreich gebracht hat: Kaiser Probus.

Nicht alle haben es so gut getroffen wie die eben Genannten. Die Schriftsteller Felix Salten, Heimito von Doderer und Egon Friedell, der Architekt Adolf Loos und der Dirigent

54

Vom Papiermacherplatzl zur »Musikmeile Wien«

Arturo Toscanini müssen sich mit Vorstadtgassen begnügen oder sind überhaupt in die neueren Siedlungsgebiete verbannt. Da haben die dafür zuständigen Magistratsbeamten sicherlich gut daran getan, die betreffenden Straßenschilder mit Zusatztafeln zu versehen, die über Identität und Verdienste der Geehrten Auskunft geben.

Eine Sache für sich sind die in den letzten Jahren in Mode gekommenen »Walks of Fame«. Schon der Name verrät ihre Herkunft: Sie sind Teil einer Welle, die aus Amerika – genauer: aus Hollywood – zu uns herübergeschwappt ist. Sind es dort die Superstars der Traumfabrik, denen mit kunstvoll konservierten Fußabdrücken gehuldigt wird, so sind es in der Musikstadt Wien die großen Komponisten, Dirigenten, Instrumentalsolisten und Sänger, deren Namen in metallene

»Walk of Fame« auf wienerisch: Musiker-Gedenkplaketten am Kärntnerring

55

Der Spaziergänger

Plaketten eingraviert und ins Gehsteigpflaster eingelassen werden. Über die Sinnhaftigkeit solcher Unternehmungen und vor allem über die »Treffsicherheit« bei der Auswahl der Standorte kann man allerdings streiten. War es wirklich genau diese Stelle in der Opernpassage, in der Augustinerstraße oder am Naschmarkt, auf die Gluck, Vivaldi oder Sibelius ihren Fuß gesetzt haben?

Ich kann in dieser Angelegenheit insofern mitreden, als ich selber im Jahr 2000 mit einer Anfrage der »Vereinigten Bühnen Wien« überrascht worden bin, ob ich bereit wäre, bei dem Projekt »Musikmeile Wien« beratend mitzuwirken. Ich zitiere aus dem an mich adressierten Brief des Theaterintendanten Rudi Klausnitzer:

»Aus Anlaß des Jubiläums ›200 Jahre Theater an der Wien‹ werden die Vereinigten Bühnen in Absprache mit der Stadt Wien einen »Walk of Fame« der Klassischen Musik einrichten. Auf dem Weg vom Stephansplatz zum Theater an der Wien, vorbei an Staatsoper, Musikverein und Secession werden zunächst achtzig bis hundert bereits verstorbene Persönlichkeiten durch in den Gehsteig eingelassene ›Sterne‹ gewürdigt. In einer jährlich stattfindenden Zeremonie wird deren Runde um große zeitgenössische Namen der Klassischen Musik erweitert.«

Ich verhehle nicht, daß mir die Ehre, für die Verwirklichung dieses Projekts als Berater ausersehen worden zu sein, geschmeichelt hat. Dennoch konnte ich mich nicht zu einer zustimmenden Antwort entschließen. Gerade, was den Bereich Musik und Musikgeschichte betrifft, bin ich keineswegs sattelfest. Ich verwies daher in meinem Gegenbrief auf einen ungleich Berufeneren als mich: auf meinen Freund Otto Brusatti, der als Musikwissenschaftler, Radiomoderator,

56

Filmgestalter und Buchautor alle Voraussetzungen für eine solche Aufgabe erfüllen würde. Ob mein Vorschlag aufgegriffen und Kollege Brusatti zur Mitarbeit eingeladen wurde, weiß ich nicht. Ich weiß nur, daß er einige Jahre später, als das Projekt mittlerweile in die Tat umgesetzt worden war, in einem vielbeachteten Zeitungsaufsatz heftig gegen die Idee einer »Musikmeile Wien« polemisiert hat. Seine Argumente bestätigten meine Zweifel an der Seriosität derartiger Aktionen, die vielleicht zur Glitzerwelt des amerikanischen Showbusiness passen, nicht aber zur Performance einer soliden Kulturmetropole wie Wien.

Die Grießergasse

Die Grieser (oder – wie sie sich mancherorts auch schreiben – Grießer) zählen nicht zu den »großen« Familien, nicht zu den ruhmreichen Geschlechtern. Sie besitzen weder Adelspaläste noch Landgüter, weder Hauskapellen noch Ehrengräber. Ihre Wurzeln liegen in ländlichen Abschnitten Tirols; vor allem im Ötztal wimmelt es von Trägern dieses Namens. Dort gibt es sie wie Sand am Meer, oder besser: wie Geröll am Berg. Denn Gries ist der Tiroler Ausdruck für Geröll, und damit ist auch schon alles über ihre Herkunft gesagt, über die Lebensumstände ihrer Altvorderen, über die Tätigkeiten, mit denen sie sich ihr tägliches Brot verdient haben. Die Ur-Grieser haben sich auf den kargen Geröllböden angesiedelt, die die Ufer der von den umliegenden Bergen herabstürzenden Flüsse säumen.

Ihre Nachkommen sind nach wie vor weit verbreitet: Überall zwischen Wattens und Bruneck stößt man auf diesen

Namen, und im Zuge meiner Ahnenforschung habe ich im Lauf der Jahre bei so manchem Grieser-Bauern angeklopft, bin bei so manchem Grieser-Wirt eingekehrt. Bei einem von ihnen, seines Zeichens Möbeltischler, habe ich mir sogar – in einem Anflug quasi-verwandtschaftlicher Gefühle – einen Geschirrkasten zimmern lassen. Ortsnamen wie Gries am Brenner oder Gries bei Bozen lösen bei mir heimatliche Gefühle aus, ganz zu schweigen von der freudigen Überraschung, die es mir bereitet hat, sogar in Wien auf ein Relikt zu stoßen, das mit meinem Familiennamen verknüpft ist: die Grießergasse. Doch davon später.

Als ich vor Jahren daranging, meinen laut Familienüberlieferung aus dem Ötztal stammenden Vorfahren zu eruieren, konnte ich nicht ahnen, welche Schwerstarbeit auf mich zukam. Ich wälzte Kirchenbücher, erstellte Stammbäume, zog außerdem ein Heer von teils professionellen, teils Hobbygenealogen zu Rate, inserierte in einschlägigen Fachzeitschriften und vertiefte schließlich die am Schreibtisch gewonnenen Erkenntnisse mit ebenso komplizierten wie kostspieligen Recherchen vor Ort.

Ich hätte mir all die Mühe ersparen können, wären die genealogischen Aufzeichnungen, die mein Vater nach seinem frühen Tod hinterlassen hatte, erhalten geblieben. Wie so viele, die seinerzeit, während des Tausendjährigen Reichs mit seiner unseligen Rassengesetzgebung, ihren »Ahnenpaß« erstellen mußten, war auch er darangegangen, das Dunkel seiner Herkunft zu erhellen, und wie ich aus dem Mund meiner Mutter weiß, war er tatsächlich fündig geworden und hatte jenen Urururururgroßvater Jakob Grieser ermitteln können, den es im ersten Drittel des 18. Jahrhunderts aus den Tiroler

Die Grießergasse

Bergen ins linksrheinische Deutschland zwischen Pfalz und Saar verschlagen hatte. Behördlicher Zwang und persönliches Interesse vermischten sich bei meinem Vater zu einer Art genealogischer Entdeckerlust, die sich eine Generation später auch bei mir zu regen begann – in meinem Fall allerdings ohne den erhofften Erfolg.

Meine Nachforschungen nach dem ominösen Urahn scheiterten an dessen Geburtsort, der zwar dem Namen nach geklärt, in puncto geographischer Zuordnung jedoch nicht und nicht zu ermitteln war. Diestelweis – so besagt die Eintragung im Kirchenbuch der saarpfälzischen Gemeinde Walsheim – ist der Ort, an dem anno 1707 unser Jakob Grieser zur Welt gekommen ist. Doch um seine Spur weiterverfolgen zu können, hätte ich meine Recherchen in ebendiesem Diestelweis fortsetzen müssen, und eine Siedlung dieses Namens fand sich in keinem der Ortsverzeichnisse, in keinem deutschen und in keinem österreichischen, ja nicht einmal in einem jener allumfassenden, die auch jene verlassenen und aufgegebenen Siedlungsstätten einbeziehen, für die die Fachsprache den Begriff »Wüstungen« bereithält.

Hatte sich der Schreiber, der die Lebensdaten meines Urururururgroßvaters ins Taufregister eingetragen hatte, vertan? War ihm, als er Gehörtes in Geschriebenes verwandelte, ein Fehler unterlaufen? Oder war es überhaupt mit seiner Schreibkunst nicht weit her?

Wie auch immer: Das ominöse Diestelweis konnte ich mir aus dem Kopf schlagen, ich gab meine Suche auf. Auch der Versuch, mein Unternehmen von der anderen, von der Tiroler Seite her fortzuführen, verlief im Sande. Umhausen, so wußte ich aus der Familienüberlieferung, sei angeblich jener Ort im mittleren Ötztal, aus dem mein Urahn aufgebrochen

59

sei, um nach Überquerung der Alpen in seine neue Heimat Saarpfalz zu gelangen. Würde ich ihm also vielleicht dort auf die Spur kommen?

Ich fuhr nach Umhausen, wälzte die dortigen Kirchenbücher, befragte Gott und die Welt, suchte den Friedhof auf. Eine ältere Frau, mit der Gießkanne unterwegs, schien mir die geeignete Auskunftsperson zu sein. Ihre Antwort auf meine Frage ließ mich tatsächlich hoffen. Auf dieses und jenes Grab deutend, sagte sie im schönsten Tirolerisch: »Schaun S' her, hier liegt ein Grieser, da liegt ein Grieser, und auch ich selber bin eine geborene Grieser.«

Ich blühte auf, wanderte von Grieser-Grab zu Grieser-Grab, studierte die Inschriften, prüfte die Daten. Doch es waren alles Grieser aus späterer, aus viel, viel späterer Zeit. Entmutigt gab ich meine Suche auf: Der Urahn Jakob, von dem ich gar so gern mehr gewußt hätte, wird wohl für immer ein Phantom bleiben.

Nur mit dieser herben Enttäuschung, der mehrjährige genealogische Knochenarbeit vorangegangen war, ist es zu erklären, daß die Sache mit der Wiener Grießergasse (die ich zu Beginn dieses Kapitels schon angedeutet habe) so große Bedeutung für mich annahm, und ich kann nur hoffen, daß man mir diesen Exkurs, der nach objektiven Maßstäben nichts als eine alberne Marotte ist, gütig nachsieht.

Es fängt schon damit an, daß sich der Mann, dem die Grießergasse im Meidlinger Unterbezirk Altmannsdorf ihren Namen verdankt, mit *zwei* s schreibt. Ich kann mich also unter keinen Umständen mit diesem aus Oberösterreich stammenden und 1445 in Wien verstorbenen herzoglichen Kammerschreiber Erhart Griesser schmücken, der seinen

Die Grießergasse

Keine Renommiermeile: die Grießergasse in Altmannsdorf

umfangreichen, aus Gutshof, Ackerland und eigener Kirche
bestehenden Besitz in Altmannsdorf vor seinem Ableben
in eine Stiftung umwandelte und dem Mönchsorden der
»Beschuhten Augustiner« überließ. Daß man sich seiner noch
460 Jahre nach seinem Tod dankbar erinnerte und 1905 einen
Wiener Straßenzug nach ihm benannte, ist ein klares Zeichen
dafür, daß es sich bei diesem Erhart Griesser tatsächlich um
einen bedeutenden Mann gehandelt haben muß. Auch 1925,
als im Wiener Gemeinderat die Frage der Prolongierung der
Straßenwidmung zur Diskussion stand, hielt man an der früheren Entscheidung fest, und so lautet der Name des kurzen
Verbindungsstücks zwischen Oswaldgasse und Breitenfurter-
straße nach wie vor Grießergasse. Erst in allerjüngster Zeit
ist sie »halbiert« und ihr zweiter, ursprünglich bis zum Alt-
mannsdorfer Friedhof reichender Streckenabschnitt in Graf-
fitistraße umbenannt worden.

Es ist – ich muß es gestehen – ein Terrain, das nicht viel
hermacht: Vorstadt pur. Ich fahre mit der U6 bis zur Station
Tscherttegasse, wähle dort den Ausgang »Grießergasse«, setze
sodann meinen Lokalaugenschein zu Fuß fort, passiere die
imposante Wohnsiedlung Kabelwerk, in deren Innenhöfen
der sogenannte Grießergarten die Bewohner und Anrainer
zu Entspannung einlädt und überquere das die Graffiti-
straße säumende Bahngleis. »Bleib nicht stehn. Schau dich
nicht um. Warte, bis es dunkel wird!« lese ich, frisch auf den
Beton gesprayt, auf einer der Hauswände. Auch die Front-
seite des Seniorenheims »Betreutes Wohnen« wartet mit
einer Spruchweisheit auf – es ist das Nestroy-Zitat »Altwerden ist die einzige Möglichkeit, länger zu leben.« Das Trai-
ningsgelände des Sportklubs »Wiener Viktoria« lasse ich links

liegen, desgleichen die Werksanlagen der Waschmittelfabrik Henkel, von der eine leichte Schwade chemischer Dünste herüberweht.

Am Ziel angelangt, verschaffe ich mir einen ersten Überblick über die Grießergasse: Sie hat nur wenige Hausnummern, und auch von den wenigen sind es ganze zwei, die als Wohnbauten durchgehen können. Den Rest bilden die Lagerrampen eines der bekannten Möbelriesen, die Werkstätten einer Großtischlerei sowie die Büros einer Immobilienverwaltung. Die längs des Bahnkörpers montierten Reklametafeln lassen die dazugehörigen Plakate vermissen: Die Werbeagenturen haben sich wohl für einen ertragsträchtigeren Standort entschieden. Die Grießergasse – ich darf es nicht verschweigen – ist eine der unattraktivsten Adressen im weiten Umkreis, nichts wo man wohnen möchte, nichts was man herzeigen kann. Ich werde mich hüten, Gästen, die ich durch Wien führe, einen Abstecher in die Grießergasse zuzumuten. Die Idee, ihnen mit meiner »eigenen« Straße imponieren zu können, kann ich mir ein für allemal aus dem Kopf schlagen.

»Sag danke, Opa!«

Ich würde lügen, wollte ich behaupten, zur Stammklientel des Böhmischen Praters zu gehören. Aber einmal im Jahr trete ich doch den Weg in den Laaer Wald an – schon, um zu testen, ob der kleine Bruder des Wurstelpraters noch mit dem übrigen (und rapid wachsenden) Wiener Freizeitangebot mithalten, ja vielleicht sogar mit der einen oder anderen Novität aufwarten kann.

Der Spaziergänger

Das Vergnügungsareal am Rande des Wiener Naherholungsgebietes Laaerberg, das zwischen 1880 und 1890 angelegt worden ist, um den aus Böhmen und Mähren zugewanderten Gastarbeitern der umliegenden Tongruben und Ziegelwerke ein eigenes Dorado samstäglich-sonntäglicher Zerstreuung zu schaffen, ist im Lauf der Zeit wiederholt totgesagt worden, und seitdem die Nachfolgegenerationen der »Ziegelböhm« längst in andere Berufe abgewandert sind, nahm die Sorge um Verbleib und Konkurrenzfähigkeit dieses Relikts der Unterhaltungsindustrie weiter zu. Heute, wo Wien von neuen Immigrantenströmen aus den Balkanländern, der Türkei und dem kaukasischen Raum überschwemmt ist, scheint der zeitweilige Niedergang des Böhmischen Praters zum Stillstand gekommen zu sein, und ein eigener »Kulturverband Tivoli« setzt alles daran, das Überleben der rund achtzig Schaustellerlerfamilien und ihrer längs des Straßenzuges Laaer Wald aneinandergereihten Betriebe zu sichern. Der allgemeine Trend zu Nostalgie und Denkmalschutz ist ihnen dabei eine zusätzliche Hilfe.

Ich fahre mit der U1 bis zur Endstation Reumannplatz, wechsle dort in den Vorortbus 68A und lege den Weg von der Haltestelle Urselbrunnengasse zum Laaer Wald zu Fuß zurück. Der zehnmünütige Marsch ist eine gute Übung, den gleitenden Übergang von Wohn- zu Erholungslandschaft zu verfolgen: Die fünfstöckigen Sozialbauten weichen ab Moselgasse den einfachen Wohnhütten der »Dauerkleingartenanlage Garten- und Tierfreunde e.V.«. An den Zugängen der solide organisierten Siedlung lese ich dreistellige Parzellennummern; Maschendrahtzaun, Plastikplanen und Thujenhekken markieren die Abgrenzungen der einzelnen Grundstücke.

»Sag danke, Opa!«

Der selbstauferlegte Verhaltenskodex der Bewohner sieht unter anderem die strenge Einhaltung der Mittagsruhe vor – von 12 bis 14 Uhr. Noch rigidere Regeln gelten fürs Wochenende, das den Anrainern und ihren Gästen heilig ist.

Ich habe für meinen Besuch einen Schönwetter-Sonntagnachmittag im ausklingenden September gewählt, und ich habe gut daran getan, denn dies ist die Zeit, da der Böhmische Prater Hochbetrieb hat: Scharenweise sehe ich Jungfamilien, alleinerziehende Mütter mit ihren Kindern, Freundesrunden und etwas verloren wirkende Einzelgänger der circa 800 Meter langen Flaniermeile und ihren teils knallbunten, teils schäbig-verwitterten Etablissements zuströmen. Es geht weniger laut zu als erwartet, kaum jemand bringt seine Kamera in Stellung, es herrscht eine allgemein friedliche Stimmung bar aller Rummelplatzexzesse, und eine junge Frau, neben der ich zu stehen komme, höre ich auf ihre kleine Tochter einreden: »Sag danke, Opa!«

Angesichts des gegenüber dem Wurstelprater niedrigeren Preisniveaus hätte ich einen stärkeren Ausländeranteil erwartet: Das einheimische Element überwiegt deutlich, viele kommen aus dem Bezirk, aus Favoriten, darunter nur vereinzelte »Kopftuchmütter«. Die Holzpferde des überdachten Ringelspiels tragen Namen wie Otto, Norbert, Claudia oder Hans; bei einer eventuell anstehenden Renovierung würde ich den Betreibern anraten, doch auch den einen oder anderen Sükrü oder Mustafa drunterzumischen – es könnte ein sinnvoller und wohl auch dankbar registrierter Beitrag zur Integration unserer Neubürger sein.

Das China-Restaurant am Eingang zum Böhmischen Prater und der nach einem renommierten, 1995 verstorbenen

Der Spaziergänger

Schausteller benannte Otto-Geißler-Platz markieren die beiden Enden des Vergnügungsparks; dazwischen ein Vielerlei überwiegend angejahrter Attraktionen, die sich im anspruchsvolleren und modernisierungsfreudigeren Wurstelprater wohl kaum halten könnten, hier aber noch Zuspruch finden. Der Autoscooter-Arena folgen Kasperltheater und Liliputbahn, Tretboot und Trampolin; der Kraftmesser heißt »El Toro«, das Schmetterlingskarussell »Karibik« und die mit Live-Musik vom Keyboard werbende Gastwirtschaft »Zum Werkelmann«. Für das einsitzige Minikarussel zahlt man einen, für eine Runde an der Schießbude drei Euro; beim sogenannten »Pit Pat« haben nur »spielende Personen« Zutritt, und beim »Samba Tower« sind nicht nur »Aufstehen und Hinausbeugen«, sondern auch »das Hinausstrecken von Körperteilen« untersagt. Am »Fire Department« können sich die Buben als virtuelle Brandlöscher versuchen, die Mädchen decken sich am Zuckerlstand mit Türkischem Honig und Zuckerwatte ein. An weiteren ortstypischen Genüssen werden die wegen ihrer Knoblauchemissionen ebenso geschätzten wie gefürchteten Lángos, die böhmische Mehlspeisenspezialität Gebackene Mäuse sowie Żywiec-Bier vom Faß angeboten; die Salzgurken kommen aus dem traditionellen, auf einem Leiterwägelchen montierten Holzbottich.

Der unter Denkmalschutz gestellten »Schlange«, dem ältesten Vergnügungsbetrieb des Böhmischen Praters, ist ein Orchestrion von 1913 angeschlossen, dem mein besonderes Interesse gilt. Die einer Kapazität von 25 Musikern entsprechende Jahrmarktorgel ist 1978 von Grund auf restauriert worden, ein Münzeinwurf fordert die Besucher zum Spenden für die weitere Erhaltung des in den herrlichsten Bonbonfarben dekorierten Monstrums auf, über dessen Bestimmung ich

66

*Rummelplatzvergnügen am Laaerberg:
der kleine Bruder des Wurstelpraters*

auf der an der Schauseite montierten Plakette lese, es wolle »Ruhe und Beschaulichkeit in unsere hektische Zeit übermitteln«. Der seinem Idiom nach aus einem der Balkanstaaten stammende Neo-Liliom, der für Kartenverkauf und Technik der »Schlange« verantwortlich ist, zeigt sich auf mein Verlangen bereit, das an und für sich stillgelegte Orchestrion für ein paar Takte in Betrieb zu setzen; der dröhnende Klang des abgespielten Instruments zieht scharenweise verwunderte Passanten an. Selbst die coolen Habitués des gegenüberliegenden Spielcasinos »Monte Laa«, dessen Personal mit dunkelgrauem Manageranzug und Krawatte ausstaffiert ist, zeigen sich beeindruckt.

Auf den Plakaten des Tivoli-Theaters wird für den Kroatischen Kirtag samt Feldmesse in der nahen St. Anna-Kapelle, für

Der Spaziergänger

einen Wienerlied-Wettbewerb, für eine exotische Vogelschau sowie für eine Schlagerparade geworben, deren deutsch- und englischsprachiges Programm sich am Lokalmatador Peter Alexander und der »Samtstimme Frank Sinatra« orientiert. Die Besucher dürfen, so lese ich, mitsingen, ja sogar ihre eigenen Instrumente einsetzen, nur eines dürfen sie nicht: »Fremdspeisen und Fremdgetränke« mitbringen.

Was ich vermisse, ist der auf einer Gedenktafel wortreich gerühmte historische Watschenmann: Es ist ein Werk des Wotruba-Schülers Alfred Kurz, ursprünglich für den Wurstelprater bestimmt, doch von dort delogiert und 1990 in den Böhmischen Prater überstellt. Sind es Kunsträuber, die ihn inzwischen entführt haben? Ich finde ihn jedenfalls nicht. Dafür finde ich ein anderes, ein makabres Relikt: den knapp zwei Meter langen Reservetank eines amerikanischen Jagdbombers, der in den Kriegstagen des Winters 1944/45 über dem Areal des Böhmischen Praters niedergegangen und in späteren Jahren, auf ein stabiles Eisengestell montiert, als düsteres Memento mori in die heitere Szenerie der Schiffschaukeln und Ringelspiele eingepflanzt worden ist. Harmlos nimmt sich dagegen die Warntafel aus, die jene Besucher, die ihren Praterbummel mit einem Waldspaziergang verbinden wollen, zur Vorsicht mahnt: Nur Allergikern, die auf die Härchen der Eichenraupe mit Hautausschlag und Atemwegsbeschwerden reagieren, droht von den Baumriesen des Laaer Waldes Gefahr. Alle anderen, die in der angrenzenden Naturlandschaft vor dem Jahrmarktrummel Schutz suchen, mögen sorglos ihrer Wege ziehen.

Absolution

Noch vor den Kirchen kamen die Friedhöfe an die Reihe. Gut, ich hatte natürlich bald nach meiner Ankunft in Wien den Stephansdom aufgesucht, kurz darauf auch die Michaelerkirche und Maria am Gestade. Beim Spaziergang durchs Dominikanerviertel hatten mich die glutvollen Gesänge der Exil-Ukrainer ins Innere von St. Barbara gezogen, beim Praterbummel nahe dem Lusthaus war ich auf die Wallfahrtskapelle Maria Grün gestoßen, und in der Lichtentaler Pfarrkirche »Zu den vierzehn Nothelfern« die Empore hinaufzuklettern, wo einst Franz Schubert an der Orgel gesessen ist, war ein Erlebnis sondergleichen. Auch St. Augustin mit der Herzgruft der Habsburger und der Kanzel des Hofpredigers Abraham a Sancta Clara, die Piaristenkirche mit den Maulbertsch-Fresken, wo der junge Bruckner zur Orgelprüfung angetreten war, sowie das Heiligtum der Unbeschuhten Karmelitinnen von Ober St. Veit, mit dessen Errichtung Fürst Lanckoronski zum Andenken an seine frühverstorbene Gemahlin Franziska Attems-Heiligenkreuz eine Art christliches Tadsch Mahal geschaffen hatte, machten auf mich tiefen Eindruck.

Doch die erste Reportage, die ich von meinem neuen Wohnsitz an die Redaktionen der deutschen Zeitungen schickte, von deren schmalen Korrespondentenhonoraren ich in jener Wiener Frühphase mein Leben fristete, galt keinem Gotteshaus, sondern einem Gottesacker: dem Friedhof der Namenlosen im Vorstadtbezirk Albern, wo seit alters her die von der Donau angeschwemmten Unfall- oder Selbstmordopfer zur Letzten Ruhe gebettet wurden. Auch der winzigkleine, hinter dichtem Gesträuch versteckte Kahlenberger Friedhof mit den verwitterten Grabsteinen der unglücklich Liebenden,

Der Spaziergänger

denen dieser Ort im ausgehenden Biedermeier zur Trost- und
Klagestätte geworden war, zog mich magisch an. Friedhöfe –
gleichen sie nicht aufgeschlagenen Geschichtsbüchern, die,
in Stein gemeißelt, von den Schicksalen unserer Altvorderen
erzählen? Und nicht zu vergessen die Grabstätten der eigenen Freunde, all der vor der Zeit Verstorbenen, deren Beer-
digungen ich beiwohnte: der Neustifter, der Hietzinger, der
Matzleinsdorfer Friedhof – ich kannte sie alle.

Mit der systematischen Erkundung der Kirchen, für deren
Gestalt, deren Ausstattung und deren Geschichte ich mich
interessierte, ließ ich mir Zeit; erst viele Wochen nach meinem Einzug ins erste Wiener Logis (im Kaufhausviertel der
Mariahilferstraße) gewann ich Klarheit darüber, welche der
dortigen Pfarrkirchen die für mich »zuständige« war. Mit der
Übersiedlung in den 3. Bezirk wurden es wieder andere, die
mich in ihren Registern als Mitglied führten und zu ihren
Messen und Andachten, zu Sakramentempfang und Beichte
willkommen hießen. Während meiner Jahre im Fasanviertel
war dies die Pfarre Mariä Geburt mit der berühmten Wai-
senhauskirche, in der der zwölfjährige Mozart am 7. Dezember 1768 in Anwesenheit Maria Theresias die Chormusik der
von ihm komponierten Messe dirigiert hatte. Später, mit der
Übersiedlung an den Dannebergplatz, folgte die Pfarre St.
Rochus, die ebenfalls auf eine bewegte Geschichte zurück-
blickt. Doch da wie dort war und blieb ich ein Außenstehen-
der, dessen Engagement fürs Katholisch-Kirchliche sehr zu
wünschen übrig ließ.

Anders in meiner Kindheit. Im Elternhaus ging es in puncto
Religionsausübung zwischen streng und nachlässig zu. Vom
eher liberal eingestellten Vater weiß ich diesbezüglich wenig,
er ist zu früh verstorben. Die Mutter dagegen war bis zuletzt

Absolution

praktizierende Katholikin, die es, auch als ich längst in Wien verwurzelt war, nie unterließ, mich zu einem gottesfürchtigen Lebenswandel anzuhalten; ihre mahnenden Briefe um Ostern herum habe ich deutlich vor Augen. Von meiner tiefgläubigen Großmutter, zu der ich als Fünfjähriger abgeschoben worden war, weiß ich sogar, daß sie es gern gesehen hätte, wenn aus mir ein Priester geworden wäre. Sie war als trauernde Witwe ebenso an der Nähe eines anhänglichen Hausgenossen inter- essiert wie meine mit drei Buben gesegneten Eltern an einer gewissen, vor allem in den notreichen Kriegsjahren willkom- menen Entlastung.

Tatsächlich gab es in den sechs Jahren an Großmutter Anna Ondruschs Seite eine kurze Zeitspanne, da sich mein Kinderzimmer in ein Mittelding aus Sakristei und Kirche verwandelte. Aus alten Klamotten, die ich aus Omas Fundus zusammentrug, improvisierte ich Meßgewänder, und sooft ich mich unbeobachtet wußte, kletterte ich auf einen der aus dem Wohnzimmer herbeigeschafften Fauteuils und versuchte mich als Kanzelprediger.

Was mir ansonsten an Utensilien für meine Rituale fehlte, organisierte ich auf heimlichen Diebszügen: Großmutter Anna hatte mich bei unserem Pfarrer als Ministrant angemeldet, und so fand ich zu allem, was ich diesbezüglich brauchte, leichten Zugang. Niemandem fiel auf, daß ich von den in einem der Wandschränke eingelagerten Vorräten an Weihrauchkörnern regelmäßig Deputate für den eigenen Bedarf abzweigte, was erst dann ein Ende fand, als ich erkennen mußte, daß es gar nicht so leicht ist, das Zeug zum Brennen zu bringen. Auch mußte ich mich vor der Großmutter in acht nehmen, die, durch die schwer zu verbergenden Duftschwaden stutzig geworden, mein frivoles Treiben wohl als Gotteslästerung geahndet hätte.

71

Der Spaziergänger

Meine Aktivitäten als »Priester im Untergrund« blieben also eine Episode – wie übrigens auch meine Tage als Ministrant. Da ich zu jener Zeit ein schwächliches, stark unterernährtes Bürscherl war, hatte ich größte Mühe, das durch seine reichlichen Messingbeschläge überschwere Meßbuch von der einen Seite des Altars zur anderen zu schleppen, und bei den anderen Meßdienern machte ich mich unbeliebt, weil ich als notorischer Pedant die Angewohnheit hatte, meinen Part bei den Gebetsformeln mit übertriebener Genauigkeit zu artikulieren, statt sie, wie allgemein üblich, im Rekordtempo herunterzuleiern, und dadurch jeden Gottesdienst, an dem ich mitwirkte, beträchtlich in die Länge zog. Sogar bei manchen Priestern, die ebenfalls auf Eile drängten, fiel ich deswegen in Ungnade.

Zum abrupten Ende meiner wenig rühmlichen Ministrantenkarriere kam es, als ich bei einem feierlich levitierten Hochamt dem vor Eitelkeit strotzenden Kaplan versehentlich auf den wohl überlangen Chorrock trat: Der Ärmste kam durch meine Ungeschicklichkeit ins Stolpern, sein Auftritt war verpatzt. Die Ohrfeige, mit der mich Hochwürden nachher in der Sakristei für mein Fehlverhalten maßregelte, war für mich das klare Signal: Tritt ab, auf dem Altar hast du nichts verloren, dein Platz ist in der Kirchenbank.

Zum Glück blieb meine »Degradierung« ohne Folgen: Aus dem aktiv Mitwirkenden wurde ein umso aufmerksamerer stiller Beobachter. Vor allem der überbordende Heiligenkult der katholischen Kirche war es, der mich lange Zeit faszinierte. Als diesbezügliches Schlüsselerlebnis ist mir der Blasius-Segen in Erinnerung, der jedes Jahr am 3. Februar gespendet wird: Welch treusorgende Religion, die ihren Anhängern sogar beisteht, wenn sie eine Fischgräte verschluckt haben!

Absolution

In Großmutters nicht allzu üppig bestücktem Bücherschrank fand ich eines Tages einen in rotes Leinen gebundenen und mit einem goldenen Lesebändchen ausgestatteten Wälzer von fast 800 Seiten, der mein spezielles Interesse auf sich zog. Er hieß »Immerwährender Heiligenkalender«, war seiner immensen Textmenge wegen auf dünnem Papier gedruckt und vereinigte in vielen Hunderten Kapiteln die Legenden all der frommen Männer und Frauen, die der Gläubige um Hilfe anrufen kann, sooft er dieser Hilfe bedarf.

Ich kam aus dem Staunen nicht heraus: Da gab es Heilige, die man gegen Bauchweh und Blattern, gegen Juckreiz und Furunkel, gegen Gallensteine und Kropf, gegen Brandwunden und Tollwut, ja selbst gegen Flöhe und Läuse einspannen konnte!

Noch imponierender war das Riesenheer der Schutzpatrone, die für jeden noch so ausgefallenen Berufszweig bereitstanden: eine heilige Anna für die Besenbinder, eine Barbara für die Dachdecker, ein Jakobus für die Pastetenbäcker, ein Antonius für die Schweinehändler, ein Benedikt für die Höhlenforscher, eine Cäcilia für die Geigenbauer und so weiter und so fort. Da ich gerade erst von der Volksschule ans Gymnasium übergewechselt war und somit vor unberechenbaren neuen Herausforderungen stand, vergewisserte ich mich, ob der »Immerwährende« denn auch in dieser Hinsicht Vorsorge getroffen hatte – und siehe da, schon nach kurzem Suchen fand sich auch ein Schutzpatron der Schüler. Es ist der heilige Matthias, dessen Namenstag am 24. Februar gefeiert wird. Erst recht keine Sorgen brauchte ich mir für die Zeit meines künftigen Berufseinstiegs zu machen: Egal, ob ich Rauchfangkehrer oder Scherenschleifer, Buchbinder oder Teppichknüpfer, Postbeamter oder Rennfahrer werden würde – für jegliche Branche hielt Großmutters frommes Buch den passenden Fürsprecher bereit.

Seit jenen Kindertagen sind inzwischen fast siebzig Jahre verstrichen, Großmutters »Immerwährender Heiligenkalender« ist zusammen mit dem übrigen Hausrat ein Opfer der Kriegsereignisse von 1944/45 geworden, und als ich in späteren Jahren daranging, mir meine erste eigene Bibliothek aufzubauen, war neben den nunmehr favorisierten Piratenromanen, Schelmengeschichten und Tierfabeln keinerlei Platz für frömmlerische Erbauungsliteratur. Meine »Heiligen« hießen fortan Sindbad der Seefahrer und Winnetou, waren der Lügenbaron Münchhausen und ganz besonders jener jugendliche Held aus dem fernen Island, der unter dem seltsamen Namen Nonni mit Bravour die gefährlichsten Kämpfe gegen Eisstürme, Eisschollen und Eisbären bestand. Erst als Mann an der Schwelle zum Rentenalter wurde ich erneut auf den »Immerwährenden Heiligenkalender« aufmerksam – und das auf eine Art und Weise, die ich nie erwartet hätte: Kein weihrauchumwölkter Devotionalienverlag war es, der 1993 das Hausbuch von anno dazumal neu herausbrachte, sondern einer der großen Aufklärer unserer hedonistischen Zeit: Hans Magnus Enzensberger in seiner Eigenschaft als Spiritus rector der von ihm begründeten und zu durchschlagendem Erfolg geführten »Anderen Bibliothek«.

Sofort griff ich zu, um die jahrzehntelang in meinem Bücherregal klaffende Lücke zu schließen, und begeistert stürzte ich mich ins Abenteuer des Wiederlesens. Und auch wenn ich den Lobpreisungen und »Gebrauchsanweisungen« des »Immerwährenden« inzwischen um vieles reservierter gegenüberstand als zur Zeit meiner Kindheit, kann ich doch

Absolution

eines festhalten: Auch im Angesicht der rasant dahinschwin-
denden Traditionen alten christlichen Volksglaubens ist dieses Standardwerk der Hagiographie ein Stück faszinierender
Lektüre geblieben, die mich zwar nicht dazu veranlassen
würde, bei einem Gichtanfall den heiligen Kilian anzurufen
oder vor Antritt einer Weltreise am Gnadenbild der heiligen
Eulalia, der Schutzpatronin der Touristen, eine Kerze anzuzünden, die mir aber jedenfalls Respekt gebot gegenüber
jenen Urahnen, denen der pflegliche Umgang mit ihren Heiligen ein selbstverständlicher Teil ihres Lebens war.

Tragen nicht auch wir noch Reste davon mit uns herum? Ich
muß an meine alte Freundin Hanni H. denken, die – schusse-
lig, vergeßlich und zerstreut, wie sie ist – ohne ihren heiligen
Antonius verloren wäre. Ich erzähle diese Geschichte deshalb
so gern, weil Hanni Jüdin ist und als solche eigentlich gar keinen Anspruch darauf hätte, von einem christlichen Heiligen
erhört zu werden. Es war am Tag vor ihrem Abflug von Wien
nach Südamerika; jedes Jahr verbringt sie ein paar Wochen in
dem Land, das sie seinerzeit, auf der Flucht vor den Nazis, als
Emigrantin aufgenommen hat: Kolumbien. Nun also, irgendwann Mitte der Neunzigerjahre, war es wieder einmal so weit.
Hannis Koffer waren gepackt, die Reisepapiere bereitgelegt,
Medikamente und Hörapparat in der Handtasche verstaut.
Nur die Brille fehlte. Alles noch so intensive Suchen half
nichts: Die Brille blieb unauffindbar.

Für Hanni keine ungewohnte Situation. Immer wieder
passiert es ihr, daß ihr im entscheidenden Augenblick ein
lebenswichtiges Utensil abhanden kommt. Und immer trifft
im letzten Moment Hilfe ein: Hilfe vom heiligen Antonius.
Zum Glück hat sie in ihrer Nähe (Hanni wohnt im 14. Wiener

75

Der Spaziergänger

Gemeindebezirk) eine Kirche, die über eine Antonius-Statue verfügt, und dort eilt sie hin, zündet eine Kerze an, spricht ihr Stoßgebet, kehrt in ihre Wohnung zurück und – findet im Handumdrehen, wonach sie eben noch vergeblich gesucht hat.

Diesmal allerdings war die Sache schwieriger. »Ihr« Antonius, mit den Jahren schadhaft geworden, befand sich seit einiger Zeit in der Werkstatt des Restaurators, die Lädierungen mußten ausgebessert, der Farbanstrich erneuert werden. Sein Stammplatz in der Kirche war also verwaist, Hanni mußte sich nach einem Ersatz, mußte sich nach einem anderen Antonius umsehen. Doch woher nehmen in der Eile? Spontan griff sie zum Telefonbuch – fest entschlossen, notfalls alle 171 katholischen Pfarrämter Wiens der Reihe nach anzurufen, bis sie – hoffentlich! – bei einem landen würde, das ihr mit einem Ersatz-Antonius aushelfen konnte. Die Aktion verlangte starke Nerven: Der eine Pfarrer bot ihr einen Sebastian an, der andere einen Florian, auch mit einer besonders schönen Walburga könne man ihr dienen – so ging es eine Weile hin, bis sich endlich in einer Vorstadtkirche jenseits der Donau das Gesuchte fand. Hanni raste per Taxi zu ihrem Ersatz-Antonius, zündete eine Kerze an, kehrte in ihre Wohnung zurück, die Brille lag griffbereit auf der Vorzimmerkommode. Auf nach Bogotá!

Die Geschichte von Hannis erfolgsgekröntem Antonius-Kult beschäftigte mich intensiv: Hier die Jüdin, die leidenschaftlich einen christlichen Heiligen verehrt, dort ich, der miserable Taufschein-Katholik, der lange Jahre um jedes Gnadenbild, um jedes Wallfahrtskirchlein einen Bogen machte – beschämend!

Absolution

Zu meiner »Absolution« darf ich vielleicht ins Treffen führen, daß ich, wenn es schon in meinem privaten Gebaren so sehr an Engagement für die Institutionen und Aktivitäten der katholischen Kirche mangelte, wenigstens in meinem Berufsleben – und das heißt: in meinen Büchern – einschlägigen Themen reichlich Raum gab und gebe. Dem Wiener Stadtpatron Klemens Maria Hofbauer reiste ich an seinen Geburtsort in der Nähe von Znaim, dem Augustinerprior und Vater der Vererbungslehre, Gregor Mendel, an seine Wirkungsstätte in Brünn, dem Jesuitenpater und Schöpfer der »Nonni«-Kinderbücher, Jón Svensson, bis an deren Originalschauplätze in Island nach; auf den Spuren des »Evangelimann«-Komponisten Wilhelm Kienzl und seines mit dem Oratorium »Das Buch mit sieben Siegeln« zu Ruhm gelangten Kollegen Franz Schmidt sah ich mich im Ausseerland beziehungsweise in Preßburg um; die Streiche des Kommunistenfressers Don Camillo waren mir einen mehrtägigen Aufenthalt in der Gegend um Busseto, die Suche nach jener Südtiroler »Bauern-Pietá«, die Hugo von Hofmannsthal zu seinem Gedicht »Vor Tag« inspiriert hat, einen Ausflug ins Pustertal wert. Um den »Verirrungen« Gustav Mahlers nachzugehen, der in Kindertagen ungeachtet des streng jüdischen Elternhauses im katholischen Kirchenchor mitsang, mußte ich im südmährischen Iglau recherchieren, und der Aufarbeitung der wechselvollen Geschichte des Österreichischen Hospizes in Jerusalem verdanke ich eine an Höhepunkten reiche Pilgerfahrt ins Heilige Land. Die kuriose Geschichte von der jüdischen SPÖ-Aktivistin (und Gattin des Parteigründers Victor Adler), Emma Adler, die einem Kirchenmaler aus dem Attergau für dessen Madonnenbild Modell saß und sich dafür von beiden »Seiten« verunglimpfen lassen mußte, führte mich

77

Der Spaziergänger

ins Salzkammergut, und der Protagonist meines Bischof-Schwarz-Porträts für das Buch »Der Onkel aus Preßburg« lud mich zur Audienz in seine Amtsräume nach Linz ein.

Auch in Wien hatte ich, was die Erörterung kirchlicher Themen in meinen Büchern betrifft, alle Hände voll zu tun – von dem Leopoldstädter Pfarrer und Wohltäter Johann Baptist Weber, der anno 1819 im Hinterstübchen seines Pfarrhofs die erste Sparkasse auf österreichischem Boden ins Leben rief, bis zu der in Alma Mahler-Werfels Diensten stehenden Herrschaftsköchin Agnes Hvizd, die Franz Werfel 1939 in der Figur der Teta Linek seines Romans »Der veruntreute Himmel« auf so ergreifende Weise verewigt hat; von dem Hernalser Priesterseminaristen Josef Moučka, aus dem der Burgschauspieler Josef Meinrad geworden war, bis zu der umstrittenen Papst-Haushälterin Madre Pascalina, die im November 1983 auf dem Weg zum Flughafen Wien-Schwechat der Tod ereilt hat.

Als eines Tages Raoul Aslans Betschemel im Wiener Antiquitätenhandel auftauchte und im Diözesanmuseum die über 200 Jahre alte Wachskrippe aus dem Deutsch-Altenburger Kirchenschatz zur Besichtigung freigegeben wurde, war ich ebenso – mit Notizblock und Kamera – zur Stelle wie beim Gedächtnisgottesdienst für den burgenländischen Armenarzt Ladislaus Batthyány, der seinen oftmals mittellosen Patienten das Honorar erließ und sich stattdessen mit einem Vaterunser zu begnügen pflegte. Vieles, was ich im Lauf der Jahre an kirchlichen Stoffen zusammentrug, verdanke ich den reichen Beständen der Wiener Bibliotheken und Archive – so etwa das tragische Schicksal der singenden Nonne »Sœur Sourire«, die Wiener Exiljahre des ungarischen Kirchenfürsten József Mindszenty, der 1944 – aus Protest gegen den Pro-Hitler-Kurs

*»Ein feste Burg …«: die Wotruba-Kirche auf dem
St. Georgenberg in Mauer*

der in seinem Heimatland regierenden Pfeilkreuzler – seinen deutschen Familiennamen Pehm ablegte und den seines Geburtsortes annahm, oder die Lebens- und Wirkungsgeschichte der albanischen Kaufmannstochter Agnes Bojaxhiu, die als Mutter Teresa Weltruhm erlangen sollte.

Wenn ich mit Gästen aus den Bundesländern in Wien unterwegs bin, versäume ich nie, ihnen die nicht leicht auffindbare Kirche auf dem St. Georgenberg in Mauer zu zeigen, deren Bau eines der letzten Werke des großen Fritz Wotruba gewesen ist – die Seelenmesse für Witwe Lucy (die ich in meinem Buch »In deinem Sinne« porträtiert habe) hat kein Geringerer als Caritas-Präsident Prälat Ungar zelebriert – selbstverständlich in der Wotruba-Kirche, diesem grandiosen Betonkubus am westlichen Stadtrand von Wien.

Der Spaziergänger

Nicht missen möchte ich auch die Erinnerung an die 1983 erfolgte Verleihung des Katholischen Journalistenpreises an mich, das (an anderer Stelle dieses Buches erörterte) Glückwunschschreiben von Papst Johannes Paul II. oder die anregenden Gespräche mit dem damaligen Wiener Auxiliarbischof Christoph Schönborn, der zu meiner nicht geringen Überraschung die Wertschätzung meiner Arbeit mit präzisen Zitaten aus den betreffenden Büchern belegen konnte. Daß ich, wann immer es mein Terminkalender zuließ, gerne dem Ruf folgte, für Benefizlesungen in Wiener Pfarren zur Verfügung zu stehen, versteht sich von selbst, wovon übrigens auch die Veranstalter anderer Religionsgemeinschaften nicht ausgenommen blieben – etwa das Maimonides-Zentrum der Israelitischen Kultusgemeinde oder die Evangelischen, die mich in zwei Fällen sogar der Abhaltung von Gastpredigten für würdig erachteten. Leidenschaftlicher Verteidiger der inzwischen allenthalben stillgelegten Kanzeln, ist es mir seinerzeit – es handelte sich um die holsteinische Kreisstadt Eutin – tatsächlich gelungen, mich mit dem Wunsch durchzusetzen, nicht vom Altar, sondern von der Kanzel aus zu meinen Zuhörern zu sprechen. Daß von dieser Möglichkeit heute nirgends mehr Gebrauch gemacht wird, will und will mir nicht in den Kopf: Wo sonst bekommt man sein Auditorium besser in den Griff (und detto vice versa)? Ich muß meinen Freund Norbert Leser bei unserem nächsten Treffen fragen, wie er über diese Frage denkt. Der prominente Wiener Politologe und Sozialphilosoph, tiefgläubig und kirchentreu wie kein zweiter (und gleich alt wie ich), ist mein bewährter Berater in allem, was mit Religion und Kirche zu tun hat. Unsere Gespräche über die letzten Dinge – stets stilgerecht bei einer Flasche Kanonikuswein im hinter St. Stephan gelegenen Intellektuellentreff »Santo Spirito« – sind mir seit Jahren unentbehrlich.

Traumwelt Kino

Der Operateur ist nicht nur der Arzt, der Operationen durchführt, sondern auch der Mann, der in der Kinovorführkabine den Film einlegt. Zumindest hieß er so zur Zeit meiner Kindheit: Der Kinooperateur war für uns Heranwachsende eine magische Gestalt – unsichtbar, aber mächtig, geheimnisvoll und privilegiert. Er bestimmte, was wir Kinobesucher zu sehen bekamen, er war der unumschränkte Herrscher über Anfang und Ende, und wenn einmal beim Abspulen der Film riß, war er es, auf den sich unser aller Hoffnung richtete, er möge den Fehler erkennen und dafür sorgen, daß es ohne allzu lange Unterbrechung weitergeht.

Da er während der gesamten Dauer der Vorstellung in seine Kabine eingesperrt blieb, umgab den Kinooperateur ein Nimbus von Unnahbarkeit und Entrücktheit, den ich nur in seltenen glücklichen Momenten zu durchbrechen vermochte, indem ich ihm, mich an den Hintereingang des Kinos heranschleichend, vor seiner schmalen Tür auflauerte – in der Hoffnung, er werde, wie es seine Gewohnheit war, für einen Augenblick seinen Arbeitsplatz verlassen, den Projektionsapparat sich selbst überlassen und ins Freie hinaustreten, um Luft zu schnappen, sich die Beine zu vertreten und sich eine Zigarette anzuzünden. Er ließ dann die Tür jedesmal offen, und in diesen wenigen Minuten vor der Rückkehr an seinen Arbeitsplatz ergab sich die Gelegenheit, einen flüchtigen

Der Spaziergänger

Blick ins »Allerheiligste« zu werfen – ins Innere der Vorführkabine, die für uns Buben in unserer kleinen Stadt das eigentliche Herzstück des Kinos war, die Schaltstelle, das Zentrum
der Macht.

Da schnurrte, flackerte und flimmerte es, auch Wort- und
Musikfetzen der Filmtonspur drangen nach außen, dazu ein
eigentümlicher Geruch, der von jenem ominösen Maschi-
nenöl auszuströmen schien, das zu jener Zeit zum Instrumen-
tarium des Kinovorführers zählte.

Was den Beruf des Operateurs noch zusätzlich interessant machte und den Neid von uns Kindern weckte, war die
besondere Privilegiertheit des Kinovorführers: Er war derje-
nige, der jeden neuen Film nicht nur als erster, sondern auch
sooft er wollte zu sehen bekam, und vielleicht legte er sogar,
wenn es sich um ein besonders spannendes oder gar schlüpf-
riges Programm handelte, eine Privatvorstellung ein, die nur
für ihn allein bestimmt war.

Solche Gedanken gingen mir damals durch den Kopf,
was in summa dazu führte, daß es für mich als Zehn- oder
Zwölfjährigen keinen erstrebenswerteren Beruf als den des
Kinovorführers gab. Mochten die anderen meines Alters
Lokomotivführer oder Pilot, Kinderarzt oder Astronom werden wollen – ich träumte von einer Ausbildung zum Kinooperateur, und auch wenn es in meinem späteren Leben dann
ein bißchen anders gelaufen ist, bleibe ich dabei, auf die in
manchen Promi-Interviews gestellte Frage nach den unerfüllt
gebliebenen Kindheitswünschen wahrheitsgemäß zu antworten: Filmvorführer. Noch heute ertappe ich mich mitunter
dabei, daß ich bei meinen Kinobesuchen nach dem Eingang
zur Vorführkabine Ausschau halte, und ich kann nicht ausschließen, daß ich eines Tages vielleicht sogar der Versuchung

Traumwelt Kino

Anno 1960 noch 198 »Lichtspieltheater«, heute nur mehr 31: Kinosterben in Wien

Der Spaziergänger

erliegen werde, das an der betreffenden Tür befestigte Schild
»Zutritt verboten« zu ignorieren, die Türschnalle niederzu-
drücken und mir Eintritt zu verschaffen.

Wien ist für solche Gelüste ein ideales Betätigungsfeld:
Allem Kinosterben zum Trotz gibt es in dieser Stadt noch
immer etliche »Lichtspieltheater« von anno dazumal, die mit
Geschick und Ausdauer die einstige Kinoromantik in unsere
Zeit herübergerettet haben. Kein Weg ist mir zu weit, diese
verwunschenen Stätten aufzusuchen, und bei einer von ihnen
ist es mir tatsächlich gelungen, bis in die Vorführkabine vorzudringen. Es ist das Kino in der Breitenseerstraße, wo ein
befreundeter Germanistikstudent eine Zeit lang als Aushilfe
tätig war. Zwei Mal pro Woche sprang Matthias, um sein
Taschengeld aufzubessern, als Vorführer ein, er liebte seinen
Job und schwärmte für die betagte Besitzerin, und als er von
meinem Faible für sein Metier hörte, lud er mich kurzerhand
zu einem Besuch an seine Arbeitsstätte ein. Ich durfte also
an seiner Seite die schmale Wendeltreppe zur Vorführkabine
hinaufklettern – es war eine halsbrecherische Partie. Und
ich durfte ihm beim Einlegen, Abspielen und Wechseln der
Filmrollen über die Schulter blicken – welch eine Wonne!
    Auch das schäbige Admiralkino in der Burggasse, das hin-
ter Beiseln und Kunstgalerien versteckte Reprisentheater am
Spittelberg und das traditionsreiche Burgkino mit der tagtäglich gespielten Originalfassung des »Dritten Manns« zählen
zu meinen Favoriten.
    Wie viele unvergeßliche Stunden verdanke ich den Wiener
Vorstadtkinos! Wieder einmal hatte ich einen fest eingeplan-
ten Film versäumt; es war die brillante Martin-Suter-Verfil-
mung »Giulias Verschwinden« mit der wunderbaren Corinna

84

Traumwelt Kino

Harfouch in der Hauptrolle. Wochenlang lief der Streifen in den diversen Uraufführungskinos, darunter auch in meinem »Village Cinema« gegenüber dem Bahnhof Wien-Mitte, wo ich schon wegen der Nähe zu meiner Wohnadresse Stammgast bin. Aber irgendwie hatte es nicht geklappt, immer wieder hatte ich den geplanten Kinobesuch hinausgeschoben, und eines Tages war »Giulias Verschwinden« aus sämtlichen Programmen hinausgeflogen – ich ärgerte mich über mein Versäumnis.

Monate später, als ich wieder einmal die Kinoprogramme in der Zeitung überflog, entdeckte ich zu meiner Freude den bewußten Titel; als Adresse war das Gloriette-Kinocafé in Penzing angegeben, Linzerstraße 2. Ich kannte die Örtlichkeit nicht, machte mich auf den Weg. Eine halbe Stunde vor Beginn der Vorstellung traf ich am Ziel ein, kaufte mir bei dem Mann, der sowohl die Kinokasse wie die angeschlossene Espressobar betreute, ein Ticket, trat, um die Wartezeit zu überbrücken, auf die Straße hinaus und unternahm einen Spaziergang zu den umliegenden Häusern und Geschäften. Ich muß wohl bei einem der Schaufenster »hängengeblieben« sein – jedenfalls hörte ich plötzlich eine Stimme hinter mir, die mich ebenso freundlich wie bestimmt zur Rückkehr ins Kino aufforderte, in einer Minute beginne die Vorstellung. Persönliches Geleit vom Trottoir zu meinem Kinositz – hatte ich jemals zuvor ein derart aufmerksames Service erlebt? Der gute Mann hatte für sein Eingreifen allerdings auch allen Grund: Ich war an diesem Nachmittag der einzige Besucher …

Unvergeßlich auch jene 14-Uhr-Vorstellung in der Lugner-City, die ich mir vorgemerkt hatte, um den »Räuber Hotzenplotz« nachzuholen. Ich schrieb damals gerade an meinem

85

Der Spaziergänger

Buch »Die böhmische Großmutter«; für eines der Kapitel war eine Recherche in dem nordosttschechischen Städtchen Osoblaha vorgesehen, das bis 1945 Hotzenplotz geheißen und Autor Otfried Preußler zu seiner berühmten Kinderbuchfigur inspiriert hatte. Vor Antritt meiner Reise an den 250 Kilometer entfernten Originalschauplatz wollte ich mir zwecks Einstimmung ins Thema die Verfilmung des berühmten Kinderbuchbestsellers anschauen.

14 Uhr Beginn – das bedeutete: Kindervorstellung. Tatsächlich strömte ausschließlich junges und jüngstes Volk ins Lugner-Kino, Durchschnittsalter zehn, die meisten in Begleitung ihrer Mütter. Ich war der einzige Mann im Publikum, mit meinen damals siebzig Jahren ein totaler Fremdkörper. Von allen Seiten richteten sich mißtrauische Blicke auf mich, mit unverhohlenem Argwohn achteten die Jungmütter darauf, daß keines ihrer Gschrappen dem Unhold zu nahe kam. Ein Mann dieses Alters in einer Kindervorstellung – das konnte doch nur ein Lustgreis sein. Ich suchte mir einen Platz weitab von meinen vermeintlichen Opfern, wagte kaum einen Blick ins Publikum und suchte nach Schluß der Vorstellung fluchtartig das Weite – es war der unbehaglichste Kinobesuch meines Lebens.

Dabei ist es doch gerade dieses besondere Glücksgefühl des Behagens, das mich seit Jahr und Tag ins Kino treibt. Im Gegensatz zu früher, wo ich kaum eine wichtige Theaterproduktion ausließ und – als Kulturkorrespondent deutscher Tageszeitungen und Rundfunksender – sogar am laufenden Band Premierenkritiken schrieb, ist es heute fast ausschließlich das Kino, dessentwegen ich an freien Abenden das Haus verlasse und mich um eine Eintrittskarte anstelle.

Natürlich gibt's dafür auch inhaltliche Gründe: Das Film-
angebot reizt mich einfach mehr als das Theaterangebot.
Mir fällt dazu der alte Hausfrauenwitz ein: Bei uns können
Sie vom Boden essen, man findet immer etwas. Ja, so ist es:
Unter den derzeit 31 Kinos von Wien ist fast immer eines, das
einen Besuch lohnt. Und sollte dennoch einmal der Fall ein-
treten, daß ich bei Durchsicht der Programme partout nichts
für mich Passendes finde, kann ich mich noch immer in den
Kinosessel aus den Dreißigerjahren zurücklehnen, den ich
vor einiger Zeit beim Antiquitätenhändler in der Stallburg-
gasse ergattert und seither in meinem Wohnzimmer stehen
habe – zum Träumen von der Traumwelt, zum Träumen von
den Lieblingsfilmen eines langen Lebens: »La Strada«, »Der
blaue Engel«, »Maskerade« …

Erst, wann's aus wird sein …

Meine Wienerliedgeschichte beginnt mit einer Niederlage –
und zwar in Irland. Mit Freund Franz war ich drei Wochen
auf der Grünen Insel unterwegs – er malte, ich schrieb. Oder
genauer: Er fing, ausgestattet mit einem Auftrag der Münch-
ner Galerie Gurlitt, in einer Reihe von Ölbildern, Aquarel-
len und Federzeichnungen die Atmosphäre des sogenannten
Kennedy-Country ein, also der im Südosten des Inselstaates
gelegenen Urheimat des amerikanischen Vorzeigepräsiden-
ten; ich wiederum recherchierte für die Irland-Kapitel meiner Bücher »Irdische Götter« und »Musen leben länger«.
   Selbstverständlich hatten wir auch einen Aufenthalt in der
Hauptstadt Dublin eingeplant. Trinity College, Abbey Theatre,
St. Stephen's Green – es war ein übervolles Programm. Für

Der Spaziergänger

den vorletzten Tag war ein Abstecher in einen der Außenbezirke vorgesehen: Wir hatten Sagenhaftes über die sogenannten Singing Pubs gehört, die es in früheren Zeiten in großer Zahl gegeben hatte, nun aber nur mehr in wenigen letzten Exemplaren. Bevor auch diese wenigen, wie allgemein prognostiziert, eingehen würden, wollten wir uns eines dieser typisch irischen Lokale ansehen, die dafür bekannt waren, sangeslustigen Naturen eine Art Podium zu bieten, auf dem sie nach Herzenslust und vor Publikum ihre Lieblingslieder trällern konnten.

Das Lokal war gerammelt voll, die Stimmung prächtig, das Guiness floß in Strömen. Das Publikum konnte buntgemischter nicht sein: Was sie alle – Arbeiter und Akademiker, Studenten und vereinzelt auch Frauen – miteinander vereinte, war die Lust am Singen, wobei das folkloristische Element dominierte. Kein Pop, sondern Traditionelles, Bodenständiges, Balladenhaftes – manches davon auf Gälisch, dem für unser Ohr höchst exotisch klingenden Idiom der keltischen Ureinwohner.

Die Iren sind gesellige Menschen, Franz und ich sahen uns im Handumdrehen von Einheimischen umringt, in deren Gespräche einbezogen, zu beherztem Mittun eingeladen. Rasch zeichnete sich ab, daß man auch von uns beiden einen sängerischen Beitrag erwartete, ja von uns sogar ganz besonders, kamen wir doch aus einem Land, das den meisten unserer Gesprächspartner fremd war. Österreicher in einem Dubliner Singing Pub – so etwas hatte es offenbar noch nie gegeben: Die Neugier der Gäste wuchs und wuchs, die Aufforderungen an uns, es ihnen gleichzutun und das Podium zu besteigen, wurde dringlicher und dringlicher. Unsere

88

Erst, wann's aus wird sein …

flehentlichen Beteuerungen, rettungslos unmusikalisch zu sein, weder über das entsprechende Liedgut noch über herzeigbare Gesangsstimmen zu verfügen, wurden ignoriert, und bevor wir dazukamen, uns der gestellten Aufgabe durch Flucht zu entziehen, sahen wir uns auch schon mit sanfter Gewalt auf die Bühne gezerrt. Wir mußten singen – egal was.

In unserer Not einigten wir uns auf das einzige Lied, das wir beide mit Ach und Krach zusammenbringen würden: den Evergreen »Erst wann's aus wird sein / mit aner Musi und an Wein …« aus Ralph Benatzkys Operette »Im Weißen Rössl«.

Mit der Melodie klappte es einigermaßen, umso mehr haperte es mit dem Text, aber wir waren heilfroh, wenigstens nicht gänzlich versagt zu haben, brachten unseren erzwungenen Auftritt zu einem halbwegs glücklichen Ende, verbeugten uns vor dem Publikum und warteten auf den nach unserer Meinung wohlverdienten Applaus. Doch der blieb aus. Lag es an unserer kläglichen Darbietung, daß sich unter den Zuhörern kaum eine Hand rührte? Um unser angeschlagenes Selbstbewußtsein wiederherzustellen, einigten sich Franz und ich auf eine andere, auf eine uns beide entlastende Erklärung: Das Wienerlied, so folgerten wir aus dem Debakel, ist an Wien gebunden, ist nicht verpflanzbar – und schon gar nicht verpflanzbar in ein so exotisches Biotop wie Irland. Sollte ich jemals wieder (und ich hoffe es sehr) die Grüne Insel bereisen und durch die Vorstadtgassen von Dublin bummeln, werde ich um die Singing Pubs jedenfalls einen großen Bogen machen.

Umso zuverlässiger bin ich zur Stelle, wo immer sich in Wien Gelegenheit bietet, der Lust am Wienerlied und der mit ihm untrennbar verknüpften Schrammelmusik zu frönen. Wie oft bin ich beim Schmid Hansl, der einst berühmten

Der Spaziergänger

Währinger Kultstätte des Wienerliedes, eingekehrt; welche Wonnen verdanke ich den Veranstaltungen des Wiener Volksliedwerks im Ottakringer Bockkeller; wie gern lausche ich den Virtuosen der Neuen Wiener Konzertschrammeln und den Conférencen ihres Mentors Otto Brusatti!

Es ist an der Zeit, Titel zu nennen. Die Weise vom »Narrischen Kastanienbaum« zählt ebenso zu meinen Favoriten wie die nostalgische Hymne auf das »Zwölferjahr«, das Lied vom provokanten Auftrumpfen des leichtlebigen Brüderpaares, das sich seines allmächtigen Vaters (Hausherr und Seidenfabrikant!) rühmt, und das frivole »Auf der Laimgrubn auf der Wieden« (wo die Geschmäcker sehr verschieden).

Das Faible fürs Wienerlied ist mir übrigens nicht (wenn das schiefe Bild erlaubt ist) in den Schoß gefallen, sondern hat sich parallel zu meiner allgemeinen »Eingemeindung« in Milieu und Lebensart meiner Wahlheimat Wien entwickelt. Insbesondere zwei Stimmen sind es, denen dabei eine entscheidende Rolle zugekommen ist: Hans Moser und Maly Nagl. Mosers »Reblaus« und »Doktor Lueger« zählen zu den abgespieltesten Nummern meiner Schallplattensammlung, und auch von der dröhnenden Stimme der Dudlerin Maly Nagl kann ich nicht genug bekommen – ich erwähne nur ihren Erzherzog-Johann-Jodler und ihre Schlager »I brauch' ka schöne Leich« und »Die Kellerpartie«. Nicht zu vergessen auch der verdienstvolle Karl Hodina, der in unseren Tagen die Tradition des Wienerliedes mit Neuschöpfungen wie »Einer hat immer das Bummerl« und »Der Herrgott aus Sta'« weitergeführt, sowie mein Freund Norbert Leser, der das Kunststück zuwege gebracht hat, seinen leidenschaftlichen Einsatz für den Erhalt des Wienerliedes sogar mit der Würde eines

Heuriger und Wienerlied: das Kahlenbergerdörfl zwischen Nußdorf und Klosterneuburg

Hochschulprofessors zu verbinden (und eine eigene CD herausgebracht hat).

Was meine eigene Person betrifft, so beließ ich es stets beim Zuhören, beim stillen Genießen: Ich bin keiner, der in noch so sangesfreudiger Runde mit einstimmt. Dafür begann ich mich umso angelegentlicher für etwas anderes zu interessieren: für die Lebensgeschichten der Protagonisten des Wienerliedes. Aufstieg und Niedergang des Sieveringer Zithervirtuosen Anton Karas gingen in ein Kapitel meines Buches »Kein Bett wie jedes andere« ein, der Entstehungsgeschichte des Hermann-Leopoldi-Evergreens »In einem kleinen Café in Hernals« widmete ich eine detaillierte Lokalstudie in »Weltreise durch Wien«. Jahre später kehrte der gleiche Hermann Leopoldi übrigens in meinem Buch »Das zweite Ich« wieder,

Der Spaziergänger

in dem es um die Pseudonyme und Inkognitos der Künstler-
prominenz geht. Wer weiß denn heute noch, daß der Schöpfer solcher Hits wie »Der stille Zecher«, »Powidldatschkerln«
oder »Schön ist so ein Ringelspiel« ursprünglich Hersch Kohn
geheißen und nur aus Sorge vor dem aufkommenden Antise-
mitismus der Zwanzigerjahre seinen Namen abgeändert hat?

Was die heutige Situation des Wienerliedes betrifft, sind
die Signale widersprüchlich. Den Jubelberichten über die
Unsterblichkeit, ja neue Blüte dieser Musikgattung stehen
Klagen über ihren fortschreitenden Niedergang gegenüber,
und für die überwältigende Mehrheit der Jugend, für die es
nur noch Pop und Rap und Techno zu geben scheint, sind
Anachronismen wie Hans Mosers »Reblaus« mausetot.
    Tatsächlich nimmt die Zahl der Wiener Heurigen, bei denen
Quartette musizierend von Tisch zu Tisch ziehen, kontinuierlich ab, und auch im Straßenbild der Stadt sind ihresgleichen
zur Seltenheit geworden. Wer heute über Stephansplatz und
Graben flaniert, wird mit jeder Art von Popmusik bedient,
darf sich an südamerikanischen und afrikanischen Rhythmen
ergötzen, kann sogar Klassiksolos und Opernarien lauschen –
nur ein Wienerliedsänger wird ihm garantiert nicht über den
Weg laufen. Eine Art Selbstverbannung scheint es geradezu
zu verbieten, dieser so typischen Wiener Musikgattung Gehör
zu verschaffen. Und käme ein Wagemutiger auf die Idee, es
dennoch zu versuchen und das Diktat des Mainstreams zu
durchbrechen, müßte er wohl damit rechnen, der Lächerlich-
keit preisgegeben, ja vielleicht sogar verscheucht zu werden.
    Müßte er wirklich? Ich bin mir da nicht so sicher. Viel-
leicht würde gerade er mit seinem »Gegenprogramm« aus
dem musikalischen Allerweltsbrei der Straßenmusikanten

angenehm hervorstechen, ja sogar Furore machen. Zumindest die von überall her anreisenden Touristen würden ihm ihren Obolus kaum verweigern. Sind sie nicht nach Wien gekommen, um Wien zu erleben? Und dazu gehört selbstverständlich die Musik dieser Stadt. Nicht nur im Konzertsaal, sondern auch auf den Straßen und Plätzen. Bühne frei fürs Wienerlied!

Die Waldohreulen von Stammersdorf

Zum echten Wiener gehört, daß er seine Stadt kennt. Und da er außerdem stolz auf sie ist, zeigt er sie auch gerne her. Besucher aus den Bundesländern oder aus dem Ausland, die das Glück haben, über Freunde oder Verwandte in Wien zu verfügen, werden infolgedessen mit Angeboten überschüttet, müssen ihren »private guides« an die entlegensten Örtlichkeiten folgen, kommen kaum zum Luftholen. Daß sich das »Programm«, das sie zu absolvieren haben, oft eher an den Neigungen der Führer orientiert als an denen der Geführten, enthebt Letztere nicht der Verpflichtung, ihren Gastgebern Lob und Dank zu zollen: Ohne Sie/Dich/Euch hätten wir nur einen Bruchteil dessen gesehen/erlebt/genossen, das wir gesehen/erlebt/genossen haben. Die Konsequenzen fallen unterschiedlich aus, richten sich nach der Kondition der Gäste: Die einen, überwältigt von der Vielzahl der empfangenen Eindrücke, melden sich nächstes Jahr zu einem weiteren Wien-Besuch an; die anderen, erschöpft von den Mühen unausgesetzter Zwangsbeglückung, gehen auf Distanz und schwören sich: Nie wieder Wien!

Der Spaziergänger

Ein eigenes Kapitel bilden jene, die sich ihr Wien-Programm selber mitbringen und ihre Gastgeber damit bis an die Grenzen ihrer Leistungsfähigkeit herausfordern. Es sind jene Alles- und Besserwisser, die im Vorfeld ihrer Wien-Reise von dieser oder jener außerplanmäßigen Sehenswürdigkeit gehört haben, zu der ihnen nun der geplagte Gastgeber den Weg weisen soll – nach dem Motto: Ihr habt ja keine Ahnung, was es in eurer Stadt alles gibt.

Der Wiener, der bis dato festen Glaubens gewesen ist, über seine Stadt alles, wirklich alles zu wissen, kann dadurch in schwere Bedrängnis geraten: Wo mag sich jene obskure Kleinbühne befinden, jene verfallene Wallfahrtskapelle, jenes aserbeidschanische Spezialitätenrestaurant, von denen ihm die Gäste vorschwärmen? Was tun, wenn selbst Baedeker und Google jegliche Auskunft über Geheimtreffs dubioser Sekten, über den Standort seltener Gewächse oder – besonders krasses Beispiel – über den Einstieg zu jenem unterirdischen Geheimgang verweigern, in dem ein renommierter Literaturverlag angeblich nach wie vor riesige Buchbestände aus den späten Vierzigerjahren lagert?

Wie steht der gebildete Wiener vor seinen ausländischen Gästen da, wenn er von alledem keine Ahnung hat? Er wird sich, von deren Wissensvorsprung beschämt, jede erdenkliche Mühe geben, den Dingen auf die Schliche zu kommen, und das kann in manchen Fällen ganz schön anstrengend sein. Gelangt er jedoch ans Ziel, empfängt er doppelten Lohn: Sein angeschlagenes Selbstbewußtsein ist wiederhergestellt, seine Themenführerschaft gesichert, sein eigener Wissensstand erweitert – Mehrwert an allen Fronten.

Die Waldohreulen von Stammersdorf

Auch ich bin von neunmalklugen Wien-Besuchern wiederholt in Verlegenheit gebracht worden. Eine meiner größten Herausforderungen war die Sache mit den Waldohreulen. Juliane B. aus dem westfälischen Lippstadt, eine meiner engsten Freundinnen im Nachbarland, hatte in einem der deutschen Fernsehprogramme einen Bericht über die in ihren Breiten kaum anzutreffenden Waldohreulen gesehen und, elektrisiert von der überraschenden Nachricht, den Entschluß gefaßt, für ein paar Tage nach Wien zu kommen. Ein versprengter Schwarm dieser seltenen Tiere, jedem Ornithologen und Lateiner als Asia otus, doch kaum einem von ihnen von Angesicht zu Angesicht vertraut, mache – so teilte der Kommentator des betreffenden Fernsehbeitrags mit – jedes Jahr Anfang November auf den Baumwipfeln eines Wiener Vorstadtfriedhofs Station, verharre dort den Winter über und setze sodann zum Heimflug in sein Stammland an. Den gefiederten Gästen beim Aufenthalt an ihrer Zwischenstation zuzusehen, sei ein einzigartiges Schauspiel, Ornithologen aus allen Erdteilen kämen zu diesem Zweck nach Wien und legten sich an dem betreffenden Ort auf die Lauer – ausgerüstet mit Fernrohr und Kamera. Das Unternehmen – so hieß es weiter – verlange allerdings Geduld: Die scheuen Tiere hielten sich versteckt, seien der großen Entfernung wegen kaum mit bloßem Auge wahrzunehmen und ihres hellen Gefieders wegen auch nur schwer photographisch festzuhalten.

Meiner aufgeregten Juliane ihren verwegenen Plan auszureden, schien unmöglich. Die Wiener Waldohreulen hatten von ihrer Phantasie in einem Maße Besitz ergriffen, daß mir klar war: Ich mußte zur Tat schreiten. Ich hängte mich also ans Telefon und rief der Reihe nach sämtliche Wiener Friedhöfe

Der Spaziergänger

an. Viel Hoffnung machte ich mir nicht: Die Toten der 1,8-Millionen-Stadt sind über 56 Gottesäcker verteilt, nicht eingerechnet die aufgelassenen, von denen nur noch letzte Baumbestände übriggeblieben sind.

Wie nicht anders erwartet, blitzte ich mit meinem Rundruf der Reihe nach ab: Weder in Albern noch in Rodaun, weder auf dem Kahlenberger noch auf dem Pötzleinsdorfer Friedhof wußte man etwas von den ominösen Waldohreulen, und einige der von mir kontaktierten Friedhofskanzleien hielten mich wohl überhaupt für einen Spaßvogel und legten unwirsch auf.

Das Friedhofsverzeichnis im Anhang des »Städteatlas Großraum Wien«, dessen ich mich bei meinen Recherchen bediente, ist alphabetisch angeordnet, ich arbeitete mich also von einem Buchstaben zum anderen durch. Endlich landete ich bei S: Siebenhirten, Sievering, Simmering, Stadlau. Doch auch hier überall Fehlanzeige. Nun war als nächstes Stammersdorf an der Reihe, nur noch gefolgt von Strebersdorf, Südwestfriedhof, Süßenbrunn und Zentralfriedhof. Längst sah ich jede Hoffnung schwinden, der Bericht im deutschen Fernsehen war vermutlich ein aufgelegter Schwindel, meine gute Juliane würde sich die Mär von den Wiener Waldohreulen wohl aus dem Kopf schlagen und ihre voreiligen Reisepläne wieder aufgeben müssen.

Andererseits hatte ich nun schon so viele Telefonate geführt, daß es auch auf ein weiteres nicht mehr ankam. Ich wählte also die Nummer des Stammersdorfer Friedhofs – ohne eine rechte Vorstellung davon zu haben, wo der überhaupt zu finden sei. Stammersdorf ist einer der Ortsteile des Großbezirks Floridsdorf, also jedenfalls im jenseits der Donau gelegenen äußersten Norden der Millionenstadt. Mag sein, daß ich vor

96

Die Waldohreulen von Stammersdorf

Jahren einmal in einem der dortigen Heurigen eingekehrt war – ich erinnere mich nur an eine nicht endenwollende Straßenbahnfahrt. Es war eine Linie mit einer verdächtig hohen Nummer, was in Wien immer Peripherie bedeutet, Außenbezirk, Pampa. »Entrisch« sagen die Einheimischen dazu.

Doch hier – Stammersdorfer Friedhof, Telefonnummer 2921361 – gelangte ich tatsächlich ans Ziel. Die freundliche Beamtin, die sich meldete, ließ mich kaum ausreden: Das Wörtchen »Waldohreule« reichte aus, sie in Aktion zu versetzen. Ein Wortschwall drang an mein entzücktes Ohr: Jawohl, ich sei bei ihr an der richtigen Adresse, jedes Jahr zur gleichen Zeit träfen die Waldohreulen auf dem Stammersdorfer Friedhof ein, nur heuer sei aus diesem oder jenem Grund mit Verspätung zu rechnen, es werde wohl diesmal bis Allerheiligen dauern, bis es so weit sei. »Rufen Sie mich um den 1. November nochmals an, dann gebe ich Ihnen Bescheid.«

Ich bedankte mich überschwänglich, tat wie mir geheißen, wartete ein paar Tage zu, griff sodann ein zweites Mal zum Telefonhörer und – erhielt nun tatsächlich die ersehnte Auskunft: »Jawohl, mein Herr, seit gestern sind die Viecherln da, Sie können kommen!«

Angesteckt von der Ekstase des im fernen Westfalen dem großen Abenteuer entgegenfiebernden Eulen-Fans, rief ich Freundin Juliane an. Jubel brach aus, binnen weniger Minuten war der nächstmögliche Wien-Flug gebucht. Noch am Tag ihrer Ankunft – so wurde vereinbart – würde Juliane unter meiner Führung den Weg nach Stammersdorf antreten, um das erträumte Naturwunder in Augenschein zu nehmen.

Es war ein Schlechtwettertag mit Regenguß und Schlamm, die Fahrt mit Straßenbahn und Bus wollte tatsächlich kein

Der Spaziergänger

Ende nehmen, die Wege waren aufgeweicht, fröstelnd und durchnäßt gelangten wir ans Ziel. Den Fotoapparat unterm Schirm verborgen, betraten wir den bei dem herrschenden Wetter noch ungastlicheren Gottesacker – den Blick starr auf die Wipfel der das Gelände beherrschenden Baumriesen gerichtet. Doch von den Waldohreulen keine Spur. Nichts von ihren krähengroßen Leibern, ihrem gelblich-braunen Federkleid, ihren orangeroten Augen, dem charakteristischen »Huh« ihres Reviergesangs. Sollten die ersehnten Gäste mittlerweile ausgeflogen sein? Herb enttäuscht eilten wir in die Friedhofskanzlei, die freundliche Dame schien uns schon zu erwarten. »Keine Sorge«, versuchte sie die Besucher zu beruhigen, »Milan wird sich gleich der Sache annehmen, ich werde nach ihm rufen. Milan kennt sich aus.«

Milan – das war der bosnische Hilfsarbeiter, der auf dem Stammersdorfer Friedhof nicht nur jeden Grabstein, jede Böschung, jeden Baum kannte, sondern auch über Verbleib und Lebensweise der auf »seinem« Terrain gastierenden Tiere Bescheid wußte. Gehorsam folgten wir seinen Anweisungen, vermieden jedes die scheuen Vögel aufscheuchende Wort, richteten unseren Blick auf den von unserem Führer bezeichneten Baumwipfel. Doch von den Waldohreulen sahen wir nichts, absolut nichts. Erst, als Milan zu härteren Maßnahmen griff und einen Schuß aus seinem Luftdruckgewehr abfeuerte, kam Bewegung in die Szene: Vom jähen Lärm aufgeschreckt, löste sich ein Schwarm von zehn, zwölf Eulen aus seinem Versteck, die Tiere flatterten verängstigt auf, zogen hoch über dem Geäst ihre Kreise und tauchten ebenso rasch, wie sie sich unserem Auge gezeigt hatten, auf einem der Nachbarbäume unter, aufs neue unsichtbar. Zu groß war die Entfernung und zu kurz ihr Flug, als daß wir

98

von ihnen mehr zu sehen bekommen konnten als ein paar hektisch bewegte Punkte am trüben Novemberhimmel. Und schon gar nicht war daran zu denken, sie bei ihrer Mäusejagd zu beobachten: Die Waldohreulen zählen zur Gattung der Dämmerungs- und Nachtaktiven. Noch kümmerlicher die fotografische Ausbeute: Nur eine Spezialkamera, wie sie die Zoologen und Verhaltensforscher für ihre Arbeit benützen, wäre imstande gewesen, das Schauspiel auch im Bild festzuhalten.

Und doch – Julianes Traum von den Waldohreulen war in Erfüllung gegangen, ihr Wien-Flug hatte sich gelohnt. Und gelohnt hatte sich auch die Lektion, die wir bei unserem Lokaltermin auf dem Stammersdorfer Zentralfriedhof erhalten hatten: Auch in einer Welt, die es gewohnt ist, jegliche Geheimnisse der uns umgebenden Natur zu entschlüsseln, ihre Abläufe zu dokumentieren und die Gesetze der Unnahbarkeit außer Kraft zu setzen, kann es passieren, daß der Mensch an Grenzen stößt. Die Waldohreulen von Stammersdorf haben uns auf eindrucksvolle Weise gelehrt, unserer Hybris dann und wann doch Zügel anzulegen.

Peking-Ente auf wienerisch

Nur vor Mathematik-Schulaufgaben und Klistierspritzen habe ich mich mehr gefürchtet als vor meinem ersten Besuch in einem China-Restaurant. Es muß um das Jahr 1960 gewesen sein, es gab damals in Wien kaum eine Handvoll davon: den »Goldenen Drachen« in der Porzellangasse, dann das winzigkleine »Peking« im 1. Bezirk und schließlich eines in der Nähe des Technischen Museums.

Der Spaziergänger

Freunde, die mit exotischer Küche mehr Erfahrung hatten als ich, nahmen mich in die Porzellangasse mit. Daß ich mich mit Händen und Füßen gegen diesen Gang ins Ungewisse wehrte, schien sie zu amüsieren, ja sie weideten sich geradezu an meinen Ängsten, die sie noch durch ihr dunkles Raunen über merkwürdige Speisen, seltsame Ingredienzien und absonderliche Tischsitten zu steigern wußten. Wie würde ich mich, so ging es mir schreckhaft durch den Kopf, all diesen ekelhaften Meerestieren entziehen können, von denen ich gehört hatte; wie würde ich, an Messer und Gabel gewöhnt, mit den ominösen »Stäbchen« zurechtkommen; wie würde ich dieser Hölle mit dem schummrigen Eingang, den unentzifferbaren Schriftzeichen und dem schlitzäugigen Bedienungspersonal entkommen?

Daß es dann ganz anders kam und aus dem anfänglichen Verächter mit den Jahren ein leidenschaftlicher Anhänger der chinesischen Kochkunst wurde, sollte mir eine Lehre fürs Leben sein: Laß dich nicht von dummen Vorurteilen leiten, öffne dich allem ungewohnt Neuen, mach dir auch das scheinbar Fremdartigste freundlich zu eigen.

Heute, wo in Wien die Zahl der China-Restaurants hoch in die Hunderte geht und nahezu jeder »seinen« Stamm-Chinesen hat, bei dem er von Zeit zu Zeit einkehrt, um sich an Frühlingsrollen, süßsaurem Schweinefleisch oder Peking-Ente zu delektieren, gehört dieser Zweig der Gastronomie ebenso wie Bierbeisel und Kaffeehaus, wie Backhendlstation und Heurigenschenke zum normalen Alltag, und es würde unser aller Lebensqualität beträchtlich schmälern, ließe man nicht mehr die Herren Li und Fu und Wang und Chang für unsere hungrigen Mäuler den Kochlöffel schwingen.

Peking-Ente auf wienerisch

Kaum jemand weiß, daß sie dies übrigens nicht erst seit den Fünfzigerjahren tun, als sich – zaghaft noch und nur vereinzelt – im Nachkriegs-Wien eine exotische Restaurantszene zu etablieren begann, sondern bereits vor 75 Jahren. Das erste Wiener China-Lokal bestand schon in den Dreißigerjahren des vorigen Jahrhunderts, hieß »Schanghai« und stand in der Meidlinger Hauptstraße Nr. 5. Seine Gäste waren allerdings nicht die Wiener, sondern nahezu ausschließlich die zu dieser Zeit in Wien lebenden Chinesen. An die 600 waren es, die es aus dem Reich der Mitte in die österreichische Hauptstadt verschlagen hatte: Händler und Hausierer, Hilfsarbeiter und Studenten. Für eine eigene »China Town« nach dem Muster Londons oder San Franciscos reichte ihre kleine Zahl zwar nicht aus, doch gab es immerhin Ballungszentren rund um den Rennweg sowie in den Stadtteilen Fünfhaus und Breitensee. Die meisten – außerstande, in der notleidenden Heimat ihre Familien zu ernähren – stammten aus der Provinz Zhejiang; sie fanden in Wien Arbeit im Baugewerbe, brachten sich als Spielzeug-, Nippes- oder Porzellanverkäufer durch, andere kamen zum Studium nach Österreich und wieder andere zur Ausbildung als Polizisten, Matrosen oder Soldaten. In der Regel blieben sie in Wien unter sich, nur einige wenige gingen Ehen mit Einheimischen ein, und wer nicht eines Tages den Entschluß faßte, in die Heimat zurückzukehren, blieb für sein weiteres Leben in Wien hängen: So mancher Grabstein auf den hiesigen Friedhöfen bezeugt ihre geglückte Einbürgerung.

Was ihnen allen, den nur temporär wie den auf Dauer in Wien ansässigen Chinesen, gemeinsam war, war neben ihrem Verlangen nach landsmannschaftlicher Geselligkeit ihr Verlangen

Der Spaziergänger

nach der gewohnten Kost. Mit einem Wort: Ein chinesisches Speisehaus mußte her!

Yeh Yon Tschen hieß der Mann, der es um 1930 ins Leben rief, und die Lokalität, die er dafür benötigte, fand er in einem einfachen einstöckigen Haus am Beginn der Meidlinger Hauptstraße, schräg gegenüber dem Amtshaus des 12. Bezirks, dicht an der Straßenbahnlinie 8. Es war jener Platz, wo im Schatten eines Beserlparks, einer hochaufragenden Straßenlaterne und eines barocken Bildstocks, der vielleicht einmal eine Pestsäule gewesen war, ein Schildermaler, die Arbeiter einer Furnierwerkstätte und die Verkäuferinnen einer Obst- und Delikatessenspezerei ihrem Tagwerk nachgingen. Nur ein paar Schritte um die Ecke, und man stand vor dem Eingang zum »Schanghai«, das im »Lehmann«, dem Wiener Adreß- buch jener Jahre, zunächst unter dem unscheinbaren Namen »Genossenschaftliche Gemeinschaftsküche ›Selbsthilfe‹« und später unter dem noch unscheinbareren Namen »Speisehaus Hermine Pribyl« eingetragen war. Hatte Herr Tschen, wie zu vermuten ist, eine Wienerin zur Frau genommen?

Auch manches andere blieb im Dunkeln – etwa die Frage, woher die Betreiber des »Schanghai« bei der allgemeinen Lebensmittelknappheit der Kriegsjahre und dem damit ein- hergehenden Stopp der Kolonialwareneinfuhr die Zutaten für ihre exotischen Gerichte bezogen haben mögen, allem voran den unentbehrlichen, aber kaum noch irgendwo erhältlichen Reis, den sie an ihre Stammgäste, wie Zeitzeugen berichten, gegen Brotmarken abgegeben haben?

Noch schwerer wird es für sie in den unmittelbaren Nach- kriegsjahren gewesen sein, als man pro Person und Woche mit Lebensmittelmarken für 220 Gramm Bohnen, 200 Gramm Erbsen, 50 Gramm Speiseöl, 150 Gramm Fleisch, 125 Gramm

Peking-Ente auf wienerisch

Zucker und 1 Kilo Brot auskommen mußte und erst ab Herbst 1949 in den Gasthäusern wieder »markenfrei« (ausgenommen Fleisch) essen gehen konnte.

Meidlinger Bürger, die jene Zeit noch miterlebt haben, erinnern sich, wie man in ihrem Bezirk, der gegen Kriegsende die meisten Bombentreffer zu verzeichnen hatte und nach der Teilung Wiens in Besatzungszonen unter britische Verwaltung gestellt worden war, auch in haushaltstechnischer Hinsicht auf die Dienste der verbliebenen Gastwirte angewiesen war: Da kaum jemand über einen eigenen Kühlschrank verfügte, brachte man das fürs Sonntagsmahl eingekaufte Frischfleisch zwecks Aufbewahrung zu »seinem« Wirt, und von dort holte man sich, einen möglichst großen Krug in der Hand, bei Bedarf auch sein Bier.

Wundersamerweise hielt das »Schanghai« allen Schwierigkeiten zum Trotz bis zum 31. März 1950 durch. Daß es ausgerechnet jetzt, wo die Lebensmittelknappheit allmählich nachzulassen begann, seine Pforten schließen mußte, könnte man fast tragisch nennen: Das seit dem schweren Luftangriff vom 15. Februar 1945 bombengeschädigte Haus Meidlinger Hauptstraße Nr. 5 mußte abgerissen werden, und damit verschwand auch Wiens erstes China-Restaurant von der Bildfläche. Die Zeitung »Neues Österreich« widmete dem Verlust des »vielbesuchten Kuriosums« einen liebevollen Nachruf, der mit den Worten endete: »Das einfache Mobiliar des Lokals – Sessel, Tische und ein großer Küchenherd – warten nun auf Käufer.«

Der Spaziergänger, der sich heute, mehr als sechzig Jahre danach, in jenem Grätzel umsieht, in dem das »Schanghai« gestanden ist, findet an der betreffenden Stelle den

Der Spaziergänger

1965 errichteten Eigentumswohnbau Müller-Fembeck-Hof vor, und obwohl Wien mittlerweile vor China-Restaurants übergeht, ist die heutige Lokalszene der Meidlinger Hauptstraße fast zur Gänze in türkischer Hand. Um asiatisch zu speisen, muß der Gast in die Nebengassen ausweichen. Die ersten anspruchsvollen China-Restaurants, die nach dem Krieg – im Zuge der zunehmenden Prosperität – ihre Pforten öffneten, waren in anderen Bezirken zu finden, beispielsweise in der schon erwähnten Porzellangasse auf dem Alsergrund. Dort allerdings konnte es der Gast erleben, daß er am Eingang von einem Kinderarzt begrüßt und zu seinem Tisch geleitet, von einem Musikwissenschaftler bekocht und von einer Literaturhistorikerin bedient wurde. Es waren in Wien ansässig gewordene Chinesen, die in ihren erlernten Berufen keine Anstellung gefunden und infolgedessen auf Gastronomie umgesattelt hatten. Peking-Ente »auf akademisch« …

Heute, wo ich (nicht zuletzt durch meine Lebensfreundschaft mit dem aus Taiwan stammenden Komponisten und begnadeten Hobbykoch Shih) eng mit der chinesischen »Community« Wiens verbunden bin, darf ich mich wohl als Kenner der hiesigen Asia-Restaurantszene sehen, der alle Spielarten – von der einfachen Garküche in der U3-Passage Rochusgasse bis zum Nobellokal Szechuan am Rande des Donauparks – durchprobiert hat. Anders als migrantenreichere Metropolen wie London oder San Francisco verfügt Wien über keine eigentliche, von den anderen Ethnien abgegrenzte China Town, wohl aber über eine Reihe einschlägiger kommerzieller Einsprengsel, insbesondere im Nahbereich des Naschmarktes, und auch dort bin ich ein häufiger, mit den Eßgewohnheiten unserer fernöstlichen Neubürger wohlvertrauter Gast.

104

Peking-Ente auf wienerisch

China-Enklave im Donaupark: Freßtempel »Szechuan«

Der Genießer

Von Beiseln und Weinschenken, von Kaffeehäusern und Luxusrestaurants

Ja, wir sind vornehm geworden, schütten nicht mehr, was man uns vorsetzt, wahllos in uns hinein, sondern stellen Ansprüche und greifen dafür auch gern in unser Geldbörsel. Ich spreche vom Wein. Oder genauer: vom Weintrinken in der Hauptstadt des Weinlandes Österreich.

Zu der Zeit, als ich – Ende der Fünfzigerjahre – nach Wien kam, war es unter Weintrinkern allgemein üblich, ihr Lieblingsgetränk viertelliterweise zu bestellen. Ein Gast, der in seinem Stammbeisel den Kellner rief und nach einem Achterl verlangte, wurde schief angesehen und von seinen Trinkkumpanen mit Verachtung bestraft: Was ist denn das für ein Seicherl? Wer ein rechtes Mannsbild sein wollte, hatte selbstverständlich ein Vierterl zu bestellen: Jedes geringere Quantum galt als unmännlich, als memmenhaft.

Wie anders heute! In welchem Wirtshaus sind die Weinpreise noch in Vierterln angeschrieben? Auf den Getränkekarten der besseren Lokale macht sich neuerdings sogar das ominöse Quantum 0,1 breit. Man könnte glauben, nicht in einer Weinschenke zu sein, sondern in einer Apotheke.

Ich habe, schon um dem Kellner allzu viele Wege zu ersparen, stets an der alten Übung festgehalten, keine Achterln, sondern Vierterln zu bestellen – überhaupt, wenn ich das

Der Genießer

Lokal kenne und von der Qualität seiner Weine überzeugt bin. Doch wie oft passiert es da, daß der Kellner irritiert rückfragt: »Haben Sie gesagt ein Vierterl – oder ein Achterl?« Er will sichergehen, daß ich es mit meiner »Überdosis« tatsächlich ernst meine.

Es gibt verschiedene Gründe für diesen bemerkenswerten Sinneswandel. Da ist einmal die unleugbare Qualitätssteigerung, die – ausgehend vom österreichischen Weinskandal der Siebzigerjahre – die heimische Produktion angestrebt und erzielt hat. An die Stelle des undifferenzierten Konsums ist der bedachtsame Genuß getreten: lieber weniger, aber dafür gut. Dazu die Preise: Sie erreichen inzwischen solche Rekordhöhen, daß man der Meinung sein könnte, man habe es mit Importgütern aus den exklusivsten Weltgegenden zu tun, mit Raritäten aus den nobelsten Weinkellern und besten Lagen – wohl wert, daß der Gast dafür tief in die Tasche greife. Erinnert sich heute überhaupt noch jemand an den guten alten »Doppler«? I pfui, wie ordinär.

Sicherlich spielt bei alledem auch die Verschärfung der gesetzlichen Bestimmungen eine Rolle: Promille-Grenze und Alkotest halten den Autofahrer dazu an, nicht zu tief ins Glas zu schauen, und das ist selbstverständlich gutzuheißen. Der Weintrinker ist zum Weinkoster mutiert. So ändern sich die Zeiten.

Sie ändern sich auch in anderer Hinsicht. Ich bin nicht der einzige, der die Verschwendungssucht der heutigen Wegwerfgesellschaft beklagt. Ich möchte ein Gegenbeispiel von anno dazumal anführen, das heute kaum noch jemand nachvollziehen kann. Es war in den Sechzigerjahren des vorigen

Von Beiseln und Weinschenken

Jahrhunderts, ich verkehrte häufig in einem beliebten Gasthaus meines Wohnbezirks Landstraße. Getränkekellner, Speisenträger und Zahlkellner waren noch streng voneinander getrennt.

Wer es in dem bewußten Lokal mit den Sitten der Gäste besonders genau nahm, war Frau Franzi, die Getränkekellnerin. Dem Typ nach das Gegenteil der drallen, frohgemuten und zu jedem Scherz bereiten Serviererin, strahlte die gertenschlanke, stets blitzsauber gekleidete Mittfünfzigerin nicht nur äußerste Korrektheit, sondern fast so etwas wie klösterliche Strenge aus. Was sie von anderen Vertreterinnen ihres Berufsstandes noch zusätzlich unterschied, war, daß sie die gleiche Akkuratesse, mit der sie ihren Dienst versah, auch ihren Gästen abverlangte, und dazu gehörte, daß sie diesen keinerlei Verschwendung durchgehen ließ. Ich sehe sie vor mir, wie sie nach dem Abservieren Gäste, die ihr Mahl beendet, ihre Zeche beglichen und das Lokal verlassen hatten, manchmal bis auf die Straße nachlief und sie zur Rückkehr aufforderte, weil sie ihr Kalbsbeuschel nicht aufgegessen oder ihr Budweiser nicht ausgetrunken hatten.

Es ging ihr dabei nicht nur um ihren (zugegebenermaßen übertriebenen) Ordnungssinn, sondern viel mehr um das Renommee des Lokals, in dessen Diensten sie stand: Könnten nicht neu hinzukommende Gäste, deren Blick auf halbvolle Teller und halbvolle Gläser fiel, auf den Gedanken kommen, die Qualität des hierorts Gebotenen lasse zu wünschen übrig? Um diese Gefahr abzuwenden, bestand die strenge Frau Franzi – sanft, aber bestimmt – auf dem vollständigen Leeren der Gläser, und ich kann mich an keinen Gast erinnern, der ihrer Aufforderung nicht ohne jedes Zeichen von Unwillen, ja amüsiert, gefolgt wäre.

Der Genießer

Unter den Kaffeehäusern meiner Wahl nahm lange Jahre das berühmte Hawelka den ersten Platz ein, und in einem meiner frühesten Bücher habe ich darüber auch geschrieben. Das im Hawelka angesiedelte Artmann-Dramolett »Erlaubent, Schas, sehr heiß bitte!« reihte sich vorzüglich in meine Reportagensammlung »Schauplätze österreichischer Dichtung« ein, und auch in der 32 Jahre später erschienenen Porträtgalerie »Alle meine Frauen« erhielt Josefine Hawelka, die Seele des inzwischen von ganzen Generationen österreichischer wie internationaler Schriftsteller besungenen Lokals, den ihr gebührenden Platz.

Bis knapp vor ihrem Tod, der sie im 93. Lebensjahr ereilte, hatte dieses Wiener Kommunikationsgenie Abend für Abend und Nacht für Nacht auf eine für den Normalverstand nicht nachvollziehbare Weise dafür gesorgt, daß auch bei größter Überfülltheit jeder, den es in das schummerige, abgewohnte und wohl gerade deshalb so urgemütliche Lokal in der Dorotheergasse zog, seinen Tisch oder zumindest seine Tischecke bekam. Das machte der Josefine Hawelka, die der Uneingeweihte auf Grund ihres glanzlosen Outfits und ihrer burschikosen Art eher für die Bedienerin des Lokals halten mochte als für dessen Chefin, keiner nach: wie sie die Gäste, die bereits an einem der Tische Unterschlupf gefunden hatten, durch ebenso freundliches wie bestimmtes Zureden »umgruppierte«, um auch den noch sitzlosen Neuankömmling unterzubringen. Darin, daß sie diesen – drauf und dran, enttäuscht den Rückzug anzutreten – mit dem Zauberwort »Platzerl« zurückholte und glücklich machte, ohne den anderen, den von seinem Sitz Vertriebenen, zu verärgern, lag ihr eigentliches, ihr unnachahmliches Talent.

110

Von Beiseln und Weinschenken

Ins Hawelka ging man nicht des Kaffees wegen und schon gar nicht wegen des übrigen, alles andere als attraktiven Getränke- und Speiseangebots, sondern weil es dem Ego des Gastes guttat, entgegen allen Gesetzen der Statik freudig aufgenommen und entgegen allen Gesetzen der Mnemotechnik wiedererkannt, ja sogar bei seinem Namen genannt zu werden. Selbst wenn ich einmal ein Jahr oder länger ausblieb, durfte ich darauf bauen, von der Frau des Hauses nicht wie der reumütig heimkehrende verlorene Sohn behandelt zu werden, sondern wie ein Stammgast, der erst am Tag davor im Hawelka seinen großen Braunen getrunken und seinen Teller Buchteln verzehrt hatte.

Daß mein Faible für das Café Hawelka mit den Jahren nachließ und ich nach passendem Ersatz Ausschau hielt, liegt an den Touristenströmen, die sich mehr und mehr des inzwischen in allen Wien-Reiseführern mit fünf Sternen bedachten Lokals bemächtigten. Es war unmöglich geworden, sich im Hawelka zu verabreden, auch die vormals unlimitierte Verweildauer litt unter der von früh bis spät anhaltenden Hektik, und schon gar nicht war daran zu denken, bei dem nun herrschenden Lärmpegel etwaigen schriftstellerischen Neigungen nachzugeben und über ein neues Gedicht, den nächsten Buchtitel oder einen effektvollen Romananfang nachzudenken.

Auf der Suche nach einem geeigneten Hawelka-Ersatz landete ich im 15 Gehminuten von dort entfernten Café Heumarkt. Meine Wahl erwies sich als Glücksfall: Hier, in den meist schwach besetzten Logen des weiträumigen und stillen Lokals im Schatten des Stadtparks, fand ich nicht nur zu jeder Tageszeit freundliche Aufnahme, sondern bald auch eine Art

111

Der Genießer

Anrecht auf einen festen Stammplatz, und vor allem: Frau Marianne, über Jahrzehnte die Seele des Hauses, verstand es, mit ihrem Esprit, ihrem Witz und auch ihrer Belesenheit insbesondere die Gäste aus dem künstlerisch-intellektuellen Milieu an ihr Lokal zu binden.

Auch als sie schon auf die achtzig zuging, die Führung des Betriebes in jüngere Hände übergab und selber fortan nur noch als Gast in Erscheinung trat, brauchte ich nicht auf die vielen Vorzüge der Frau Marianne zu verzichten: Zwar half sie von nun an nur noch beim Geschirrabräumen und Zeitungseinsammeln mit, aber die Rituale des Begrüßens und Verabschiedens blieben weiterhin in ihrer Hand, und auch den herrlichen Schmäh, den sie wie kein zweiter beherrschte, ließ sie rennen wie am ersten Tag. Wenn es mir in den mehr als fünf Jahrzehnten, die ich nun in dieser Stadt lebe, bis zu einem gewissen Grad gelungen ist, in die Geheimnisse des Wienertums einzudringen, habe ich dies unter anderen ihr zu verdanken: Frau Marianne ist meine Lehrmeisterin gewesen.

Es ist an der Zeit, daß ich ein paar Worte zu ihrer Person sage. Natürlich hatte Frau Marianne auch einen Familiennamen, doch der tut nichts zur Sache: Kaum jemand kannte sie als Frau Kührer. Und nur die allerwenigsten wußten, daß sie in jungen Jahren einen akademischen Grad erworben hatte: Sie als »Frau Diplomingenieur« anzusprechen, wäre ihr wahrscheinlich ebenso unpassend vorgekommen, wie auf ihre Weinviertler Herkunft anzuspielen. Letzteres hatte sie übrigens mit der Frau Hawelka gemeinsam, die ebenfalls eine Zuzüglerin aus der Provinz gewesen ist. In ihrem Fall handelte es sich um die oberösterreichische Ortschaft Kirchdorf an der Krems, im anderen um das niederösterreichische Unterretzbach. Obwohl ich beide Gegenden zu kennen glaube und

112

Von Beiseln und Weinschenken

eigentlich weder von der einen noch von der anderen den Eindruck habe, sie seien Brutstätten von Charme, Esprit und Eloquenz, muß ich angesichts dieser zweifachen Erfahrung annehmen, es handele sich hier wie dort um einen idealen Nährboden für werdende Kaffeesiederinnen mit Hang zur Kommunikation.

Meine Beziehung zum Café Heumarkt und zu dessen Chefin Frau Marianne verlief zunächst ganz alltäglich: Es war das meinem damaligen Arbeitsplatz nächstgelegene Lokal, hier nahm ich mein Mittagessen ein, konnte zwischen zwei Menüvorschlägen auswählen, trank mein Achterl Wein, las zum kleinen Mokka die wenigen aufliegenden Zeitungen und wechselte mit der Wirtin, die die Bestellungen aufnahm und auch das Inkasso besorgte, das eine und andere belanglose Wort – mehr war da nicht. Die in ihr schlummernden, weit übers Gastronomische hinausreichenden Fähigkeiten entdeckte ich erst, als ich eines Tages einen schwierigen, für mein berufliches Fortkommen wichtigen Termin vor mir hatte. Es war in den späten Sechzigerjahren – also zu einer Zeit, da noch nicht der große Fernreise-Boom angebrochen war. Ein Italien- oder Spanienurlaub war das höchste der Gefühle.

Aus Hamburg hatte mich ein Anruf der Zeitschrift *Merian* erreicht, ein Redakteur des damals hoch angesehenen Reisemagazins kündigte seinen Wien-Besuch an: Ich sei ihm als Mitarbeiter empfohlen worden, nun wolle er mich kennenlernen, wolle mich auf Herz und Nieren prüfen, ob ich dafür auch die richtige Wahl sei. »Auf Herz und Nieren« sagte er zwar nicht, aber ich hörte deutlich heraus, daß ich alles würde unternehmen müssen, um mich bei dem bevorstehenden Vorstellungsgespräch von meiner besten Seite zu zeigen.

Der Genießer

Als Treffpunkt schlug ich »mein« Café Heumarkt vor, und damit ich mit dem wichtigen Gast nicht etwa in einem der schäbigen Winkel des Lokals landen würde, zog ich Frau Marianne, als ich sie um Reservierung eines der besseren Tische ersuchte, ins Vertrauen und erzählte ihr, worum es ging. Da ich inzwischen einer ihrer Stammgäste geworden war, schien es ihr Freude zu machen, mir bei meiner heiklen Mission beistehen zu können, und sie versprach, ihr Möglichstes zu tun.

Der strenge Examinator aus Deutschland und sein Wiener Prüfling hatten ihre Plätze eingenommen, schleppend kam ein erstes Aufwärmgespräch in Gang – alles unter den unsichtbaren Augen von Frau Marianne. Nur nichts überstürzen, schien sie zu denken; dann, nach einer Weile, trat sie wie zufällig an unseren Tisch und holte zu einer Begrüßung aus, die eines Nobelpreisträgers würdig gewesen wäre. Mein Gegenüber zeigte sich beeindruckt: Dieser Grieser muß also doch eine große Nummer sein, nur wir in Hamburg wissen es noch nicht.

Dann legte Frau Marianne noch ein Schäuferl nach und wandte sich mit der Frage an mich: »Oh, schon zurück aus Peru? Wie war's?«

Geschmeichelt gab ich Auskunft. Der Herr Redakteur lauschte huldvoll, der Bann war gebrochen, ich wurde vom Fleck weg engagiert. Frau Marianne hatte ihre Bewährungsprobe aufs glänzendste bestanden.

Überflüssig zu sagen, daß wir fortan, von jenem Erfolg beflügelt, an »unserem« Verfahren festhielten: Wann immer ich schwierige Verhandlungen zu führen hatte, verlegte ich sie ins Café Heumarkt, und ebenso selbstverständlich leistete Frau Marianne dabei auf ihre subtile Weise Beistand.

Von Beiseln und Weinschenken

Mit alledem war es schlagartig vorbei, als sich die über Achtzigjährige im Frühjahr 2006 endgültig aus dem Geschäft zurückzog. Sie war krank geworden und gebrechlich, trat nun nicht einmal mehr als einfacher Gast in Erscheinung, und als ich mich eines Tages wieder einmal – wie bei jedem meiner Besuche im Café Heumarkt – nach ihrem Befinden erkundigte, erfuhr ich, daß sie verstorben sei. Die Nachricht war für mich ein zweifacher Schock: Nicht nur, daß ich mit Frau Marianne einen Menschen verloren hatte, der mir längst zur Freundin geworden war, empfand ich es als unentschuldbaren Akt der Lieblosigkeit seitens ihrer Geschäftsnachfolger, mich weder von ihrem Ableben zu unterrichten noch zu ihrem Begräbnis einzuladen.

Tief enttäuscht, mußte ich mich also ein weiteres Mal nach einem neuen Stammlokal umsehen, das mir in Hinkunft Heimstatt bot – Heimstatt als Konsument, als Zeitungsleser und als Gastgeber, der für seine Treffs mit Freunden und Kollegen, mit Lesern und Geschäftspartnern gern auf die heimelige Atmosphäre des Wiener Kaffeehauses zurückgreift.

Zum Glück wurde ich auch diesmal fündig, sogar in nächster Nähe meiner Wohnung. Das Café Limbeck in der Sechskrügelgasse, gleich neben meiner dem Heiligen Rochus geweihten Pfarrkirche, erwies sich schon nach meinen ersten Testbesuchen als ideale Lösung, und da man späten Eheschließungen nachsagt, sie seien besonders dauerhaft, erhoffe ich mir von dieser Verbindung, die inzwischen ins sechste Jahr geht, für den Rest meines Lebens eine Phase ungetrübten Kaffeehausglücks.

Ob ich im Café Limbeck das Frühstück oder das Mittagsmahl einnehme, beim 17-Uhr-Whisky das reiche (auch alle

115

Der Genießer

wichtigen ausländischen Blätter umfassende) Zeitungs- und Zeitschriftenangebot nutze oder in einer der Logen mit meinen Gesprächspartnern zusammentreffe – immer finde ich an diesem Ort die idealen Bedingungen vor, und sowohl der Chef des Hauses, der umsichtig-leutselige Herr Limbeck, wie sein cleverer Oberkellner Vojtek sind mir mittlerweile so sehr ans Herz gewachsen, daß ich mir ein Leben ohne Café Limbeck nicht mehr vorstellen kann.

Nur unter größtem Zögern verrate ich ein weiteres Atout, das mir dieses Lokal so unentbehrlich macht. Es handelt sich um ein Spezialservice, das meiner Tätigkeit als Schriftsteller entgegenkommt und das darin besteht, daß ich eines der Fächer des im Extrazimmer aufgestellten Wandschranks für meine Privatpost nutzen darf. Hier kann ich, wann immer ich an der persönlichen Übergabe verhindert bin, meinen Adressaten Post hinterlassen, und umgekehrt können auch sie ihre an mich gerichteten Briefe oder Päckchen im Café Limbeck deponieren. Ja, es ist sogar schon vorgekommen, daß Bekannte von auswärts, die in meine Lebensgewohnheiten eingeweiht sind, ihre Postsendungen nicht an meine eigentliche Anschrift, sondern ans Café Limbeck adressiert haben (unter Hinzufügung des üblichen p/A, c/o oder »zu Handen«). Und es hat in allen Fällen vorzüglich geklappt. Kaum hatte ich das Lokal betreten, meinen Platz eingenommen und meine Bestellung aufgegeben, lag auch schon, stilgerecht auf einem Silbertablett plaziert, das erwartete (oder auch unerwartete) Poststück neben der Kaffeetasse, neben dem Weinglas oder neben dem Menüteller. Der legendäre Ruf der Wiener Literatencafés des 19. und 20. Jahrhunderts, nicht nur allen gastronomischen Ansprüchen gerecht zu werden, sondern sich weit darüber hinaus als universelle Versorgungseinrichtung zu

116

Von Beiseln und Weinschenken

Postfach für Stammgäste: Café Limbeck in der Sechskrügelgasse

Der Genießer

bewähren – im Café Limbeck findet er bis in unsere Tage eine wunderbare Fortsetzung, die ich von keinem zweiten Wiener Lokal kenne. Selbst Peter Altenberg kann von »seinem« Café Central und Hermann Broch von »seinem« Café Herrenhof nicht aufmerksamer umsorgt, nicht liebevoller verwöhnt worden sein.

Wenn ich mich, meistens im Oktober, auf den Weg mache in die Kanzlei meiner Steuerberaterin und zur Vorbereitung meiner Einkommensteuererklärung die Ausgabenbelege des abzurechnenden Kalenderjahres sortiere, stehe ich jedesmal vor einem Berg von Gasthausrechnungen. Mein erster Gedanke ist dann regelmäßig: Reiß dich zusammen, so kann das nicht weitergehen, im nächsten Jahr muß es weniger sein. Aber wenn dieses nächste Jahr vorüber ist, stehe ich wieder vor dem gleichen Berg: Ich schaffe es einfach nicht, mich in diesem Punkt einzuschränken – ich bin nun einmal der geborene Gasthausmensch. Wien mit seiner immensen gastronomischen Vielfalt ist ein Verführer, dem ich mich nicht zu entziehen vermag. Zu verlockend ist das Angebot an Speisen und Getränken, zu schön die Erinnerung an vorangegangene kulinarische Erlebnisse, an Highlights der Betreuung und Bedienung, die unwiderstehlich nach Wiederholung verlangen. Ob es »mein« Grieche, »mein« Italiener oder »mein« Chinese ist – ich werde wieder und wieder rückfällig, und sollte ich mich – sei es aus Enttäuschung oder auch aus Überdruß – von einem meiner Lieblingslokale abwenden, steht angesichts des anhaltenden Gründungsbooms längst schon wieder ein Ersatzlokal bereit, das es zu erproben gilt.

Von Beiseln und Weinschenken

Einer der Fixsterne auf dem Wiener Restauranthimmel, denen ich ewige Treue gelobt habe, ist das allseits gerühmte »Steirereck« im Stadtpark, das ich mir allerdings seiner geschmalzenen Preise wegen höchstens drei Mal im Jahr gönne – dann aber mit hellem Entzücken und unbändiger Lust.

Ich will hier gar nicht im einzelnen auf all die Köstlichkeiten eingehen, mit denen Küche und Keller dieses Freßtempels seine Gäste verwöhnt, sondern nur von einer der unzähligen Aufmerksamkeiten berichten, die mir im Lauf der Jahre seitens des Bedienungspersonals des »Steirerecks« widerfahren sind.

Es war an meinem Geburtstag, ohne jegliches Aufsehen wollte ich mit Freunden feiern. Bei der Tischreservierung hatte ich ausdrücklich jeden Hinweis auf den konkreten Anlaß unterlassen. Obwohl Diskretion im »Steirereck« höchstes Gebot ist, war mir nicht entgangen, daß auch am Nebentisch ein Geburtstag gefeiert wurde: Eine eigens aus Paris angereiste Dame mittleren Alters hatte ihre hochbetagte, in Wien lebende Mutter zum Festmahl eingeladen. Wir kamen darüber miteinander ins Gespräch, amüsierten uns von Tisch zu Tisch über dieses zufällige Zusammentreffen und wandten uns im übrigen dem Verzehr der angebotenen Leckerbissen zu. Als sich unser Mahl dem Ende zuneigte und ich bereits nach der Rechnung verlangte, trat einer der Kellner an meinen Tisch und servierte mir, ohne daß ich ihn bestellt hätte, einen weiteren, einen zusätzlichen Gang: eine mit brennenden Kerzen bestückte Geburtstagstorte. Obwohl mein Gespräch mit den beiden Damen am Nebentisch von sehr kurzer Dauer gewesen und auch betont leise geführt worden war, mußte einer der Kellner den Anlaß meines Feierns aufgeschnappt und in

119

Der Genießer

aller Eile an die Küche weitergeleitet haben. Wohlgemerkt: nur an die Küche, nicht an die Kassa. Die Geburtstagstorte ging »aufs Haus«.

Etwas, das mir von jeher an Wien gefiel, war der Heurige. In den Sechzigerjahren ging es in den Buschenschanken von Sievering und Nußdorf, von Dornbach und Heiligenstadt noch urwüchsig zu: Der Wein war billig, das Speisenbüffet einfach, ja karg. Salami und Liptauer, hartgekochte Eier und eingelegte Essiggurken, frische Tomaten und Radieschen. Was für mich als Zuzügler gänzlich neu war, waren die mit Sauerkraut gefüllten Paprikaschoten und die mit Essig, Öl und Zwiebel angerichtete Sulz.

Jeder aus meiner damaligen Freundesrunde hatte »seinen« persönlichen Stammheurigen, und wir probierten einen nach dem anderen aus. Eine Erschwernis war, daß die kleineren Lokale nicht nur unterschiedliche, sondern vor allem kurz bemessene Ausschankzeiten hatten. Man mußte sich also vorher erkundigen, wann sie »ausgesteckt« hatten, oder man orientierte sich an den Einladungskarten, die man mit der Post zugeschickt erhielt. Es waren einfache Vordrucke, auf denen der jeweilige Weinhauer seine Öffnungszeiten von Hand eintrug – oftmals nur zwei, drei Wochen. Die alte, noch auf Kaiserin Maria Theresia zurückgehende Verordnung, wonach der Wirt nur seinen eigenen Wein ausschenken durfte, wurde streng eingehalten: Waren die Fässer geleert, wurde der »Buschen« überm Eingangstor entfernt und die Pforte des Lokals geschlossen.

Mein damaliger Lieblingsheuriger war ein winzigkleiner Familienbetrieb im Kahlenbergerdorf, der Nebenerwerb eines Hobbywinzers, der im Hauptberuf Buchdrucker war. Gleich bei meinem ersten Besuch hatte ich meine Adresse

Von Beiseln und Weinschenken

hinterlassen, wurde also fortan regelmäßig über dessen Ausschankzeiten unterrichtet. Die Postkarte mit den nächsten
Daten in der Hand, trommelte ich meine Freunde zusammen
und machte mit ihnen Tag und Stunde unserer Heurigenpar-
tie ins Kahlenbergerdorf aus.

Knappe vier Wochen standen zur Wahl. Da einige von uns
Terminschwierigkeiten hatten, konnten wir uns nur auf ein
Datum in der letzten dieser vier Wochen einigen. Wir rückten
an, fanden uns an der angegebenen Adresse ein und – standen
vor verschlossenen Toren. Ratlosigkeit breitete sich aus, Enttäuschung, Zorn. Ich nahm die Einladungskarte zur Hand,
überprüfte die Daten, es hatte alles seine Richtigkeit. Wieso
also fanden wir bei unserem Heurigen keinen Einlaß? Wir
rüttelten am Zaun, klopften an der Tür – nichts regte sich. Da
ging auf einmal ein Fenster im Dachgeschoß auf – dort, wo
die Familie ihre Wohnung hatte. Die Frau des Hauses, sichtlich betroffen, wandte sich uns mit einem Schwall von Ent-
schuldigungen zu und teilte unter heftigem Bedauern mit, bei
dem anhaltend schönen Wetter und dem unerwartet starken
Gästezustrom der vergangenen drei Wochen sei ihnen der
Wein bis auf den letzten Tropfen ausgegangen, erst im Herbst
könnten wir wiederkommen …

Ein zweites, ganz anderes Heurigenerlebnis aus jener Zeit ist
mir aus Klosterneuburg in Erinnerung. Ich war damals mit
amerikanischem Besuch unterwegs, man wanderte von einer
Buschenschank zur anderen, warf in diesen und jenen Hof
einen kurzen Blick, blieb schließlich an einem Lokal hängen, aus dessen Hinterhof leiser zweistimmiger Gesang nach
außen drang. Wir gingen den Stimmen nach, doch als wir sie
– es handelte sich um zwei ältere Damen, die sich in dem

121

Der Genießer

ansonsten menschenleeren Heurigengarten niedergelassen hatten – ausfindig gemacht hatten, verstummten sie augenblicklich, und es kostete uns größte Mühe, sie zum Weitersingen zu überreden. Die von unserem Erscheinen eingeschüchterten Sängerinnen hatten einander – so konnte ich ihnen entlocken –, das Krankenzimmer teilend, während eines Spitalsaufenthalts kennengelernt und waren nun im Begriff, bei einem Glas Wein und gemeinsamem Wienerliedsingen ihre Genesung zu feiern. Vor allem mein amerikanischer Gast, der niemals in seinem Leben ein solches Idyll erlebt, niemals zwei so wunderbar harmonierende Naturstimmen gehört hatte, war es, der auf Fortsetzung der als Privatissimum gedachten Darbietung drang, und tatsächlich hatte er mit seinem Bitten und Betteln Erfolg: Eine Strophe folgte auf die andere, eine Melodie auf die nächste. Es war ein Fest des Wienerliedes, und es kann gut sein, daß meine Liebe zu dieser nicht von jedermann geschätzten Musikgattung auf jene Zufallsbegegnung im Hinterhof einer winzigkleinen Klosterneuburger Buschenschank zurückgeht.

Meine offensichtlich genetisch bedingte Affinität zu Wien und seiner Lebensart machte es mir von Beginn an leicht, mich in der Umgangssprache meiner Wahlheimat zurechtzufinden. Nur die Umstellung auf die hiesigen Eßsitten war es, die mir so manche Bewährungsprobe abverlangte. Die Speisekarte des Amerlingstüberls in der Gasse gleichen Namens war diesbezüglich ein hervorragender Lehrmeister. Es war ein ebenso einfaches wie preiswertes Beisel im Bezirk Mariahilf, wenige Schritte vom »Matador-Haus« entfernt, in dessen Hoftrakt sich mein damaliges Untermietzimmer befand. 12 Schilling kostete das dreigängige Mittagsmenü.

122

Von Beiseln und Weinschenken

Bei der Auswahl der Gerichte legte ich es bewußt auf »Exotisches« an: Rindsroulade und Kalbsnierenbraten kannte ich aus Deutschland, was aber mochte sich hinter Vokabeln wie Faschiertes, Szegediner Krautfleisch oder Salonbeuschel verbergen? Auch Begriffe wie Risipisi und Kohlminestra waren mir fremd. Und wieso hieß, was ich bis dato als Sellerie gekannt (und geschätzt) hatte, auf einmal Zeller? Überhaupt die Gemüsesorten! Ob Karfiol oder Fisolen – ständig hieß es umlernen. Desgleichen bei Obst: Die Aprikosen hießen auf einmal Marillen, die Apfelsinen Orangen. In totale Verzweiflung stürzten mich die Erdbeeren, die auf der Dessertkarte mit dem Beinamen Ananas versehen waren, und erst recht die Weinbeißer, die nicht – wie zu erwarten gewesen wäre – eine besondere Spezies von Zechern bezeichneten, sondern daumengroße, in Zuckerguß getauchte Lebkuchen.

Eine Lektion, die ich schon früher – also lange vor meiner endgültigen Übersiedlung nach Wien – gelernt hatte, ist mir noch heute peinlich. Es war im Spätsommer 1953, ich war noch Student, hatte mit meinem Moped eine Fünftagefahrt zu den Hohen Tauern unternommen. Beim Restaurant auf dem Großglockner legte ich eine Rast ein, um mich mit einer kräftigen Mahlzeit zu stärken.

Es war nicht leicht, in dem von Touristen überfüllten Lokal einen Platz zu ergattern, und auch die Aussicht, bei den heillos überforderten Kellnern Gehör zu finden, war gering. Um die zu befürchtende lange Wartezeit abzukürzen, nahm ich mir daher beim Studium der ellenlangen Speisekarte vor, ein möglichst einfaches Gericht zu wählen. Am besten, so dachte ich, etwas Kaltes – das würde rascher gehen als Schnitzel oder Steak. Da fiel mein Blick auf eine Speise, die sich

123

Der Genießer

»Salatschinken« nannte, und die bestellte ich, als ich endlich eines der gestreßten Kellner habhaft wurde. Salat und
Schinken – das klang zwar nicht übermäßig verlockend, wäre
aber jedenfalls rasch zubereitet, also genau das Richtige für
einen, dessen Hunger groß und dessen Zeit knapp war. Daß
der Name falsch, nämlich mit dem Anfangsbuchstaben P statt
mit dem Anfangsbuchstaben S geschrieben war, führte ich auf
einen Flüchtigkeitsfehler zurück: bestimmt wieder eine dieser
typisch österreichischen Schlampereien. Auch, daß mir der
Kellner, als ich schließlich an die Reihe kam, nicht die erwartete Kombination aus Salat und Schinken servierte, sondern
einen mit Marmelade gefüllten Pfannkuchen, brachte mich
nicht aus der Ruhe: Glücklich darüber, nur überhaupt etwas
Eßbares auf dem Teller zu haben, nahm ich die Verwechslung
widerspruchslos hin, außerdem schmeckte es vorzüglich. Nur
beim Zahlen kehrte ich schließlich doch den deutschen Besserwisser hervor: »Entschuldigen Sie, Herr Ober, ich hatte
zwar Salatschinken bestellt, aber auch der Pfannkuchen war
prima, der kleine Irrtum macht mir nichts aus.« Den strafen-
den Blick des Kellners, der mich daraufhin traf, werde ich
mein Lebtag nicht vergessen, und nicht vergessen werde
ich auch meine Tischnachbarn, die den unbedarften Aus-
länder mit einer Mischung aus Nachsicht und Herablassung
darüber aufklärten, daß die österreichische Küche keinerlei
»Salatschinken« kennt, dafür aber »Palatschinken« zu ihrem
Standardrepertoire zählen.

Wiener Küche

Kochbücher, wohin das Auge blickt: Auch Wien will und kann da nicht hinter den anderen Dorados der Kulinarik zurückstehen. Mag der einschlägige Buchmarkt auch noch so übersättigt und längst jede erdenkliche Variante ausgereizt sein – immerzu stoßen neue Autoren zu den Habitués der Branche und lassen sich von ihren Verlagen dazu breitschlagen, bestehende oder auch nur vermeintliche Lücken der Kochbuchliteratur zu schließen. Selbst ich, dessen Kochkunst sich auf die Zubereitung von Packerlsuppe und Spiegelei beschränkt, bin diesbezüglich angegangen worden – wenn auch ohne Erfolg. Es ist der Welt nicht zuzumuten, daß ein blutiger Laie wie ich seine Leserschaft mit Küchenratschlägen belästigt, deren sie nicht bedarf.

Meine Einflüsterer gaben dennoch nicht auf. Auf meine in mehreren meiner Bücher erworbenen Verdienste um die Aufarbeitung kulturtopographischer Zusammenhänge verweisend, versuchten sie mich mit dem Vorschlag einzufangen, dem Thema Küche aus der Schauplatz-Perspektive beizukommen. Ein Autor, der sich mit Büchern wie »Schauplätze der Weltliteratur« oder »Weltreise durch Wien« einen Namen gemacht hat, müßte doch auch in der Lage sein, sich über Schauplätze der Kochkunst fachkundig zu äußern. Die Ursprünge der berühmten »Wiener Küche«, also die Herkunft von Schnitzel, Gulasch und Germknödel zu erforschen, ihre Entstehungsorte zu bereisen und ihre Erfinder zu porträtieren – wäre das nicht ein reizvolles Unterfangen? Hatte ich nicht, verstreut über manche meiner Bücher, da und dort sogar schon Vorarbeit dafür geleistet – etwa mit meinen Recherchen auf den Schafalmen rings um die nordslowakische

Der Genießer

Bezirksstadt Liptovký Mikuláš, wo der berühmte »Liptauer« seinen Ursprung hat? Oder meine seinerzeitige Visite am Grab des Mozart-Sohnes »Wowi« auf dem ehemaligen Andreas-Friedhof von Karlsbad – wie wär's, wenn ich meine Reise in den böhmischen Kurort wiederholte, um der Geschichte der Karlsbader Oblaten nachzugehen? Auch das schöne alte Olmütz wäre solch ein lohnendes Ziel. An der dortigen Oper hat Mizzi Jedlička, die spätere Primadonna Maria Jeritza, ihre ersten Partien gesungen, bevor sie, angewidert vom Gestank der »Quargelburg«, der ihrem Wohnhaus gegenüberliegenden örtlichen Käsefabrik, die Flucht nach Wien antrat – wäre das nicht ein herrlicher Einstieg in die Genesis der Olmützer Quargeln?

Um es kurz zu machen: Ich habe den Verlockungen widerstanden und das Projekt platzen lassen – teils aus Scheu vor dem Aufwand, den eine solche Rundreise an die »Schauplätze« der altösterreichischen Kulinarik erfordert hätte, teils der schon erwähnten Bedenken wegen, an einem Boom mitzuwirken, der längst inflationäre Ausmaße angenommen hat. Nein, nichts reizte mich, der 100 000. unter 99 999 Kochbuchautoren zu sein: Das Buch über Znaimer Gurken und Szegediner Gulasch, über Debreziner Würstel und böhmische Liwanzen mögen andere (und Kompetentere als ich) schreiben. Ich stelle ihnen das einschlägige Material, das sich im Lauf der Zeit in meinem Archiv angesammelt hat, gerne zur Verfügung.

Da ist zum Beispiel die romantische Geschichte von jener Salome Alt, die ihren Geliebten (und Vater ihrer 15 Kinder), den Salzburger Fürsterzbischof Wolf Dietrich von Raitenau, mit der Erfindung einer Mehlspeise beglückt hat, die – laut Operettentext – »süß wie die Liebe und zart wie ein Kuß« zu

126

Wiener Küche

sein hat: der Salzburger Nockerln. Oder die verworrene Gene-
sis des Esterhazy-Rostbratens und des Mailänder Schnitzels!
Weitere Beispiele: Wer weiß heute noch, daß es das Städtchen
Bohumin (deutsch Oderberg) ist, das einer der beliebtesten
Wurstsorten im alten Österreich, der »Oderberger«, ihren
Namen gegeben hat? Bekomme ich den »Egerländer« auch
beim Egerländer Bäcker oder nur beim Wiener? Ist die »Bas-
kische«, die ich mir am Wurststand meines Supermarkts her-
unterschneiden lasse, in Wahrheit eine Verballhornung der
»Beskiden«? Und was haben die Schomlauer Nockerln mit
Somló Vásárhely zu tun, dem vor allem für seine vortrefflichen
Weißweine berühmten Dorf im Komitat Veszprém?

Auch das Thema Verbreitung wäre ein Kapitel wert: Was
muß geschehen, damit eine Mehlspeise österreichischen
Ursprungs den internationalen Durchbruch schafft? Immer,
wenn ich eine Linzer Torte vorgesetzt bekomme, fällt mir
jenes Erlebnis auf der Ferieninsel Mauritius ein, das mich
so sehr in Erstaunen versetzt hat. Es war ein Gala-Diner
im Grandhotel Le Touessrok: Man war beim letzten Gang
angelangt, in einem der hellerleuchteten, mit üppigem Blumenschmuck dekorierten Säle standen die Meisterwerke der
mauritianischen Patisserie zum Verzehr bereit. Die Gäste
defilierten an den einzelnen Köstlichkeiten vorüber, nahmen
all die Cremes und Crêpes, all die Kompotte, Puddings und
Soufflés in Augenschein, weideten sich am Anblick der kunstvoll getürmten Pyramiden aus seltenen Früchten, der üppigen Torten, der in allen Farbtönen schillernden Parfaits und
trafen, indem sie dem in strenger Formation bereitstehenden
Servierpersonal die entsprechenden Anweisungen gaben,
ihre Wahl.

127

Der Genießer

Auch ich reihte mich unter die das Süßspeisenbüffet Gustierenden ein, ließ mir, um nur ja keinen der Leckerbissen zu übersehen, bei der Besichtigung des Angebotenen reichlich Zeit und entdeckte plötzlich, als ich mit meinem Rundgang schon fast am Ende war, auf einem der Tabletts ein Gebilde, das mir besonders vertraut vorkam. War das nicht gar – eine Linzer Torte? Die charakteristische dunkle Kuchenmasse, die Marmeladenglasur, darüber das obligate Teiggitter – ganz klar: eine Linzer Torte. Doch wie mochte diese typisch österreichische Mehlspeise hierher gelangt sein – hierher auf die 13 Flugstunden entfernte Tropeninsel im Indischen Ozean? Sicherlich war ich einer Sinnestäuschung erlegen, tat die Sache also fast schon wieder ab und schickte mich an, mich der Mokka-Bar zuzuwenden, als mit dem ganzen Liebreiz ihrer Spezies eine der dunkelhäutigen Serviererinnen auf mich zutrat, um mir ihre Assistenz bei der Dessertauswahl anzutragen. Ja und da, mit einem Mal, wollte ich es ganz genau wissen. Ich deutete also auf das bewußte Tablett und fragte mein Gegenüber, indem ich mich so unwissend stellte wie nur möglich: »Tell me, honey, what is this?«

Wie aus der Pistole geschossen, kam die Antwort: »This is a Linzer Tart, Sir. Do you want one?«

Es stimmte also, ich griff zu. Und es war, nebenbei bemerkt, eine der besten Linzer Torten, die ich je verzehrt habe. Und noch etwas: Ich war einen Moment lang tief bewegt. Eine Art patriotischer Anwandlung schien mich erfaßt zu haben: An diesem so fernen Ort mit einer der traditionsreichsten Errungenschaften der heimatlich-österreichischen Küche konfrontiert zu werden, verschlug mir die Sprache, ich war baff.

Ein läppischer Vorfall, gewiß. Aber so sind wir Menschen nun einmal: Es tut uns gut, draußen in der Welt Beweise dafür

128

Wiener Küche

zu sammeln, daß auch unsereins seinen Beitrag zur Kulturgeschichte geleistet hat – und sei es auch nur in Gestalt einer Linzer Torte.

Zurück nach Wien. Für den gebürtigen Deutschen ist diese Stadt mit ihrer hervorragenden Küche und ihrer hochentwikkelten Gastronomie ein Paradies. Nur selten trat in den nun bald 55 Jahren, die ich hier lebe, der Fall ein, daß es mich nach einer jener heimatlichen Spezialitäten verlangte, die ich noch aus Kindertagen kannte. Eine dieser Ausnahmen ist der vornehmlich in Norddeutschland hochgeschätzte Grünkohl. Nicht zu verwechseln mit dem ihm artverwandten Wirsing oder den diversen Krautsorten, ist der mit Salzkartoffeln und einer bestimmten Art von geräucherter Wurst servierte Grünkohl im Raum zwischen Hamburg und Hannover eine Art Kultmahl, das nur zu Beginn der Wintersaison angeboten wird: Es ist ein Gemüse, das die ihm eigene Knackigkeit erst erreicht, wenn es dem ersten Frost ausgesetzt gewesen ist. »Heute Grünkohlessen!« liest der Gast auf der mit Schlemmkreide beschrifteten Schiefertafel, die der Küchenchef in diesen Tagen vors Restaurantportal hängt. Die Lokale sind voll, die Tischreservierungen schwierig, die Grünkohlesser fühlen sich im siebten Himmel.

Ich hielt mich während einer dieser Saisons in meiner Geburtsstadt Hannover auf, war zu einer Lesung in einer der angesehensten Buchhandlungen der Stadt eingeladen. Frau Jockusch, die Inhaberin des Ladens und Veranstalterin meines Auftritts, lud nach der Lesung zu einem Nachtmahl ein. Bevor sie in punkto Restaurant ihre Wahl traf, fragte sie mich nach meinen Wünschen. Ich brauchte nicht lange zu

Der Genießer

überlegen, votierte für Grünkohl. Wie lange mochte es her sein, daß ich das letzte Mal dieses herrliche Gericht aufgetischt bekommen hatte!

Wir hatten Glück, Frau Jockusch rief der Reihe nach sämtliche in Frage kommenden Lokale an, bekam in einem von ihnen einen Tisch. Der Grünkohl, den man uns servierte, hätte nicht besser sein können, alle in unserer kleinen Runde waren hochzufrieden, und besonders ich, der ich so viele Jahre auf diesen Festschmaus hatte verzichten müssen, erging mich in Hymnen aus Lob und Dank.

Es verstrichen mehrere Jahre, ich war inzwischen zu Lesungen in viele andere deutsche Städte gereist, den Abend in Hannover hatte ich längst vergessen, da traf eines Tages Post von Frau Jockusch ein. Ich mußte, als ich den Brief öffnete, eine Weile überlegen, wer denn wohl die Absenderin sei, irgendwie kam mir der Name bekannt vor. Schließlich ging mir ein Licht auf: Na klar, das ist doch die reizende Buchhändlerin in Hannover, bei der ich gelesen hatte. Wahrscheinlich hatte sie vor, mich zu einer weiteren Lesung einzuladen? Wie nett!

Ich überflog ihren Brief, ersah schon aus den ersten paar Zeilen, daß sie in der Zwischenzeit ihr Geschäft veräußert hatte und in den Ruhestand getreten war. Was also wollte sie von mir?

Ihre Nichte, so schrieb sie, sei vor einiger Zeit von Deutschland nach Österreich übersiedelt, habe in Wien geheiratet, dort auch schon zwei Kinder zur Welt gebracht und fühle sich in ihrer neuen Heimat rundum wohl. Auch mit der österreichischen Küche habe sie sich angefreundet, nur an einem fehle es ihr: am Grünkohl. Vor allem aber: Ihr Mann, gebürtiger Wiener, habe von diesem typisch norddeutschen Gericht

130

nicht die leiseste Ahnung, sei es inzwischen schon leid, seine Frau ständig von ihrem geliebten (und schmerzlich vermißten) Grünkohl schwärmen zu hören, versuche sogar, ihr die angebliche Delikatesse als »Schlangenfraß« madig zu machen, müsse daher dringend vom Gegenteil überzeugt, mit einem Wort: mit dem ersten Grünkohl seines Lebens gefüttert werden.

Tante und Nichte schritten zur Tat: Frau Jockusch, als Pensionistin über reichlich Freizeit und als vorbildliche Hausfrau auch über alle Fertigkeiten der Grünkohlzubereitung verfügend, bot sich an, mitsamt den nötigen Zutaten nach Wien zu kommen und das kulinarische Defizit ihres Anverwandten zu beheben. Ich, der ich mich damals schon in Hannover als Grünkohl-Fan geoutet hatte, wurde von Frau Jockusch dazu eingeladen, dem denkwürdigen Akt beizuwohnen: Sie hatte über all die Jahre nicht vergessen, wie gut mir damals nach der Lesung in ihrer Buchhandlung der Grünkohl gemundet hatte …

Apropos Lesung: Nicht immer wird der Autor nach getaner Arbeit so verwöhnt wie ich damals in Hannover. Ich erinnere mich an eine an und für sich perfekt organisierte Veranstaltung in einer Hietzinger Konditorei, die sich außerstande zeigte, mich mit jenem Vierterl Wein zu stärken, das seit eh und je zu den ungeschriebenen Bedingungen meiner Leseauftritte zählt. Alles hätte ich haben können: jede Art von Kaffee, Schokolade oder Tee, ein breites Spektrum alkoholfreier Getränke, nur eines nicht: ein Glaserl Wein. Um den Autor bei Laune zu halten, mußte also eine der Hilfskräfte losgeschickt werden, das Gewünschte aus einem der nahen Gasthäuser herbeizuschaffen.

Der Genießer

Auch mit den Büffets, zu denen im Anschluß an die Lesung Autor und Zuhörer mancherorts eingeladen werden, kann es Probleme geben: Ich esse alles, was auf den Tisch kommt, könnte pflegeleichter nicht sein, bin dankbar für jeden Bissen Brot. Nur um die sogenannten Aufstriche, die vor allem bei Veranstaltungen in Pfarrbüchereien, von opferfreudigen Mitarbeiterinnen liebevoll zubereitet, angeboten werden, mache ich einen großen Bogen. Es mag ungezogen erscheinen, arrogant und schlichtweg dumm, aber meinen Horror vor den mit Ei-, Gervais- oder Thunfischaufstrichen gefüllten Schüsseln kann ich beim besten Willen nicht bezwingen: Ich habe sie in geradezu neurotischer Abwehr allesamt in Verdacht, mit Margarine zubereitet zu sein, und Margarine – das muß wohl ein auf meine Kriegs- und Nachkriegskindheit zurückzuführendes Trauma sein – ist für meinen ansonsten völlig anspruchslosen Gaumen das größte aller Greuel. In solchen Fällen, mag ich auch noch so hungrig sein, begnüge ich mich mit einem Stück trockenem Brot – nicht ohne einen Lobgesang auf den betreffenden Bäcker anzustimmen, denn nichts kann schmackhafter sein als ein würziger Kornspitz, eine resche Kaisersemmel oder ein Scherzerl vom frischen Roggenbrot.

Ein Fall für sich ist jener Typ Lesung, bei dem die Darbietung des Autors mit einem kompletten Essen, vielleicht gar einem mehrgängigen Gala-Menü kombiniert wird. Ich habe mehrmals solche Einladungen erhalten, die in der Regel von ambitionierten Restaurants ausgehen. Die Idee, die dahintersteht, ist ebenso verlockend wie einleuchtend: Literatur und Kulinarik sollen zu einem gemeinsamen Ganzen verschmolzen werden: ein erstes Stückchen Text zwischen Suppe und Vorspeise, ein weiteres vor dem Hauptgang, ein drittes und letztes vorm Dessert. Insbesondere mein Buch »Die böhmische

Großmutter« hat etliche, vor allem auf böhmische Küche spe-
zialisierte Lokale zu derlei Kombi-Programmen angeregt, und
ich habe meine Teilnahme an dieser Art von Veranstaltungen
nie bereut. Was sollte an der Absicht, das Publikum nicht nur
mit literarischen Häppchen, sondern auch mit Krautsuppe,
Entenbrust und Powidltascherln zu füttern, verwerflich sein?

Nicht zur Verfügung stehe ich hingegen für eine andere Spezies gastronomischer Inszenierung: für Schaukochen vor lau-
fender Fernsehkamera. In grauer Vorzeit habe ich mich einmal in ein solches Abenteuer treiben lassen – nie wieder! Es
war in den frühen Achtzigerjahren, im ORF lief damals die
populäre Sendereihe »Bitte zu Tisch«. Unter Anleitung und
Aufsicht des Fernsehkochs Franz Zimmer wurden jeweils
zwei Prominente aus unterschiedlichen Branchen in die Stu-
dioküche des Staatssenders auf dem Küniglberg eingeladen,
um vor den Augen der Zuseherschaft ein Gericht ihrer Wahl
zuzubereiten. Zuerst der oder die eine, dann der oder die
andere, und am Schluß wurden beide, angeführt von Moderatorin Brigitte Xander, an eine improvisierte Tafel gebeten,
um das gemeinsam erstellte Mahl einzunehmen und bei dem
damit einhergehenden Tischgespräch über ihr jeweiliges
Fachgebiet Auskunft zu geben. Die im Vorabendprogramm
des ORF ausgestrahlte Sendung »Bitte zu Tisch« galt als günstige Gelegenheit, sich vor großem Publikum ins rechte Licht
zu rücken. Kaum jemand, der die Chance nicht wahrnahm,
auf diese Weise sein Renommée zu mehren, und auch ich,
damals gerade im Begriff, mit meinen ersten Büchern auf
mich aufmerksam zu machen, sagte freudig zu. ORF-Kul-
turlady Koschka Hetzer hatte mich für eine der Folgen der
Reihe »Bitte zu Tisch« als Kochpartner vorgeschlagen.

Der Genießer

Ich war allerdings ehrlich genug, den Sendungsverantwortlichen gleich bei unserem ersten Kontaktgespräch zu gestehen, daß ich von Kochen keine Ahnung habe und daher für »Bitte zu Tisch« vollkommen ungeeignet sei. Mit dem Argument, daß es vielen der Kandidaten ganz genauso gehe, wurden meine Bedenken zerstreut: Meine Inkompetenz sei völlig normal, gerade Leute aus den künstlerischen Berufen verstünden wenig oder nichts von den Geheimnissen der Küche, hätten nie in ihrem Leben Zwiebeln geschnitten, Palatschinkenteig angerührt oder ein Steak gebraten. Irgendetwas Eßbares, so beruhigte man mich, werde sich schon finden, das ich zubereiten könne, auch sei die Wahl ganz und gar mir überlassen, und außerdem stehe in Gestalt des versierten Fernsehkochs Franz Zimmer ein Vollprofi bereit, mir dabei zur Hand zu gehen.

Gottseidank war der vorgesehene Aufnahmetermin noch in weiter Ferne; ich hatte also ausreichend Zeit, mich auf das Ereignis vorzubereiten. Einer meiner engsten Freunde, seines Zeichens ein begnadeter Hobbykoch, nahm mich in die Lehre, brachte mir in einem Schnellsiedekurs die Grundbegriffe des Kochens und Bratens, des Anrührens und Abschmeckens bei, und damit sich die zu erwartende Blamage in Grenzen hielt, riet er mir, mich nicht an irgendeinem komplizierten Rezept zu versuchen, sondern mich mit etwas ganz Einfachem zu begnügen. Wir einigten uns auf ein Gericht, bei dem nichts anbrennen oder überkochen, nichts zusammenfallen oder sonstwie mißraten könne: eine Suppe. Damit ich vor den Fernsehzuschauern nicht als totaler Stümper dastünde, müßte es allerdings eine besondere Suppe sein, etwas Raffiniertes, Unalltägliches. Wie wär's mit einem Gericht aus Krebsfleisch und Mais, angereichert mit frischer

134

Wiener Küche

*Fernsehkoch wider Willen: mit Koschka Hetzer
in der ORF-Sendung »Bitte zu Tisch« (1984)*

Der Genießer

Brunnenkresse und gehackten Jungzwiebeln, verfeinert mit Ingwer und anderem mehr?

Tag für Tag stand ich also nun in meiner Junggesellenküche und übte unter den fachkundigen Augen meines Instruktors die Zubereitung des für den bevorstehenden Fernsehauftritt bestimmten Gerichts, erwarb – mühsam zwar, aber doch mit sichtbar zunehmendem Erfolg – die dafür nötigen Fertigkeiten und fühlte mich schließlich, als der schwere Weg ins Aufnahmestudio anzutreten war, halbwegs imstande, das Erlernte auch vor der Kamera zu wiederholen. Daß es bei mir in den zwei Wochen meiner Einschulung ständig das Gleiche zu essen gegeben hatte, nämlich meine ominöse Krebs-Mais-Suppe, nahm ich als Kollateralschaden in Kauf – allerdings mit der Folge, daß ich meiner Kreation sehr bald so überdrüssig wurde, daß ich sie in meinem späteren Leben niemals wieder aufgetischt habe und auch bei Restaurantbesuchen bis ans Ende meiner Tage alles meiden werde, was mit Krebsfleisch, Mais und Brunnenkresse zu tun hat.

Es kam der Tag der Aufnahme, Fernsehkoch Franz Zimmer hatte meinen Angaben folgend die erforderlichen Zutaten eingekauft, auf Anrichte und Herd die entsprechenden Vorbereitungen getroffen. Die Scheinwerfer leuchteten auf, die zwei Kameras waren auf mich gerichtet, Meister Zimmer hielt sich im Hintergrund bereit, mir im Falle meines Versagens mit Handzeichen beizuspringen, um so die drohende Katastrophe zu verhindern: Ich konnte loslegen.

Zu meinem eigenen Erstaunen lief alles gut, die Krebs-Mais-Suppe kam zustande, und sowohl Moderatorin Brigitte Xander wie Kochpartnerin Koschka Hetzer (die ihrerseits mit einem raffinierten Fischgericht antrat) spendeten meiner

136

Kreation, als man sich für den zweiten Teil der Sendung zu Verzehr und Tischgespräch an der festlich geschmückten Tafel niederließ, überschwängliches Lob. Nur aus der Fernsehzuschauerschaft trafen, kaum war die Ausstrahlung vorüber, Proteste ein. Proteste so schäbig kleinlicher Natur, daß ich sie mühelos wegstecken konnte: Ich hatte auf das Salz vergessen …

Mein Meißner

Es ist gut zehn Jahre her oder mehr. Freunde hatten mich in die Kammerspiele eingeladen. Das traditionsreiche Theater in der Rotenturmstraße zählt nicht zu den von mir bevorzugten Wiener Bühnen, doch dieses eine Mal hatte ich mich zu einem Besuch überreden lassen: Der schon uralte Johannes Heesters spielte die Hauptrolle in einem Schwank, dessen Titel mir entfallen ist. Das Wiener Theatervolk strömte in die Vorstellungen, man hörte von einer Sternstunde der Komödiantik, von nicht enden wollendem Vergnügen – das dürfe man sich nicht entgehen lassen.

Jopie Heesters, immer noch verblüffend rüstig und voller Freude am Spiel, stand die zwei Stunden fast ununterbrochen auf der Bühne; er gab einen gut situierten alten Herrn, der damit beschäftigt war, seine letzten Dinge zu regeln. Zentrales Motiv des Stückes waren Gier und Ungeduld seiner als Erben eingesetzten Verwandten, und ich muß sagen, es war wirklich eine Wonne, Heesters dabei zuzuschauen, wie er die schamlose Bande an der Nase herumführte, mit immer neuen Kapriolen um ihr Erbe zittern ließ.

Der Genießer

Im Mittelpunkt dieses Erbes stand die Porzellansammlung des Protagonisten: sein kostbares Meißner. Junge Leute von heute, die es gewohnt sind, für ihre Mahlzeiten modernes, praktisches und preiswertes Geschirr zu benützen, können wahrscheinlich gar nicht mehr ermessen, welche Bedeutung der Begriff »Meißner« für die Eltern- oder Großelterngeneration gehabt hat: Im Geschirrschrank Teller und Tassen, Terrinen und Saucieren, Platten und Krüge aus der weltberühmten sächsischen Porzellanmanufaktur stehen zu haben, galt als Zeichen gesicherten Wohlstandes und erlesener Tischkultur.

Entsprechend groß (ich komme wieder zurück auf die Theatervorstellung in den Wiener Kammerspielen) war das Verlangen der künftigen Hinterbliebenen, den wertvollen Schatz des von Johannes Heesters verkörperten Erbonkels unversehrt in ihren Besitz zu bringen. Angewidert von der schamlos geheuchelten Fürsorglichkeit der lieben Verwandten, machte sich unser Hauptdarsteller einen Heidenspaß daraus, die gierige Meute um ihre Beute bangen zu lassen. Ich erinnere mich an eine Reihe zwerchfellerschütternd komischer Telefonate, in deren Verlauf sich die hoffnungsvollen Erben scheinheilig nach dem Befinden des Erblassers erkundigten und dieser während jedem der Gespräche »versehentlich« eines der Stücke seines Meißner-Service fallen und hörbar zu Bruch gehen ließ. Wir Zuschauer wußten, daß alles nur gespielt war, daß der vermeintliche Tattergreis nur irgendwelches Ausschußporzellan aus seinen welken Händen gleiten ließ. Umso größer das Entsetzen der Verwandten, die das boshafte Spiel nicht durchschauten, sondern tatsächlich die Aussicht auf ihr Erbteil schwinden sahen.

138

Mein Meißner

Jopie Heesters war in Hochform, wir Zuschauer quietschten vor Vergnügen – selten so gelacht. Vor allem wir Älteren, die wir noch in heiligem Respekt vor Qualität und Unerschwinglichkeit des Meißner aufgewachsen waren, genossen einen ungetrübten Theaterabend.

Ich selber komme aus einer mittelständischen Familie, in deren Haushalt es zwar ordentliches Geschirr, aber mit Sicherheit kein Meißner gab (und wenn doch, dann höchstens in einigen wenigen Exemplaren, die nicht für den täglichen Gebrauch bestimmt, sondern zusammen mit anderen Kostbarkeiten im Vertikow der guten Stube unter Verschluß gehalten waren).

Umso größer mein Entzücken, daß ich es auf meine alten Tage doch noch erleben durfte, in den Rang eines Meißner-Besitzers aufzusteigen. Es war allerdings eine ziemlich vertrackte Geschichte – ich will versuchen, sie zu rekapitulieren.

Es war um das Jahr 2000. Die altehrwürdige, um 1710 in der sächsischen Kreisstadt Meißen gegründete, vor allem im 19. Jahrhundert zum Inbegriff großbürgerlicher Wohlhabenheit aufgestiegene und auch während der DDR-Ära als Devisenbringer weitergeführte Porzellanmanufaktur schickte sich an, zur Jahrtausendwende ein kräftiges Lebenszeichen von sich zu geben – mit dem Ziel, mit einem radikal neuen Produkt verlorene Märkte zurückzuerobern. Dem berühmten, aber in den Augen fortschrittlicher Hausfrauen wohl auch schon etwas verstaubten »Zwiebelmuster« sollte etwas Modernes an die Seite gestellt werden.

Die Meißner Künstler entschieden sich für ein Service unter dem Namen »Wellenspiel«; eine großangelegte Werbekampagne sollte der Novität zum Durchbruch verhelfen.

139

Der Genießer

Auch für Österreich, wo das renommierte Wiener Porzellanhaus Wahliss in der Kärntnerstraße die Generalrepräsentanz für Meißner innehatte, war ein entsprechender Auftritt eingeplant. Gedacht war an eine festliche Vernissage mit prominenter Gästeschaft, mit Tafelmusik und Champagnerbüffet, mit Produktpräsentation durch die aus Meißen eingeflogene Firmenspitze sowie einer Art heiter-besinnlichem Kurzvortrag zum Thema »Wellenspiel«, für die ich als Verfasser und Sprecher ausersehen war. Der Auftrag schmeichelte mir, ich nahm ihn gerne an, ließ mir das eine und andere zum vorgegebenen Thema einfallen, und auch über die Höhe des mir zu zahlenden Honorars waren sich Geschäftsführung und ich rasch einig.

Die Veranstaltung wurde ein voller Erfolg, auch ich durfte mich über Applaus für meinen Beitrag freuen. Zu meiner anschließenden Verabschiedung überreichte mir die Geschäftsführerin ein in prachtvolles Glanzpapier eingewickeltes Päckchen, in dessen Innerem ich neben Dankadresse und Schilling-Scheck eine porzellanene Zusatzgabe aus dem Sortiment des Hauses vermutete.

Ich hatte richtig getippt. Als ich heimkam und neugierig das Päckchen öffnete, strahlte mich ein wunderschönes Stück Meißner an: eine mit edelster Porzellanmalerei dekorierte Konfektdose, für die ich sicherlich gute Verwendung haben würde. Welch noble Zuwaage – meine Freude war groß. Nur – wo war der Scheck? Ich drehte das Gefäß hin und her, inspizierte sein Inneres, überprüfte auch nochmals Schachtel und Einwickelpapier: keine Spur vom vereinbarten Honorar!

Eine böse Ahnung stieg in mir auf: Sollten meine Auftraggeber mich mit dem verwegenen Manöver überrumpelt haben, das vereinbarte Honorar in Naturalien abzulösen?

Mein Meißner

Noch am selben Abend – das Geschäft hatte inzwischen geschlossen, nur die Schaufenster waren noch beleuchtet – fuhr ich zurück in die Kärntnerstraße, nahm die Auslage der Firma Wahliss ins Visier. Und tatsächlich: Was sah ich inmitten all der vielen ausgestellten Meißner-Prunkstücke? Meine Konfektdose! Und zwar exakt zu dem Preis, den wir als Honorar für meinen Vortrag ausgehandelt hatten!

Ich war bestürzt, fühlte mich aufs Übelste hereingelegt. Doch die Frage blieb: Wie paßten solche unseriösen Geschäftspraktiken zu einem Markenartikelunternehmen von Weltruf wie Meißner?

Natürlich hätte ich protestieren, auf mein Recht pochen, die unerbetene Konfektdose zurückgeben und auf Barzahlung bestehen können. Doch es fehlte mir an Mut, ich war wie gelähmt.

Auch die folgenden Wochen und Monate hielt meine Erstarrung an – nur eines schwor ich mir: Nie wieder würde ich mich auf einen solchen Deal einlassen. Finger weg von allen noch so renommierten Firmen, verdien' dir dein Geld mit Büchern, Radiosendungen und Zeitungsartikeln. Da kannst du sicher sein, daß du nicht mit irgendwelchen Ladenhütern abgefunden wirst, da schneien dir keine Weinkiste, kein Gummibaum und kein Goldfüllfederhalter ins Haus, da ist pünktlich das Geld auf dem Konto.

Fünf Monate später, ich hatte die Sache inzwischen glücklich vergessen, meldete sich bei mir ein Bote der Firma Wahliss – er bat um Einlaß, habe etwas abzugeben. Verwirrt nahm ich das »Etwas« entgegen, bestätigte den Empfang mit meiner Unterschrift und machte mich sogleich ans Auspacken. Es war eine größere Sendung: viel Karton, viel Styropor, viel Seidenpapier – und mittendrin eine komplette

141

Der Genießer

*Meißen läßt grüßen:
Frühstücksporzellan für DG*

Frühstücksgarnitur der blau-grün dekorierten Serie Mahonienranke, in jedes der Stücke die Initialen meines Namens eingebrannt. Dazu ein elegantes Begleitschreiben der Firmenspitze, die mir in wohlgesetzten Worten ihren nochmaligen Dank für meinen seinerzeitigen Beitrag abstattete, die Hoffnung aussprach, mir mit ihrem Präsent eine kleine Freude bereiten zu können, und im übrigen um Verständnis dafür bat, daß zwischen damals und jetzt so viel Zeit verstrichen sei. Der Grund ihrer Säumnis: Die Herstellung einzelner Geschirrteile mit individueller Widmung sei ein kompliziertes Verfahren, könne nicht von heute auf morgen abgewickelt werden, brauche seine Zeit. Ich möge die eingetretene Verzögerung entschuldigen, auch hoffe man, mit der mir zugedachten Gabe meinen Geschmack getroffen zu haben – guten Appetit!

Mein Meißner

Die Sache mit dem vermeintlichen Betrug hatte also eine überraschend positive Wendung genommen: Beschämt über meinen voreiligen Ingrimm setzte ich meinerseits einen Dankbrief an die großzügigen Spender im fernen Meißen auf, entsorgte augenblicklich mein bisheriges (und schäbiges) Frühstücksgeschirr und ersetzte es durch das kostbare neue – wohl wissend, daß dessen Wert ein Mehrfaches jenes Honorars ausmachte, um das ich mich so schnöde betrogen gefühlt hatte.

Überflüssig zu sagen, daß mein inzwischen zwölf Jahre altes Meißner nach wie vor allmorgendlich in Gebrauch ist, daß ich mich Tag für Tag darüber freue und daß es, so wie es aussieht, auch in Zukunft dabei bleiben wird – noch zeigen die Teller nicht die kleinste Macke, die Tassen nicht den kleinsten Sprung.

Der Alltagsmensch

Die Sache mit der Staatsbürgerschaft

Das Wiener Rathaus in seiner neogotischen Prunkarchitektur mag nicht nach jedermanns Geschmack sein, ein eindrucksvoller Bau ist es allemal. In seinen Amtsstuben bin ich in den 55 Jahren, die ich nun in Wien lebe, nur selten verkehrt: Antichambrieren um gewisser Vergünstigungen willen, wie es sich viele Kulturschaffende zur Angewohnheit gemacht haben, ist meine Sache nicht. Nur die reichen Bestände der im Ostflügel des Hauses lagernden Wien-Bibliothek haben mich wiederholt ins Rathaus geführt, desgleichen die eine und andere öffentliche Veranstaltung, allen voran die bis 2007 alljährlich in den über die sogenannte Feststiege erreichbaren Prachtsälen abgehaltene »Österreichische Buchwoche«.

In Amtsangelegenheiten im engeren Sinne bin ich nur ein einziges Mal im Wiener Rathaus vorstellig geworden – und zwar im Jahr 1977, als ich, bis dahin Bürger der Bundesrepublik Deutschland, um die Verleihung der österreichischen Staatsbürgerschaft ansuchte. Der damals einflußreiche Kulturkritiker Hans Weigel war es, der dazu den Anstoß gegeben hatte.

Es hatte viele Jahre gedauert, bis ich den ebenso berühmten wie gefürchteten Mann persönlich kennenlernte. Es war bei einer Veranstaltung des PEN-Clubs, dessen Mitglied

Der Alltagsmensch

ich vor einiger Zeit geworden war. Ich erkannte den 26 Jahre Älteren auf den ersten Blick: Weigel, damals schon unter extremer Sehschwäche leidend, trug seine berühmte Doppelbrille, mußte jeden Text, den er lesen wollte, ganz nah an seine Augen heranführen. Ich ergriff die Gelegenheit, mich ihm vorzustellen und für die hervorragenden, ja geradezu schmeichelhaften Rezensionen zu danken, mit denen er im Rundfunk und in so namhaften Blättern wie der »Frankfurter Allgemeinen« meine frühen Bücher bedacht hatte.

Hans Weigel zeigte sich erfreut über die neue Bekanntschaft, wiederholte sein in den diversen Medien publiziertes Lob und beschloß unser Gespräch mit der mich überraschenden Frage, ob ich denn schon die österreichische Staatsbürgerschaft besäße. Ich war damals längst fest in meiner Wahlheimat verankert, hatte keinerlei Verlangen, in mein Geburtsland zurückzukehren, fand jedoch mit meinem alten und immer wieder erneuerten deutschen Paß durchaus mein Auslangen und fragte daher meinen Mentor, weshalb er es denn so dringlich fände, in diesem Punkt eine Veränderung anzustreben. Aus seinen Schriften und seinen häufigen öffentlichen Stellungnahmen zum Thema Österreich wußte ich, daß Weigel, obwohl während der Nazi-Zeit aus seiner Heimat vertrieben, ein bekennender Patriot war, und so empfand ich es als ehrenvoll, von ihm zur Annahme der österreichischen Staatsbürgerschaft gedrängt zu werden. Außerdem gab er zu bedenken, das Festhalten an der deutschen Staatsbürgerschaft könnte mich von etwaigen Auszeichnungen, Literaturpreisen und dergleichen ausschließen, für die ich vielleicht eines Tages von den zuständigen Gremien vorgeschlagen würde. Anders als heute, wo derlei Dinge schon

146

Die Sache mit der Staatsbürgerschaft

lange nicht mehr an den Besitz der österreichischen Staatsbürgerschaft gebunden sind, konnte dies damals, bei den
weniger aufgeschlossenen Verhältnissen der Siebzigerjahre
des vorigen Jahrhunderts, durchaus noch ein triftiges Krite-
rium sein: Hans Weigel, selber Mitglied mehrerer wichtiger
Jurys, wußte, wovon er sprach.

Daß ich seinem wohlwollend-väterlichen Rat folgte, hatte
allerdings weniger mit einem etwaigen Schielen nach staat-
licher Anerkennung, sondern eher mit meiner durch Weigels
Worte bekräftigten Gewißheit zu tun, mich tatsächlich und
mit ganzem Herzen meiner Wahlheimat Österreich zugehö-
rig zu fühlen. Es schien mir daher nur logisch und höchst an
der Zeit, diesen überfälligen Schritt zu tun: Als »Beuteöster-
reicher« akzeptiert zu werden, war eine Vorstellung, die mir
gefiel. Weigel hatte also eigentlich nur etwas ausgesprochen,
was sowieso längst in mir gereift war.

Ich besorgte mir also die für den Nationalitätswechsel erforderlichen Papiere, holte Geburtsurkunde, Führungszeugnis
und Meldezettel ein und begab mich solcherart gerüstet ins
Wiener Rathaus. Im Büro für Staatsbürgerschaftsangelegenheiten empfing mich ein ausnehmend freundlicher, jüngerer
Beamter mit besten Manieren, er hörte sich meinen Wunsch
an, überflog die beigebrachten Dokumente, erkannte mit
einem Blick, daß bei mir alle Voraussetzungen für die Verleihung der österreichischen Staatsbürgerschaft gegeben seien,
und belehrte mich darüber, wie bei der Antragstellung und
der weiteren Behandlung des Falles vorzugehen sei. Auch
die Kosten des Verfahrens, die auf mich zukommen würden,
kamen zur Sprache, desgleichen die zu gewärtigende Prüfung
in Sachen Landeskunde und Verfassung.

147

Der Alltagsmensch

Das Gespräch mit meinem Gegenüber ließ keinerlei Zweifel, daß meiner Austrifizierung nicht das Mindeste im Wege stand, ja daß sie glatter als glatt über die Bühne gehen würde. Ich meinerseits gab zu erkennen, wie sehr ich mich darüber freute, und schloß mit der Bitte, das Verfahren unverzüglich in Gang zu setzen.

Umso größer war mein Erstaunen darüber, daß der Beamte an diesem Punkt unseres so angenehm verlaufenden Gesprächs plötzlich eine Art Langsam-Gang einlegte. Den genauen Wortlaut seiner Gegenrede habe ich heute nicht mehr in Erinnerung, aber es klang in etwa wie folgt: »Ich schlage Ihnen vor, überlegen Sie sich die Sache noch einmal in aller Ruhe, und sollten Sie tatsächlich an Ihrem Wunsch festhalten, kommen Sie nach einiger Zeit wieder und wir reden weiter.«

Einigermaßen verdutzt, vielleicht sogar ein wenig enttäuscht, fiel ich ihm ins Wort: Was sollte ich da noch viel überlegen, ich sei mir in meinem Entschluß vollkommen sicher, der Herr Amtsrat möge so freundlich sein, meinen Antrag entgegenzunehmen und seiner Erledigung zuzuführen.

Wieso er dennoch auf seinem Wunsch beharrte, erst noch eine Art Bedenkzeit einzulegen, wußte ich mir nicht zu erklären, aber selbstverständlich respektierte ich seinen Standpunkt, kehrte also nach einigen Wochen wieder und erneuerte mein Begehren. Wieder kam es zu einem angenehmen, fast leutseligen Gespräch und diesmal auch mit dem von mir erhofften Ausgang: Mein Antrag wurde angenommen, das Verfahren binnen weniger Wochen abgewickelt, und am 3. Mai 1977 hielt ich die Verleihungsurkunde in Händen: Ich war Staatsbürger der Republik Österreich!

Die Sache mit der Staatsbürgerschaft

REPUBLIK ÖSTERREICH

Zahl: MA 61/IV- G 150/76

7633

Bescheid
über die
Verleihung der Staatsbürgerschaft

Das
Amt der Wiener Landesregierung
verleiht mit Wirkung vom ____3. Mai 1977____
Herrn Horst Dietmar G r i e s e r ,
geboren am __9. März 1934__ in __Hannover, BRD,__
wohnhaft in __Wien 3, Obere Bahngasse 20/16,__
nach § __10__ des Staatsbürgerschaftsgesetzes 1965, BGBl. Nr. 250, die

österreichische Staatsbürgerschaft.

~~Diese Verleihung wird erstreckt gemäß § 16 des StbG. 1965 auf die Ehefrau~~
_____ geborene _____
geboren am _____ in _____
und gemäß § 17 des StbG. 1965 auf folgende minderjährige Kinder:

1. _____ geb. am _____ in _____ (§ 17 Abs. _____)
2. _____ geb. am _____ in _____ (§ 17 Abs. _____)
3. _____ geb. am _____ in _____ (§ 17 Abs. _____)
4. _____ geb. am _____ in _____ (§ 17 Abs. _____)
5. _____ geb. am _____ in _____ (§ 17 Abs. _____)
6. _____ geb. am _____ in _____ (§ 17 Abs. _____)

Wien, am __3. Mai__ 19__77__
Für die Landesregierung:

Dr. Sokolowski
Obersenatsrat

Einbürgerung mit Hindernissen:
die Verleihungsurkunde von 1977

149

Der Alltagsmensch

Mit ein paar engen Freunden wurde das Ereignis gefeiert, dann trat wieder der Alltag ein. Da ich mich schon lange vor jenem Stichtag als Österreicher gefühlt hatte, war für mich die nun auch offizielle Bestätigung meines neuen Status nichts Besonderes mehr, längst eine Selbstverständlichkeit. Nur jenes merkwürdige Zögern des Herrn Amtsrats ging mir nicht aus dem Kopf, fiel mir ab und zu wieder ein, blieb mir ein Rätsel. Bis aus dem Rätsel eines Tages ein Verdacht wurde …

Der Zufall wollte es, daß ich meinem lieben Amtsrat – inzwischen waren etliche Jahre verstrichen – bei einem Sonntagsspaziergang auf einem der Weinwanderpfade oberhalb von Grinzing über den Weg lief. Es war ein Schönwettertag, an dem ganz Wien unterwegs war: die Familien mit ihren Kindern, die Pensionisten mit ihren Hunden. Darunter auch ich. Und ebenso der Herr Amtsrat. Ich sah ihn schon von fern, und auch ihm, der sich in Begleitung seiner Familie befand, war anzumerken, daß er mich, den seinerzeit so beharrlichen Bittsteller, wiedererkannt hatte. Hocherfreut über die Zufallsbegegnung, wagte ich es, ihn anzusprechen, und auch er ging freundlich lächelnd auf meine Kontaktnahme ein. Man wechselte ein paar Höflichkeiten, und da der Herr Amtsrat mir in diesem Moment nicht als Vertreter der Obrigkeit, sondern als Spaziergänger, also als Privatmann gegenüberstand, war die Atmosphäre zwischen uns beiden noch um vieles entspannter als bei meinen seinerzeitigen Vorsprachen im Rathaus.

»Erinnern Sie sich noch?« fragte ich ihn, und um unserem Gespräch einen möglichst amikalen, wenn nicht gar nostalgischen Anstrich zu geben, verknüpfte ich meine Frage mit

150

Die Sache mit der Staatsbürgerschaft

nochmaligem Dank für die prompte Erledigung meines Ansuchens.

»Natürlich erinnere ich mich« gab er zur Antwort – halb verlegen, halb belustigt.

Kühn ergriff ich die Gelegenheit, ihn nach den Gründen seines damaligen Zögerns zu fragen – jetzt, aus dem Abstand der Jahre, konnte daran nichts Verletzendes sein.

Der Herr Amtsrat lächelte, schien die Angelegenheit mit einer Andeutung von Nonchalance beiseiteschieben und unserer Unterhaltung eine Wendung zum Belangloseren geben zu wollen, zur Wetterlage, zu unser beider Ausflugsziel.

Nachdem all dies geklärt und auch seine Frage, wie ich mich denn nun als österreichischer Neubürger fühlte, beantwortet war, schien mir der Augenblick gekommen, ihn mit dem Verdacht zu konfrontieren, der nach unseren damaligen Verhandlungen in mir aufgekommen war.

Wieder verfiel er in sein verbindliches Lächeln; geduldig, aber auch ein wenig gequält, hörte er sich meine Darstellung an, holte sodann tief Luft und stimmte schließlich – ebenso erleichtert wie amüsiert – meinen Ausführungen zu. Ich hatte ihm – ebenfalls erleichtert und amüsiert – auf den Kopf zu gesagt, ich hätte den Eindruck gewonnen, daß ich ihm bei meiner ersten Vorsprache in seinem Büro auf eine unbestimmte Weise verdächtig erschienen sei. Verdächtig, undurchsichtig, suspekt.

Wieso das? Mein »Fall« hatte sich zu einer Zeit zugetragen, da sich im Büro für Staatsbürgerschaftsangelegenheiten Antragsteller die Klinke in die Hand gaben, die zum Großteil aus prekären Verhältnissen kamen, aus Entwicklungsländern stammten, kaum Deutsch sprachen und auch in ihrer äußeren Erscheinung keineswegs der Norm entsprachen. Gastarbeiter,

151

Der Alltagsmensch

Flüchtlinge, Asylwerber. Und mitten unter diesen nun ein gut gekleideter, sich perfekt artikulierender Deutscher mit makellosen Papieren, der unbedingt seinen deutschen Paß gegen einen österreichischen tauschen wollte – da konnte doch irgendetwas nicht stimmen, da mußte irgendwo ein dunkler Punkt sein. Und um das Risiko auszuschalten, diesen dunklen Punkt zu übersehen und einem raffinierten Blender auf den Leim zu gehen, setzte – so meine Vermutung – der verunsicherte Herr Amtsrat auf Zeit und beschloß, mein Verfahren mit dem Argument »Bedenkzeit« in die Länge zu ziehen. War ich in den Augen der Behörde kein »schlechter« Kandidat, sondern im Gegenteil ein »zu guter«? War es das, das mich verdächtig machte?

Auch der Zeitpunkt meiner Übersiedlung mochte Anlaß zu Bedenken geben. 1957 war ich nach Wien gekommen – das war ungewöhnlich. In jenen Jahren ging man eher den umgekehrten Weg: aus dem in manchen Belangen noch rückständigen Österreich ins prosperierende Wirtschaftswunderland Deutschland. Ob sich vielleicht in diesem Abschnitt meiner Biographie der Schlüssel für jene Reserviertheit finden ließ, mit der mir manche in meinem Gastland begegneten? War ich nicht sogar in meinem Bekanntenkreis wieder und wieder auf Unverständnis gestoßen, wenn es um die Frage meiner Umbürgerung ging?

Um es kurz zu machen: Diesen gewissen dunklen Punkt in meiner Vita, dessen mich manche verdächtigten, gab es nicht, und so gab es auch keinerlei Grund, mir die begehrte Staatsbürgerschaft vorzuenthalten: Problemlos – wenn auch erst beim zweiten Anlauf – erhielt ich meinen österreichischen Paß.

152

Wieso es beim ersten Anlauf nicht geklappt hat, konnte ich immer nur ahnen – jetzt, bei jener Zufallsbegegnung auf einem Sonntagsspaziergang in den Weingärten von Grinzing, wurde mein Verdacht bestätigt. Es war für mich wie ein Befreiungsschlag. Und auch den vorsichtigen Herrn Amtsrat schien das späte Eingeständnis seiner Skepsis zu erleichtern: Unsere Unterhaltung zwischen den Rebstöcken von Grinzing löste sich in Heiterkeit auf, wir schieden voneinander in höchster Eintracht, und ich bin mir sicher: Sollte es der Herr Amtsrat, inzwischen vielleicht an anderem Ort und in anderer Position tätig, jemals wieder mit mir zu tun bekommen, könnte ich mit seinem uneingeschränkten Wohlwollen rechnen.

Diese Deutschen

Vor allem bei Abendgesellschaften, zu denen ich eingeladen werde, kommt es immer wieder vor, daß ich auf meinen Migrationshintergrund angesprochen werde. Ich lerne jemanden kennen, komme mit ihm oder ihr ins Gespräch, man findet einander sympathisch, versteht sich blendend, tauscht Visitenkarten aus und versichert sich gegenseitig, die frische Bekanntschaft unbedingt fortsetzen, ausbauen, vertiefen zu wollen. »Vielleicht dürfen wir Sie einmal zum Abendessen bei uns begrüßen?« Auch Pläne für gemeinsame Heurigenpartien, Wienerwaldwanderungen oder Schachturniere werden geschmiedet, man wiegt sich in Vorfreude auf dieses und jenes, die Komplimente fliegen nur so hin und her. Am liebsten würde man einander auf der Stelle das Du-Wort antragen. Doch dann, auf dem Gipfel beidseitiger Annäherung, folgt plötzlich der Absturz – es sind fast immer die gleichen acht Worte, die dann an mein Ohr dringen: »Entschuldigen Sie, Sie sind aber nicht von hier?« (Lower-Class-Variante: »Tschuldigen, Sö san aba net von do?«)

Mag sein, daß ich in diesem Punkt überempfindlich bin, vielleicht gar allergisch, aber ich lasse es mir von niemandem ausreden: Ich höre aus den harmlos klingenden acht Worten immer einen leichten Anflug von Distanzierung heraus – etwa in dem Sinne: Sie sind zwar eine nette Person, aber einer von *uns* sind Sie nicht. Sie sind kein Wiener. Kein *echter* Wiener.

Mein auch nach 55 Wien-Jahren unverkennbar deutscher Zungenschlag ist es, der mich verraten, entzaubert, abgewertet hat: Ich bin in den Augen (oder besser Ohren) meines Gegenübers mit dem Makel des Fremdlings behaftet, des Eindringlings, des Zugereisten. Nicht gerade ein Piefke, das nicht, aber eben doch nur ein Einheimischer mit Abstrichen. Der sogenannte echte Wiener sieht in seinem Wienertum so etwas wie ein Adelsprädikat, und dieses Adelsprädikat kann ich nicht vorweisen. Auch der Verweis auf die mährischen Wurzeln meiner Mutter und die tirolerischen meines Vaters hilft mir nicht aus der Patsche: Ich bin und bleibe, ungeachtet meiner ansonsten lückenlos geglückten Assimilation, ein Migrant.

Wien ist voll von ihnen; kaum eine Ethnie, die in dieser Stadt nicht vertreten wäre: Madegassen und Turkmenen, Kirgisen und Kasachen. Doch im Gegensatz zu diesen, die man allesamt »interessant« findet und besonderer Wertschätzung versichert, wird es immer dann brenzlig, wenn es sich bei dem Kandidaten um einen gebürtigen Deutschen handelt. Die Historikerin Brigitte Hamann, ihrerseits aus dem

Ruhrgebiet nach Wien zugewandert, hat es einmal in einem Leserbrief an die Zeitschrift »Profil« auf den Punkt gebracht: Jede Nation, jede Rasse und jede Religionsgemeinschaft sei durch das Gesetz der *political correctness* vor Herabsetzung geschützt, nur die Deutschen seien in Österreich zum Abschuß freigegeben. Sie hat es nicht so krass formuliert, und sie hat es auch mit keinem Wort beklagt. Aber niemand kann leugnen, daß Österreich in punkto Deutschen-Bashing stets ein verläßlicher Mittäter ist. Mit Piefke-Witzen findet man an jedem Stammtisch zwischen Bregenz und Wien eine begeisterte Zuhörerschaft.

Es gibt zu diesem Thema eine Fülle, ja Überfülle an Literatur. Felix Mitterer hat seine Tiroler Landsleute mit dem Fernsehspiel »Piefke-Saga« aufgebracht, Bücher wie »Streitbare Brüder« und »Verfreundete Nachbarn« haben die Diskussion auf wissenschaftlicher Ebene fortgeführt, eine Reihe jüngerer deutschstämmiger Wien-Neubürger hat sich mit der Anthologie »Gekommen, um zu bleiben« gegen den unausrottbaren Mix aus Vorbehalt und Vorurteil zur Wehr gesetzt, und der Publizist Dietmar Krug, von Geburt Rheinländer, mit einer Steirerin liiert und seit vielen Jahren als »Presse«-Redakteur in Wien ansässig, wird nicht müde, in seiner Kolumne »Diese Deutschen« die Gräben zwischen dem großen und dem kleinen Bruder zuzuschütten. Wann wird man hierzulande endlich begreifen, daß gerade die Zuzügler aus dem Norden oftmals die überzeugtesten Österreich-Patrioten sind?

Ich will nichts schönreden. Ich leugne nicht, daß es den Typus des arroganten, großkotzigen, besserwisserischen Piefkes gibt, und niemandem geht er mehr auf die Nerven als mir. Man erkennt ihn an dem unangenehm schnarrenden Tonfall

Der Alltagsmensch

seiner unangenehm lauten Stimme, an der herablassenden Art, mit der er, sobald er fremden Boden betritt, die dortigen Zustände geißelt. Aber er ist doch wohl die Ausnahme, nicht die Regel. Wäre es sonst möglich, daß unter den beliebtesten Urlaubsdestinationen der Deutschen seit Jahr und Tag Österreich an erster Stelle steht?

Natürlich gibt es diese schlimmen Typen, und auch ich bin mehr als einmal ein Opfer ihrer Anmaßung geworden. Ich erinnere mich an die Begegnung mit einem etwa gleichaltrigen Journalisten aus der westfälischen Landeshauptstadt Münster, der zum erstenmal auf Kurzbesuch nach Wien kam. Wir hatten an derselben Universität studiert; die Zeitung, für die er arbeitete, hatte nach meiner Übersiedlung nach Österreich regelmäßig Berichte von mir abgedruckt, ich war ihm also zu Dank verpflichtet. Nun war mir sein Kommen avisiert worden, ich solle mir – so lautete der Auftrag – für zwei Tage Zeit nehmen, ihm Wien zu zeigen.

Er war ein schwieriger Gast, hatte an allem und jedem etwas auszusetzen, selbst die erhabensten Sehenswürdigkeiten der Stadt hatten Mühe, vor seinem strengen Urteil zu bestehen. Mit zusammengebissenen Zähnen zog ich das Programm durch, das ich mir für ihn zurechtgelegt hatte. Auch durch seine noch so unberechtigten Quengeleien ließ ich mich nicht aus dem Konzept bringen, schluckte seine Fehlurteile und Attacken hinunter, machte gute Miene zum bösen Spiel. Nur am zweiten Tag seines Wien-Aufenthalts – Schönbrunn stand auf dem Plan – platzte mir der Kragen. Es war ein herrlicher Septembertag, das Schloß zeigte sich von seiner schönsten Seite, wohlvorbereitet gab ich die passenden Erklärungen ab. Bevor wir unseren Weg durch Park und Anhöhe in Richtung Gloriette fortsetzten, warfen wir noch einen letzten Blick auf

156

Diese Deutschen

die Fassade des Prachtbaues – ich wollte ihm Zeit geben, die zu erwartende Bewunderung in die rechten Worte zu fassen. Er überlegte eine Weile, schien noch um die passende Formulierung zu ringen, dann endlich schoß es aus ihm heraus: »Na ja, so 'n bißchen wie Kassel, nur 'ne Etage höher – finden Sie nicht auch?«

Nach diesem Tiefschlag brauchte ich dringend eine Stärkung: Ich schlug eine Jause im Café Sacher vor. Wir fuhren zurück in die Stadt, nahmen an dem einzig freien Tisch Platz, gaben unsere Bestellung auf. Ich empfahl das Ortsübliche: Sachertorte mit Schlag, Kaffee je nach Gusto. Wieder brauchte es einige Zeit, bis mein Gast sich zu einem Entschluß durchringen konnte, dann endlich, in Gutsherrenart in seinen Sessel zurückgelehnt und im Kanzelpredigerstil seine Stimme erhebend, schritt er zur Verkündigung: »Na, bringen Sie mir mal ruhig auch'n Kaffee!« (und, wie nicht anders zu erwarten, mit dem Ton auf der ersten Silbe). Was mir aber vor allem durch Mark und Bein ging, war das schlimme Wörtchen »ruhig«. Es war in den Augen meines Gastes eine Gnade, daß er sich dazu herabließ, mit mir im Sacher Kaffee zu trinken.

Ja, es gibt solche Exemplare, und vielleicht gibt es sie in Deutschland mehr als anderswo. Aber sie sind dennoch die Ausnahme. Wenn ich mir heute jene lange zurückliegende Episode im Sacher vergegenwärtige und mich nach meinen damaligen Gefühlen frage, fällt mir die Antwort leicht: Ich fühlte mich in diesem Augenblick als Wiener. Als *echter* Wiener.

Als Wiener fühlte ich mich auch bei jenem Bankett, zu dem am 17. Juli 1996 anläßlich des Staatsbesuchs von Bundeskanzler Helmut Kohl in die Hofburg geladen worden war. Es war alles sehr formell und feierlich: Den männlichen Gästen war Smoking oder Uniform, den Damen »kurzes Kleid« vorgeschrieben. Das Diner bestand aus Seezungenfilet in Dille und Kerbelsauce, Consommé mit Sherry, Rindslungenbraten mit Mandelkroketten, Schokolade-Erdbeer-Parfait und Mokka; der Sekt kam von der Kellerei Schlumberger, die Weine aus Niederösterreich und der Südsteiermark. Die Einladung war noch im alten Stil abgefaßt: Gastgeber Thomas Klestil beehrte sich also nicht, Bundeskanzler Helmut Kohl und dessen Gattin Hannelore zu würdigen, sondern – man möchte es nicht glauben – »den Bundeskanzler der Bundesrepublik Deutschland und Frau Dr. Helmut Kohl«. Das (inzwischen hoffentlich gendergerecht abgeänderte) Protokoll sah es so vor – die arme Hannelore konnte einem leid tun.

Wie der Schlüssel lautet, nach dem die Einladungslisten für derlei Staatsbankette erstellt werden, entzieht sich meiner Kenntnis. Auf jeden Fall scheint es so zu sein, daß beide Seiten, also Gastgeber und Gäste, ein bestimmtes Kontingent zugeteilt bekommen. Ich, seit 1977 nicht mehr deutscher, sondern österreichischer Staatsbürger, gehörte demnach dem österreichischen Kontingent an.

Nach und nach – der Beginn war für 20 Uhr 30 angesetzt – trafen die Gäste ein, versammelten sich in einem der dem eigentlichen Bankettsaal vorgelagerten Empfangsraum zum Begrüßungssekt und warteten sodann darauf, nach angemessener Frist ins »Allerheiligste« vorgelassen zu werden. Als es so weit war und das Eintreffen der Hauptpersonen bevorstand, trat der Zeremonienmeister der Hofburg in Aktion und forderte die Teilnehmer auf, ein Spalier zu bilden, das Kohl und Klestil auf dem Weg zum Bankettsaal durchschreiten würden. Auch bei diesem Spalier war – wie bei solchen

Diese Deutschen

Anlässen üblich – nichts dem Zufall überlassen: Auf der einen Seite sollten die dem Gastgeberstaat Zugehörigen, auf der anderen die ausländischen Gäste Aufstellung nehmen. Zur allgemeinen Erheiterung faßte der Zeremonienmeister seine Anweisungen in die Worte: »Die Deutschen bitte an die Fensterfront, die Österreicher an die Wand!«

Die versammelte Runde teilte sich also auf, ich selber wandte mich der österreichischen Seite zu. In diesem Moment stürzte die Gesandte Uta Mayer-Schalburg, damals die Nr. 2 der Deutschen Botschaft in Wien, auf mich zu, sichtlich um Fassung ringend: »Aber Herr Grieser, Sie gehören doch auf die deutsche Seite!« Ich kannte Frau Mayer-Schalburg seit vielen Jahren, bei den verschiedensten Gelegenheiten waren wir einander freundschaftlich begegnet, doch es war ihr offensichtlich entgangen, daß ich vor geraumer Zeit die Staatsbürgerschaft gewechselt hatte. Daß sie mich nun als »abtrünnigen« Deutschen wahrnehmen mußte, schien ihr ganz und gar nicht zu gefallen, wohingegen ich, ihre Reaktion als Zeichen besonderer Wertschätzung deutend, mich irgendwie geschmeichelt fühlte …

In diesem Zusammenhang sollte ich noch erwähnen, daß es mir die Österreicher tatsächlich leicht gemacht haben, einer der Ihren zu werden. Ja, es ging so weit, daß manche von ihnen (und insbesondere die mit meinen biographischen Daten vertrauten Leser und Leserinnen meiner Bücher) in jenem 23. Oktober 1957, da ich die Seiten wechselte und von Deutschland nach Wien übersiedelte, so etwas wie meine Neugeburt erblickten. Ganz vereinzelt fing es an, doch mit der Zeit häufte es sich: Obwohl ich an einem 9. März geboren bin, trudelten nun Jahr für Jahr auch am 23. Oktober

159

Geburtstagsglückwünsche bei mir ein, und das ist bis heute so geblieben. Ich bin also der seltene Fall eines Menschen, der zweimal im Jahr Geburtstag feiern kann: am 9. März den offiziellen und am 23. Oktober den mir von meinen österreichischen Anhängern ehrenhalber zuerkannten … Und auch wenn's für mich mit einem deutlichen Mehr an Dankschreiben verbunden ist: Ich lasse es mir gern gefallen.

Übrigens weiß ich jetzt auch, wieso ich – damals mit 23 – ausgewandert bin. In einem der fesselndsten Bücher, die mir in letzter Zeit untergekommen sind, habe ich die Erklärung dafür gefunden: »Der Hase mit den Bernsteinaugen«. Autor Edmund de Waal ruft uns darin in Erinnerung, daß »in allen guten Märchen immer der dritte Sohn das Heim verläßt und auf Abenteuer auszieht«. Stimmt genau: Wir Grieser-Söhne waren drei und ich von den dreien der Jüngste.

Vierteltelefon und Hektograph

Im Herbst 1957 kam ich nach Wien und bezog mein erstes Untermietzimmer. Das Telefonieren war eine einzige Strapaze: Für »interurbane« Gespräche ging man aufs Postamt, für Ortsgespräche ins nächste Telefonhüttl. Beides war umständlich: Auf dem Postamt mußte man die gewünschte Verbindung am Schalter »anmelden« und dann zuwarten, bis einem der diensthabende Beamte eine freiwerdende Sprechzelle zuwies, und auch vorm Telefonhüttl bildeten sich Warteschlangen, ganz zu schweigen von den Nervenkriegen, die regelmäßig ausbrachen, wenn man nicht das nötige Quantum Schillingmünzen zur Hand hatte oder nicht mit dem sogenannten Zahlknopf zurechtkam, der beim Zustandekommen

Vierteltelefon und Hektograph

der Verbindung blitzartig zu betätigen war (eine besondere Tücke der Österreichischen Post, an der vor allem die Touristen aus dem Ausland massenweise scheiterten).

Auch das Partizipieren am Telefonanschluß meiner Zimmerwirtin bedeutete Ungemach. Wurde ich angerufen, mußte mich die strenge Frau Hain durch Klopfzeichen ins Vorzimmer holen, wo auf einer Konsole neben der Eingangstür der Telefonapparat stand, wobei es nicht gern gesehen war, wenn man allzu oft von dieser Möglichkeit Gebrauch machte. Noch heikler war der »aktive« Gebrauch des Hain'schen Telefons: Auf einer neben dem Apparat liegenden Strichliste trug man Zahl und Dauer der geführten Gespräche ein; die entstehenden Kosten wurden – samt kräftigem Aufschlag – mit der Monatsmiete abgerechnet. Sprach ich zu lang, erschien Frau Hain im Vorzimmer und gab mir mit eindeutigen Gesten zu verstehen, daß es nun genug sei.

Welches Aufatmen, als ich endlich in meine erste Hauptmiete übersiedelte und nun über einen eigenen Telefonanschluß verfügte! Nur – was war das für ein Anschluß? Es war ein sogenanntes Vierteltelefon – also eine Leitung, die man mit drei weiteren Parteien zu teilen hatte. Die »ganzen« Telefone waren bis in die Siebzigerjahre ein Luxus, den sich viele Wiener nicht leisten konnten, und stellte man dennoch einen Antrag auf Zuteilung einer »ganzen« Nummer, konnte es Monate, ja Jahre dauern, bis dem Antrag stattgegeben wurde.

Schon der autoritäre Wortlaut der »Österreichischen Fernsprechordnung« vom 6. Juni 1955 hatte klargestellt, dass dem »Teilnehmer« nur die klägliche Rolle des Bittstellers, ja Gnadenempfängers zukam: »Es besteht kein Anspruch auf Überlassung eines Anschlusses bestimmter Art. Ein Teilanschluss darf nur überlassen werden, wenn anzunehmen ist, dass

161

*Als die Wiener Telefonnummern noch
mit A, B, R oder U anfingen ...*

die eingeschränkte Benützungsmöglichkeit für das Sprechbedürfnis des Fernsprechteilnehmers ausreichen wird.«

Doch wer entschied, was »ausreichend« ist und was nicht? Natürlich Vater Staat – und zwar mit Paragraph 38 der Fernsprechordnung: »Der Fernsprechteilnehmer hat dafür zu sorgen, dass sein Anschluss nicht überlastet wird. Als überlastet sind Teilanschlüsse dann anzusehen, wenn diese mehr als acht Stunden monatlich benützt werden. Hierbei ist es gleichgültig, ob es sich um abgehende oder ankommende Orts- oder Ferngespräche handelt. Die monatliche Höchstbenützungszeit verringert sich auf sechs Stunden, wenn das Zählwerk nur bei abgehenden Verbindungen betätigt wird.«

Aktives Telefonieren fiel also stärker ins Gewicht als passives. Rationiert war das eine wie das andere.

Doch es gab auch Fortschritte. War nicht bis vor kurzem die Rufnummer noch eine umständliche Kombination gewesen aus Buchstaben und Zahlen? Damit war es nun vorbei: kein A, B, R oder U mehr vor den fünf Ziffern (wie es der

Vierteltelefon und Hektograph

heutige Flohmarktbesucher bisweilen noch auf Schriftstük-
ken aus jener Zeit finden kann, in alten Inseraten oder auf
Firmenschildern).

Das Vierteltelefon unseligen Angedenkens, mit dem ich
mich lange begnügen mußte, war – wie gesagt – eine teuf-
lische Einrichtung: Es konnte immer nur einer der vier, die
auf der betreffenden Leitung zusammengespannt waren,
telefonieren – die anderen drei mußten warten, und war der
Glückliche, der endlich eine freie Leitung erwischt hatte, ein
Vielredner, konnte es ganz schön lange dauern, bis einer der
anderen drei zum Zuge kam. Mit Grausen denke ich daran,
wieviel Zeit ich mit dem x-maligen Probieren, eine freie Leitung zu ergattern, vertan habe. Meine Allergie gegen das
Besetztzeichen – sie rührt aus jener Zeit.

Für mich wurde das verhaßte Vierteltelefon noch durch
einen besonderen Umstand zum Problem. Ich begann damals
für deutsche Zeitungen und Rundfunksender aktuelle Kul-
turberichte zu verfassen – über Theaterpremieren, Kunst-
ausstellungen und Konzertveranstaltungen. War die Sache
nicht allzu eilig, schickte man das Manuskript per Briefpost
an die jeweilige Redaktion. War jedoch der Briefkasten, in
den man die Sendung einwarf, gerade erst geleert worden,
empfahl sich der Weg zum Postamt; weitere Beschleunigung
ließ sich erzielen, indem man die Sendung als »Expreßpost«
(oder – wie es in Deutschland hieß – »per Eilboten«) aufgab.
Brenzlig wurde es nur, wenn die Redaktion darauf bestand,
den Bericht noch am selben Tag zu erhalten. Das bedeutete:
Man mußte ihn per Telefon »durchgeben«. Man wählte also
die betreffende Nummer, ließ sich dort von der Zentrale zur
sogenannten Aufnahme verbinden, las den Text klar und

Der Alltagsmensch

deutlich (und nicht zu rasch) herunter, und eine geübte Stenotypistin schrieb mit. Je nach Redaktion waren dafür ganz bestimmte Zeiten vorgesehen, meistens gegen Mittag – damit sich's noch für die Abendausgabe der Zeitung ausging.

Ich brauchte also für die telefonische Übermittlung meiner Berichte unter allen Umständen eine freie Leitung. Was aber tun, wenn mein verdammtes Vierteltelefon in der fraglichen Zeit durch einen der drei anderen Teilnehmer okkupiert war? Es blieb mir nichts anderes übrig, als in mühsamen Recherchen deren Identität zu erforschen, mit ihnen in Kontakt zu treten und sie von Fall zu Fall zu ersuchen, sich zu bestimmten Zeiten von ihrem Apparat fernzuhalten und die Leitung für mich freizugeben. Ich weiß, es war eine Zumutung sondergleichen, und doch: Es hat in den meisten Fällen gut geklappt. Vielleicht hat dabei eine Rolle gespielt, daß man zu jener Zeit, da so vieles (und nicht nur Telefonleitungen) Mangelware war, mehr als heute Bereitschaft zeigte, zusammenzurücken, einander auszuhelfen, aufeinander Rücksicht zu nehmen. Das Vierteltelefon war insofern doch nicht nur ein Ärgernis, sondern auch eine Art Schule der Geduld.

Ein weiteres Kapitel der seinerzeitigen Kommunikation betrifft den sogenannten Fernschreiber, auch unter dem Namen Telex bekannt. Die Post nutzte das (später vom Fax abgelöste) schreibmaschinenähnliche Gerät jahrzehntelang für den Telegrammverkehr, Firmen für ihre eilige Geschäftskorrespondenz, Gesandtschaften für ihre Depeschen, Journalisten für die Übermittlung ihrer Berichte.

Auch ich bediente mich gelegentlich dieser Technik. Im Gegensatz zu den perfekt ausgerüsteten Vollprofis unter den Journalistenkollegen besaß ich allerdings kein eigenes Gerät,

Vierteltelefon und Hektograph

sondern nahm für die Übermittlung meiner Theaterkritiken und Ausstellungsberichte an die »Frankfurter Rundschau«, die »Badische Zeitung« und das »Main-Echo« das Telex-Service der Post in Anspruch. Zu den normalen Öffnungszeiten war dies auf jedem Postamt möglich, zu später Stunde oder nachts nur auf einem einzigen: dem Post- und Telegraphenamt in der Wipplingerstraße nahe der Börse.

Wenn ich mich dem ab 18 Uhr fest versperrten und abgedunkelten Gebäude näherte, erblickte ich schon von weitem jenes hellerleuchtete Zimmer im 1. Stock, in dem eine der für den nächtlichen Journaldienst eingeteilten Telex-Damen auf späte Kunden wartete. Man mußte sie beim Haupteingang des Amtes herausläuten, sie öffnete sodann, führte einen in ihren Arbeitsraum, nahm an ihrem Gerät Platz, tippte den Text, den man ihr in die Hand drückte, in die ratternde Maschine und kassierte nach Beendigung der Prozedur die je nach Textmenge anfallende Gebühr. Mit einem gegenseitigen »Gute Nacht« schied man voneinander – in dem beruhigenden Wissen, der betreffende Zeitungsbeitrag war zeitgleich am Zielort eingelangt. Alles bestens.

Anders bei den Berichten, die für Radiosender bestimmt waren: Hier war die Originalstimme des Autors gefragt. In solchen Fällen war der Gang zum Funkhaus in der Argentinierstraße anzutreten, die Hilfe des ORF erforderlich. Nach Absprache mit den Damen von der Abteilung »Internationaler Programmaustausch« erhielt ich einen auf die Länge des jeweiligen Beitrags abgestimmten Studiotermin, ein Techniker stellte die sogenannte Überspielleitung her, ich nahm den mir zugewiesenen Platz vorm Mikrophon ein und legte auf Kommando los. Am anderen Ende der Leitung, also in der

165

Der Alltagsmensch

Aufnahmeabteilung des Südwestfunks oder des Hessischen Rundfunks, die meine beiden Hauptabnehmer waren, lief der gesprochene Text auf Band und brauchte nur mehr vom zuständigen Redakteur in Baden-Baden oder Frankfurt in die dafür vorgesehene Sendung eingebaut zu werden. Zu Unterbrechungen kam es lediglich, wenn ich mich beim Ablesen verhaspelte. Dann galt die Regel, den letzten Satz zu wiederholen, der Fehler wurde durch »Schneiden« behoben – keine Hexerei. Aus heutiger Sicht allerdings Steinzeitjournalismus pur, ein Stück Rundfunkgeschichte. Die jungen Kollegen des 21. Jahrhunderts hätten für die Kommunikationswege des 20. wohl nur ein müdes Lächeln übrig.

Wie erkläre ich denen zum Beispiel auch, daß es zu jener Zeit noch keine Fotokopien gegeben hat? Meine ersten Manuskripte für die von mir belieferten Zeitungen wurden mit Hilfe von Kohlepapier erstellt; vier »Durchschläge« waren das Maximum an lesbarem Ertrag, jeder weitere erbrachte nur mehr Schattenbilder unentzifferbarer Buchstabenketten.

Den nächsten Modernisierungsschub stellte der sogenannte Hektograph dar, der alles, nur nicht hektisch und obendrein mit grauslicher Patzerei verbunden war. Man spannte eine mit schwarzer Kopiertinte angereicherte Matrize in die Schreibmaschine ein, klopfte den Text in das Gerät und kurbelte in einem weiteren Arbeitsgang die solcherart erstellte Vorlage durch den mit saugfähigem Spezialpapier gefüllten Vervielfältigungsapparat. Das Resultat war »durchwachsen«, die Hände verschmiert, Scheuerpulver der Marke Ata unentbehrlich.

Was meinen Umgang mit der guten alten Schreibmaschine betrifft (deren ich mich auch heute noch lustvoll bediene), muß ich ein Loblied anstimmen auf meine geliebte

166

Vierteltelefon und Hektograph

Büromaschinenfirma Schilhan & Co., die mich – inzwischen schon in der zweiten Generation – mustergültig mit allem versorgt, was ich für meine Arbeit benötige: Farbband, Radiergummi und Typenreiniger (letzteres eine stark absorptive Substanz, die dem Knetgummi aus Kindertagen ähnelt). Und selbstverständlich ist die Firma Schilhan in der Rochusgasse auch für die regelmäßige Wartung meiner unverwüstlichen *Olympia* Baujahr 1970 zuständig, einmal pro Jahr. Hier, in der nur wenige Gehminuten von meiner Wohnung entfernten Werkstätte, brauche ich nicht zu fürchten, für mein beharrliches Festhalten an der »Mechanischen« belächelt zu werden, sondern werde im Gegenteil für meinen pfleglichen Umgang mit diesem Stabilitätswunder gelobt, zu dessen weiterer Nutzung ermuntert und obendrein mit der Zusicherung beruhigt, im Falle des Falles mit einer gleichwertigen Ersatzmaschine versorgt zu werden, wovon man jederzeit das Passende auf Lager habe. Fasziniert lausche ich den Ausführungen des Firmenchefs, der mir von gleichgestimmten Kunden aus den verschiedensten Berufssparten berichtet, die sich allesamt bei Schilhan mit entweder gut erhaltenen oder fachgerecht wiederhergestellten Schreibmaschinen eindecken. Zuletzt kam einer eigens aus Philadelphia angereist, um in Wien ein solches Sammlerstück zu erwerben; in dem kleinen Laden im 3. Bezirk müssen sich bei der Übergabe wahre Freudenszenen abgespielt haben.

Aus all dem Gesagten läßt sich unschwer ableiten, daß ich auch zur Post – zur guten alten Briefpost – eine besonders innige Beziehung pflege. Daß ich in den nunmehr 55 Jahren meines Wien-Daseins jeden meiner Briefträger auch namentlich gekannt habe, versteht sich von selbst, und daß es an meiner derzeitigen Adresse keine zehn Schritte bis zum nächsten öffentlichen Briefkasten ist (er befindet sich wunderbarerweise an meinem Haus!) betrachte ich als besonderes Privileg. In diesem Zusammenhang denke ich manchmal voller Sympathie an jenen weltberühmten Mann vom Alsergrund, der keine Mühe scheute, die Voraussetzungen für eine zuverlässige Zustellung seiner Briefpost zu schaffen: Sigmund Freud. Wenn der Herr Professor mit den Seinen – sei es auf den Semmering, nach Mariazell oder in die Tiroler Berge – zur Sommerfrische fuhr, zählte es stets zu seinen ersten Unternehmungen nach der Ankunft, mit dem örtlichen Postboten entsprechende Arrangements zu treffen: Auch im entlegensten Alpendorf wollte er unter allen Umständen für seine Korrespondenzpartner erreichbar sein.

Sigmund Freud wäre übrigens auch der Mann gewesen, der mir meine in mancher Leute Augen pathologische Postmanie hätte erklären können. Ob es vielleicht genetische Gründe dafür gibt und mit meinem Ururgroßvater Simon Ondrusch zusammenhängt, der den zwar beschwerlichen, aber doch auch interessanten und vielleicht sogar romantischen Beruf des Postillions ausgeübt hat? In unserer Familienüberlieferung, vor allem aber in meiner Phantasie nimmt der flotte Urahn einen Ehrenplatz ein, und so konnte es nicht ausbleiben, daß mich Freunde zu einem meiner runden Geburtstage mit einem einschlägigen Geschenk überraschten, das seither, einer Trophäe gleich, über meinem Schreibtisch hängt: einem um teures Geld im Wiener Antiquitätenhandel erworbenen Posthorn aus alter Zeit.

Unterm Dach

Ich hatte einige Jahre im Fasanviertel gewohnt; das Schönste an dem Atelier in der Oberen Bahngasse, das ursprünglich als Schneiderwerkstatt gedient hatte, war das riesengroße Fenster, das fast die komplette Nordfront des Hauptraums einnahm. Weniger attraktiv war der Ausblick, der sich mir bot: durchschnittliche Wohnhäuser, Handwerkerbetriebe, eine Tankstelle, die Rangiergleise des in Auflösung befindlichen Aspangbahnhofs. Von der gegenüberliegenden Süßwarenfabrik, die die Wiener Kindergärten mit Schwedenbomben versorgte, wehten bei ungünstigem Wind dichte Schwaden aufdringlichen Schokoladearomas herüber; mitunter war die Geruchsbelästigung so arg, daß mir auf Tage jeglicher Appetit auf Näschereien verging.

Das fünfstöckige Haus war Teil eines Ensembles, das in früheren Jahren Willi Forst gehört hatte: Hier hatte der berühmte Filmmann seine Regie- und Schauspielergagen angelegt. Bei den Bombenabwürfen der letzten Kriegsmonate hatte das Viertel empfindliche Schäden erlitten; hellhörige Bewohner behaupteten, seither leichte Schwankungen des Baukörpers wahrzunehmen. Besonders die dicht vor dem Haus im Zehn-Minuten-Takt vorbeifahrende Schnellbahn brachte das Gemäuer regelmäßig zum Erzittern.

Ein weiteres Defizit an Lebensqualität bedeutete das Fehlen eines Aufzugs. Gehuntüchtige Besucher weigerten sich, die vielen Stufen zu meinem Domizil im Dachgeschoß hinaufzusteigen, so manches vereinbarte Treffen mußte ins nahe Café Eos verlegt werden. Einmal meldete sich Paula Elges bei mir zu Besuch an. Die damals schon betagte und vor allem schwergewichtige Paula Elges verdiente sich ihr Geld

Der Alltagsmensch

als Society-Reporterin für Boulevard- und Klatschblätter. Sie hatte immer die herrlichsten Geschichten parat, setzte virtuos ihre Pointen, sprühte vor Witz und Spott. Jedes Zusammentreffen mit ihr war ein Fest. Als sie zu dem verabredeten Termin bei mir eintraf, hörte ich sie schon vor dem Öffnen der Wohnungstür schwer schnaufen; sichtlich am Ende ihrer Kräfte, hielt sie sich am Treppengeländer fest. Als ich sie einlassen wollte, holte sie noch einmal tief Luft, dann legte sie in ihrem leicht jiddelnden Tonfall los: »Dietmarleben, a Einladung zu dir is a antisemitischer Akt.«

Andere Besucher, die meine Wohnverhältnisse bereits kannten, boten mir sündteure Gelage in Nobelrestaurants an – wenn sie sich nur nicht über die vielen Stufen der engen Wendeltreppe zu mir hinaufquälen müßten. Ich selber kam damit gut zurecht, redete mir ein, mangels sonstiger sportlicher Ertüchtigung wenigstens mit Stiegensteigen etwas für meine Gesundheit zu tun, und eine Zeit lang verfolgte ich sogar den Plan, mein mit den Jahren zu beengt werdendes Domizil zu vergrößern und einen Teil des angrenzenden Dachbodens auf meine Kosten auszubauen. Ich hatte dafür auch schon einen erstklassigen Architekten bei der Hand: Boris Podrecca, damals noch am Beginn seiner großen Karriere, zeichnete erste Pläne und entwarf Kostenvoranschläge; auch Hausinhabung und Hausverwaltung signalisierten Zustimmung. Daß ich dann dennoch von dem Projekt zurücktrat, hatte einen einfachen Grund: Ich hatte etwas Besseres gefunden …

Ich muß vorausschicken, daß ich es mir zu jener Zeit zur Angewohnheit gemacht hatte, bei allen meinen Streifzügen durch die Straßen und Gassen Wiens den Blick automatisch nach

170

oben zu richten. Das Leben unterm Dach, die Absonderung von auch noch so liebenswerten Wohnungsnachbarn sowie der freie Ausblick auf ein angenehmes Gegenüber waren mir zur Obsession geworden. Und in der Tat – welch herrliche Perspektiven boten sich meinem Auge, wenn ich die Fassaden all der wohlerhaltenen Gründerzeit- und Jugendstilhäuser betrachtete, die, weithin an ihren überdimensionalen Verglasungen erkennbar, in Ateliers mündeten! Ich konnte mich nicht sattsehen an den teils schlichten, teils bombastischen Konstruktionen, den theatralischen Turmaufbauten, den schwungvollen Giebeln, den üppigen Ornamenten. Wie gern hätte ich in dem einen oder anderen Fall um Einlaß gebeten und mich im Inneren der betreffenden Ateliers umgesehen, in denen Maler oder Bildhauer ihrer Arbeit nachgingen (oder einstmals nachgegangen waren). Doch davon konnte natürlich keine Rede sein. Was blieb, war diese manische Begierde, ein Atelier in einem dieser prachtvollen Wiener Patrizierhäuser zu beziehen, vielleicht gar zu besitzen, und um diesem Wunsch näherzukommen, weihte ich alle meine Bekannten in die Angelegenheit ein und trug ihnen auf, mich unverzüglich zu benachrichtigen, sollte ihnen etwas von einer einschlägigen Vakanz zu Ohren kommen.

Tatsächlich erhielt ich den einen und anderen Tipp. Nur – keiner von ihnen führte zum Erfolg. Entweder waren die Ateliers, die mir genannt wurden, belegt oder die Hausbesitzer waren an einem Dachbodenausbau nicht interessiert. Als ich schon im Begriff war, meine Suche einzustellen, zu resignieren und mich mit meinem unzulänglichen Fasanviertel-Domizil zu begnügen, machte mich Frau Dr. S., Spitzenbeamtin im Sozialministerium und eine langjährige Bekannte, auf das Haus am Dannebergplatz aufmerksam, in dem sie und

Der Alltagsmensch

ihre Familie in früheren Jahren gewohnt hatte und zu dem sie noch immer lose Kontakte unterhielt.

Frau Dr. S. riet mir, die Hausverwaltung anzurufen und nachzufragen, was aus dem seit vielen Jahren verwaisten und ihrer Erinnerung nach ziemlich heruntergekommenen Atelier geworden sei. Zuletzt – aber das sei schon eine Ewigkeit her – habe ein Maler, dessen Name ihr entfallen und dessen Rang ihr unbekannt sei, im ausgebauten Teil des Dachbodens gewerkt. Gewohnt habe er anderswo, nur zum Malen sei er in das Haus am Dannebergplatz gekommen, und so, wie er in seiner aktiven Zeit niemandem aufgefallen war, sei er auch nach deren Beendigung spurlos verschwunden – das Atelier stehe mit Sicherheit leer und könnte, wenn man nur ordentlich investierte, revitalisiert und zu einer passablen Kombination aus Wohn- und Arbeitsstätte, ja vielleicht sogar zu einem Schmuckkasterl umgestaltet werden.

Die Hausverwalterin schien über meinen Anruf überrascht, konnte sich offenbar nicht vorstellen, daß es einen vernünftigen Menschen geben sollte, der sich für dieses »Loch« interessierte, teilte mir jedoch nach Rücksprache mit der in Brüssel lebenden Hausbesitzerin mit, daß ich mir das »Loch« gerne ansehen könne, und händigte mir die Schlüssel aus. In Wohnungs-, Renovierungs- und gar Umbaufragen völlig überfordert, versicherte ich mich fachkundiger Hilfe und nahm zum geplanten Lokalaugenschein einen mit mir befreundeten Architekten mit. Manfred Bukowski war ein junger Deutscher mit Hochschulabschluß und Auszeichnung durch die renommierte Jürgen-Ponto-Stiftung, der für eine begrenzte Zeit nach Wien gekommen war, bei Stararchitekt Hans Hollein Hilfsdienste versah, auch bereits erste kleinere Aufträge erhielt und insgesamt als große Nachwuchshoffnung galt.

172

Unterm Dach

Was Manfred und ich am Dannebergplatz zu sehen bekamen, löste bei ihm wie bei mir einen Schock aus. Das vor langer Zeit stillgelegte, offensichtlich Hals über Kopf verlassene Atelier war in einem elenden Zustand: aufgerissene Böden, schadhafte Wände, regendurchlässige Dachteile. Überall lag Gerümpel herum, alles war verschmutzt, Türen und Fenster kaum zu öffnen. Die Schalter gaben kein Licht, die Klomuschel kein Wasser. Für mich war klar: nur auf und davon, hier hast du nichts verloren, schade um die Zeit.

Ganz anders die Reaktion meines Begleiters: Manfred Bukowski hielt mich zurück, schritt kühlen Kopfes jeden Winkel der hundert Quadratmeter ab, prüfte dieses Detail und untersuchte jenes, wandte seinen Blick schließlich von dem Vorgefundenen ab und schlagartig jenem Neuen zu, das vor seinem inneren Auge Gestalt anzunehmen schien, und gab mir sodann – bestimmt und knapp – sein Urteil ab: »Nehmen!« Und auch, als ich mich seinem mir unerklärlichen Votum widersetzte, auf sofortigen Rückzug drang und ihn am Ende gar für verrückt erklärte, beließ er es bei dem immer gleichen einen Wort: »Nehmen!«

In einem nahen Beisel setzten wir unseren Disput fort. Hier der Laie, der sich nicht und nicht vorstellen konnte, daß aus diesem Trümmerhaufen etwas Brauchbares zu machen sei, dort der Fachmann, enthusiasmiert von seiner Vision eines großzügig angelegten und perfekt funktionierenden Um- und Ausbaus. Jeden meiner Einwände wischte er vom Tisch, ich wurde stiller und stiller, ließ mich von seiner Begeisterung anstecken, gab schließlich auch den letzten Rest Widerstand auf. Manfred blickte auf die Uhr: Es war 16 Uhr. »Ruf sofort bei der Hausverwaltung an«, sagte er, »und frag, ob du noch heute vorbeikommen kannst.« Eine solche Chance biete sich

173

Der Alltagsmensch

nie wieder, ich müsse unverzüglich zugreifen, auf der Stelle den Kauf in die Wege leiten.

Jawohl, die Frau Diplomkaufmann sei noch in der Kanzlei, teilte mir die Telefonistin der Hausverwaltung mit, ich könne gerne kommen. Der Vorvertrag wurde aufgesetzt, der Preis ausgehandelt, Manfred Bukowski mit der Erstellung der Um- und Ausbaupläne betraut.

Eine Kopie des alten Grundrisses aus dem Baujahr 1906 in Händen, nutzte ich die Zeit bis zum nächsten Treffen mit dem Architekten dazu, meine eigenen Vorstellungen von dem Projekt zu Papier zu bringen. Hier würde ich meinen Arbeitsplatz einrichten, dort meinen Wohnbereich, hier mein Schlafzimmer, dort meine Küche, hier die Vorrats- und Archivkammer, dort das Bad.

Wir trafen uns beim Heurigen, es sollte eine Art Generalbesprechung werden, in deren Verlauf sich Bauherr und Architekt über die Aufteilung der Räume einigen würden. Viele Stunden intensiven Nachdenkens hatte ich darauf verwendet, mein Konzept zu entwickeln; ich brachte das DIN-A4-Blatt mit meinem Gekritzel zu unserer Unterredung mit. Doch Manfred Bukowski – ganz und gar Vollblutarchitekt – würdigte mein Papier keines Blickes, wischte es mit herrisch-herablassender Geste vom Tisch, als existierte es gar nicht, und holte seinerseits zu seiner eigenen Darstellung des Projekts aus. Sie wich in den meisten Punkten von der meinen ab, und ich kann heute – im Rückblick – sagen: Gott sei Dank. Manfred Bukowski kannte mich besser als ich mich selbst. Arbeitsplatz und Wohnraum – alles hatte in seinem Konzept den richtigen Platz. Der über eine Innenstiege unterm Giebel zu erreichende Archivraum, die dem großen Atelierfenster vorgelagerte Terrasse, der geschickt erweiterte Naßzellen- und

174

Küchenbereich – Manfreds großes Vorbild Hollein hätte es nicht besser lösen können. Mit einem Schlag wurde mir nun auch klar, wieso er mir bei unseren allerersten Treffen jegliche Auskunft über seine konkreten Pläne verweigert hatte: Er wolle, so entschied er in seiner schroffen, resoluten und scheinbar unliebenswürdigen Art, zunächst einmal nichts anderes als mich, meine Bedürfnisse und meinen Lebensstil kennenlernen. Daraus werde er sodann, so fuhr er fort, die richtigen Schlüsse ziehen; erst, wenn dieser Punkt erledigt sei, werde er sich an die eigentliche Planung machen. Gegenseitiges Vertrauen sei für ihn die Grundvoraussetzung seiner Arbeit.

Ich habe ihm dieses Vertrauen geschenkt, und ich bin damit gut gefahren: Manfred Bukowskis Werk aus dem Jahr 1983 hat sich bis zum heutigen Tag als perfekt erwiesen, als fehlerlos, als ideal. Der geborene Architekt.

Auch in der Wahl des Baumeisters bewies Manfred eine glückliche Hand: Die grundsolide Firma Petsch führte ihre Arbeiten zügig und exakt durch, hielt die vereinbarte Sechs-Monats-Frist ein, schon zu Weihnachten konnte ich in meiner künftigen Bleibe Einzug halten.

Eine leidige Angelegenheit hatte allerdings noch vor Baubeginn erledigt werden müssen: Manfreds Pläne sahen eine zwar geringfügige, doch einen Teil der Hausgemeinschaft tangierende Erweiterung der Wohnfläche vor. Es ging darum, einen kurzen Abschnitt des die oberen Etagen miteinander verbindenden Lichtschachtes in den Baukörper einzubeziehen, und dazu brauchte ich die Zustimmung sämtlicher zwölf anderen Wohnungseigentümer. Ist ein Dachbodenausbau schon per se für alle Hausparteien ein mit Lärm und Schmutz

Der Alltagsmensch

verbundener Horror, so wurden im gegenständlichen Fall auch noch Befürchtungen laut, in den unteren Stockwerken könnte durch den Umbau der Lichteinfall verringert werden, und eine der Bewohnerinnen, eine hochbetagte, wegen ihres quengeligen Wesens allgemein gefürchtete Hofratswitwe, machte ihrem Zorn Luft, indem sie laut kreischend durchs Stiegenhaus lief und mit dem Ausruf »Er mauert mich ein!« das Projekt zum Stoppen zu bringen versuchte.

Mit viel Mühe und Geduld gelang es mir schließlich, sämtlichen Miteigentümern die erforderliche Zustimmung abzuringen. Den schwierigsten Teil meiner Mission hob ich mir bis zuletzt auf: Vor Fürst Khevenhüller, dem eine der beiden prachtvollen Wohnungen im ersten Stock gehörte, war mir schon deshalb bange, weil er sich so gut wie nie in Wien, sondern die meiste Zeit auf seiner Kärntner Burg Hochosterwitz aufhielt, also für ein persönliches Vieraugengespräch nicht zur Verfügung stand. Ich mußte also versuchen, ihm telefonisch meine Wünsche vorzutragen. Bevor ich nach dem Hörer griff, übte ich rasch noch die mir normalerweise nicht geläufige Anrede »Durchlaucht«; auch ein Schluck Whisky, so dachte ich, könnte der bevorstehenden Verhandlungsführung dienlich sein. Ich wählte die Nummer, es meldete sich eine Altmännerstimme mit einem knappen »Hallo?« Die Stimme klang herrisch und leicht indigniert – sie erinnerte mich an das typische Karajan-Timbre, das ich aus den Fernsehinterviews des Maestros kannte. Augenblicks war mir klar: Das konnte nur die Stimme des Fürsten sein. Umständlich stellte ich mich vor. Doch bevor ich mein eigentliches Anliegen zur Sprache bringen konnte, mußte ich Gewißheit haben, daß ich tatsächlich mit ihm verbunden war. Fest entschlossen, in puncto Unterwürfigkeit bis ans Äußerste zu gehen, fragte

Schöner wohnen: Blick auf das Atelier am Arenbergpark

ich also zurück: »Bitte um Verzeihung, aber habe ich das Vergnügen, mit Durchlaucht zu sprechen?« Die Antwort, die ich erhielt, werde ich mein Lebtag nicht vergessen; sie lautete: »Jawohl, hier spricht der Fürst.«

Alles Weitere ist ohne besonderen Belang: Fürst Khevenhüller, von der Lappalie, mit der ich ihn belästigte, hörbar gelangweilt, verwies mich an seine Anwälte, die Anwälte übermittelten mir seine Einwilligung, und als es in späteren Jahren im Aufzug unseres Hauses zu einer zufälligen Begegnung mit dem alten Herrn kam, die ich sogleich zur persönlichen Vorstellung zu nutzen wußte, war der scheinbar Unnahbare wie ausgewechselt, und auch in der Folgezeit erwies sich Durchlaucht, wann immer ich ihm über den Weg lief, als ausnehmend galanter und liebenswürdiger Mann. In noch höherem

Der Alltagsmensch

Maße galt (und gilt) dies für seine Frau, eine geborene Henckel-Donnersmarck: Seit dem Tod ihres Mannes häufiger in ihrem Wiener Domizil anzutreffen als früher, wuchs die bezaubernde alte Dame mit den Jahren wie von selbst in die Rolle einer Art Doyenne der Hausgemeinschaft hinein, und ich versäumte (und versäume) keine Gelegenheit, sie bei Zufallsbegegnungen im Stiegenhaus in Gespräche über ihren berühmten Cousin, den ehemaligen Abt des Zisterzienserstiftes Heiligenkreuz, oder ihren Neffen, den Oscar-Preisträger Florian Henckel-Donnersmarck, zu verwickeln.

Wenn ich an die Zeit meines Dachbodenausbaus vor drei Jahrzehnten zurückdenke, muß ich auch noch eine andere Person würdigen, die mir damals hilfreich zur Seite stand: unsere Hausbesorgerin. Dem gleichen Geburtsjahrgang wie ich angehörend, war die aus einem serbischen Bauerndorf stammende Vujica Nika (die nicht mit ihrem Vornamen Vujica, sondern mit ihrem Familiennamen Nika gerufen wurde) eine Seele von einem Menschen. Wegen ihrer Achtsamkeit auch von den heikelsten Hausparteien hochgeschätzt und wegen ihres mütterlichen Wesens selbst von den verwöhntesten Kindern geliebt, wählte ich Nika für die Beilegung etwaiger Reibereien mit den anderen Wohnungseigentümern als meine Schutzpatronin. Gegen entsprechendes Entgelt, so lautete unsere Abmachung, sollte sie Überempfindliche, die sich wegen des Baulärms und des anfallenden Schmutzes ungehalten zeigten, ruhigstellen – ich selber, von Natur aus feig, ließ mich nur des Nachts, heimlich und mit Taschenlampe ausgerüstet, an der Baustelle blicken. Nika war es, der die Aufsicht oblag, und sie entledigte sich dieser Aufgabe mit unverhohlener Lust und durchschlagendem Erfolg.

Um auch meinen Einzug ins fertige Domizil von jeglicher Verstimmung freizuhalten, entschloß ich mich zu einem Schritt, der – wie ich später erfuhr – viel zu meiner »Eingemeindung« beitrug: Ich setzte einen Brief auf, mit dem ich mich bei meinen neuen Hausgenossen für die Belästigungen der vergangenen Monate entschuldigte, und legte ihn, zusammen mit einem meiner Bücher, den einzelnen Parteien vor die Tür. Ich habe niemals Erkundigungen darüber angestellt, ob sie das Buch gelesen oder gar für gut befunden haben, aber so viel weiß ich: Die kleine Geste hat ihre Wirkung nicht verfehlt, ich bin als neues Mitglied der Hausgemeinschaft akzeptiert, und dieser angenehme Zustand hält nun schon bald dreißig Jahre an. Willkommen im Klub.

Nachrichten aus dem Grätzel

Wenn man über viele Jahre an ein und derselben Adresse lebt, sammelt sich mit der Zeit ein fester Stamm von vertrauten Gesichtern, engen oder auch flüchtigen Bekanntschaften, innig geliebten oder auch sorgsam gemiedenen Läden, Lokalen und Institutionen an. Das *Grätzel*, auch in sprachlicher Hinsicht eine Wiener Besonderheit, ist ein nie versiegender Quell angenehmer oder unangenehmer Erinnerungen, und einigen von ihnen will ich in dem folgenden Kapitel Raum geben.

Ich beginne mit den Verlusten, die ich in letzter Zeit zu beklagen hatte. Da ist zunächst einmal meine langjährige Wäscherei in der Neulinggasse, die nach dem Tod ihres Inhabers geschlossen worden ist. Schon als ich vor zehn oder mehr

Der Alltagsmensch

Jahren bei ihnen Stammkunde wurde, waren die Hödls alte Leute, die sich längst hätten zur Ruhe setzen können. Doch sie führten ihren kleinen Betrieb, von zwei Hilfskräften stundenweise unterstützt, beharrlich fort, und wenn ich mich nicht sehr täusche, taten sie es nicht nur um des Ertrags willen, den ihr Geschäft abwarf, sondern auch, um ihre treue Klientel nicht zu enttäuschen.

Dabei war es – außer der hervorragenden Qualität ihrer Arbeit – nur weniges, das für die Firma Hödl sprach. Schon ins Innere ihres im Souterrain gelegenen Geschäftslokals vorzudringen, war mühsam: Die Stufen, die nach unten führten, waren ausgetreten und steil, fürs Durchschreiten der Tür mußte man sich ordentlich bücken, und wenn das am Eingang montierte Glöckchen erklang, bedeutete das noch lange nicht, daß Herr Hödl, dem die Abfertigung der Kunden oblag, auch gleich zur Stelle war. Es konnte Minuten dauern, bis er, im Nebenraum werkend, auf das Signal reagierte, und nicht selten kam es vor, daß ich den Vorgang mehrere Male wiederholen mußte – überhaupt, seitdem er schwerhörig geworden war.

Ein weiteres Manko bestand darin, daß sich die Hödls auf keinerlei feste Terminabsprache einließen. Taten sie es doch, war sie wohlweislich vage gehalten: Mehr als ein gequältes »Nächste Woche« war ihnen nicht abzuringen. Daß der Termin, sofern es überhaupt einen gab, oftmals nicht eingehalten wurde, verstand sich ebenso von selbst wie der Verzicht auf jede Art von Auftragsbestätigung oder Quittung: Die Ausfolgung der Wäsche erfolgte ausschließlich per Namensnennung, was sich aber ohnedies erübrigte, denn die Hödls kannten jeden einzelnen ihrer Kunden persönlich, und an neuen waren sie schon lange nicht mehr interessiert.

Nachrichten aus dem Grätzel

Auch mit den Geschäftszeiten nahmen sie es nicht genau: Ohnedies nur halbtags – und zwar von neun bis zwölf – geöffnet, konnte es halb zehn werden, bis der Rollbalken hinaufgeschoben und das Licht aufgedreht wurde. Ich hielt mehr als einmal vor dem Haus Ausschau, bis Herr Hödl aus seiner Wohnung im 2. Bezirk angeradelt kam – auf seinem wackeligen alten Vehikel, dessen unzulängliche Ausrüstung uns Kunden zusätzliche Sorgen bereitete. Tatsächlich soll es ein Sturz mit dem Fahrrad gewesen sein, der das Ende der Ära Hödl einläutete: Seine in einer anderen Branche tätige Tochter sprang noch ein paar Wochen für ihn ein, nahm jedoch keine neuen Aufträge mehr an, sondern wickelte nur noch die alten ab, und eines Tages kam – mit dem an die Eingangstür gehefteten Partezettel – das endgültige Aus.

Ein weiterer, wenn auch leichter verschmerzbarer Verlust betrifft, fünfzig Meter von der Wäscherei Hödl entfernt, ein Etablissement, dessen Typus es in unserem Grätzel vorher nicht gegeben hat: die *Hamburg-Bar*. Das im Souterrain eines gediegenen Bürgerhauses installierte Nachtlokal brachte mit seiner reichen Auswahl auch exotischster Spirituosen, seiner trinkfesten Gästeschaft und seiner stets witzig-originellen Auslagengestaltung eine mondäne Note in unser bieder-behäbiges Viertel. Aber ebendiese Biederkeit war es wohl, die das Projekt nach wenigen Jahren zu Fall brachte: Abgesehen von einer kurzen Blütezeit, die der Neugier heimatloser Nachtschwärmer zu verdanken war, hielt sich die Zahl der Dauergäste in Grenzen, und am Schluß blieben der Betreiber und seine Freunde vollends unter sich. Auch Sonderangebote wie die Absinth-Aktion, deren Verruchtheit mich eines Nachts in das schummerige Lokal gelockt hatte, vermochten die Bilanz

181

der *Hamburg-Bar* nicht zu retten. Sah es zunächst jedoch nur – wie ein Schild an der Eingangstür vortäuschte – nach einem mehrwöchigen Betriebsurlaub aus, so wurde nach dessen Ablauf sehr bald klar, daß an eine Wiedereröffnung nicht zu denken war. Nicht einmal die Schaufenster mit den Displays der großen Schnapsmarken, der spaßigen Pinguin-Dekoration und der bei 1 Uhr 35 stehengebliebenen Wanduhr waren ausgeräumt, überall sammelten sich Spinnweben und Unrat an – alle Zeichen deuteten auf Flucht.

Von *geordnetem* Rückzug kann ich hingegen berichten, was das Mini-Puff betrifft, das für ein paar Jahre in meinem Nachbarhaus Unterschlupf gefunden hatte. Durch einen separaten Eingang mit der Außenwelt verbunden, wurde das Etablissement von einer einzelnen, mehrmals wechselnden Dame betrieben; leicht bekleidet sah man sie gelegentlich ihren Arbeitsplatz verlassen und im nahen Supermarkt ihre Sektvorräte aufstocken. Aufmerksame Anrainer, über das Rotlicht-Einsprengsel in ihrem Wohnbezirk die Nase rümpfend, wußten von behördlichen Vorsichtsmaßnahmen zu berichten, die der Eröffnung des Lokals vorausgegangen waren: von Messungen, die sicherzustellen hatten, daß der gesetzlich vorgeschriebene Mindestabstand zum nächstgelegenen Kindersammelpunkt (es handelt sich um die tschechische Komensky-Schule am gegenüberliegenden Sebastianplatz) eingehalten worden war.

Auch bezüglich der Freier gab es kaum Grund zur Beanstandung: Der Betrieb lief diskret ab, die offensichtlich präzisen telefonischen Absprachen ließen weder Wartezeiten noch gar Gedränge aufkommen, ja ein am Eingang befestigtes Messingschild informierte sogar hochoffiziell über die

»Öffnungszeiten« (die im Bedarfsfall, durch einen improvisierten Handzettel kundgemacht, um zwei, drei Stunden verlängert werden konnten). Abscheu erregte nur jener böswillige Scherzbold, der in der vorübergehend an die Tür gehefteten Mitteilung »Derzeit wegen Grippe geschlossen« handschriftlich das Wort »Grippe« gegen das Wort »Aids« ausgetauscht hatte. Auch wegen notwendig gewordener Renovierungsarbeiten stand eine Zeit lang der Betrieb still: Chance für neugierig-beherzte Passanten, einen Blick ins verruchte Innere der Lokalität zu werfen. Ein in unmittelbarer Nachbarschaft wohnender hochbetagter Opernsänger soll es bei dieser Gelegenheit sogar gewagt haben, sich in holder Ahnungslosigkeit nach Sinn und Zweck des ominösen Treibens zu erkundigen: »Was wird hier geboten?« Als man ihn eingeweiht hatte, habe er flugs, so lautet die Fama, mit den Worten »Nein, danke, das ist nichts für mich« das Weite gesucht.

Wer heute an dem Haus Neulinggasse Nr. 7 vorüberkommt, findet von der seinerzeitigen Nutzung der Örtlichkeit keinerlei Spuren vor: Das Haus ist umgebaut worden; die von dem Schandfleck befreiten Mieter stellen in dem einstigen Liebesnest nunmehr ihre Fahrräder ab.

Vollends harmlos ist dagegen, was sich rund um das gegenüberliegende Haus abspielt. Hier waltet seit vielen Jahren eine Hausbesorgerin ihres Amtes, die aus ihrem serbischen Heimatdorf eine Sitte mitgebracht hat, die in unseren Breiten längst verkümmert, ja ausgestorben ist: das Kuppeln. Draga dürfte um die siebzig sein, ist von robuster Gestalt und fröhlichem Naturell; ich sehe sie oft, mit dem Besen in der Hand, den Gehsteig kehren. Draga ist eine kontaktfreudige Person: Um mit den Anrainern, die sie allesamt kennen und mögen,

Der Alltagsmensch

ins Gespräch zu kommen, zieht sie ihre Arbeit bewußt in die Länge – ich erkenne es daran, daß sie, wenn ich von meinen Einkäufen zurückkehre, immer noch mit denselben Leuten beisammensteht.

Dragas Anhänglichkeit geht so weit, daß sie bei jeder Begegnung mit mir, auch wenn inzwischen nur ein paar Minuten verstrichen sind, ihren Gruß wiederholt, und selbstverständlich tue ich desgleichen. Auch ihre unablässigen Versuche, mich, den sie meistens ohne Begleitung antrifft, mit einer »scheene junge Frau« aus ihrer Heimat zu verkuppeln, lasse ich geduldig über mich ergehen. Draga geht dabei systematisch vor: Auf die Frage »Wo ist Hündchen?« folgt die Frage »Wo ist Frau?«, und beim Stichwort »Frau« holt sie zu emphatischer Beschreibung der »Kandidatin« aus, die sie für mich ausersehen hat. Da sie diesbezüglich über einen riesigen Vorrat zu verfügen scheint, überrascht sie mich mit immer neuen Angeboten – Draga läßt nicht locker. Um sie nicht andauernd zu enttäuschen, bin ich in letzter Zeit dazu übergegangen, bei ihrem Anblick die Straßenseite zu wechseln. Aber ist das anständig?

Nicht klären konnte ich bis jetzt, was es mit der angeblichen Hexe auf sich hat, die laut Bezirkstratsch von dem achtstöckigen Gemeindebau aus operiert, der meinem Domizil gegenüberliegt. Zwar trennt uns der achtzig Meter lange Park des Sebastianplatzes, doch gewährt der schüttere Baumbestand den ungehindert freien Durchblick zu mir, und im übrigen: Wenn es sich bei der ominösen Person tatsächlich um eine Hexe handelt, wird sie, so denke ich, über ganz andere Mittel verfügen, ihre Taten oder Untaten zu vollführen. Da Hexen heutzutage nicht mehr auf den Scheiterhaufen geschleppt

184

und unter dem Jubel der Zuschauer verbrannt werden, sondern einem ganz legalen Beruf nachgehen, für den es gesetzlichen Schutz, feste Tarife und Pensionsanspruch gibt, sollten ihre Daten eigentlich im amtlichen Telefonbuch zu finden sein – und zwar auf den so genannten Gelben Seiten, die jeglichem und sei es noch so ausgefallenen Gewerbe zu Insertionszwecken offenstehen. Da gibt es Einträge unter den Stichworten Astrologie und Aromatherapie, auch Firmen für Blitzableiter und Bauchtanz fehlen nicht unter den Anbietern. Nur die Hexen – sie bleiben ausgespart. Wie sollen sie da an Kunden gelangen, die mal eben eine ordentliche Verfluchung eines mißliebigen Nachbarn in Auftrag geben wollen?

Es ist wahr: Das Grätzel, in dem ich nun seit dreißig Jahren lebe, ist voller Rätsel. Eines, an dessen Lösung ich seit langem kiefele, betrifft den Schriftsteller Gernot Wolfgruber. Der 1944 im niederösterreichischen Gmünd Geborene brachte es mit seinen in den Siebzigerjahren veröffentlichten Romanen »Auf freiem Fuß«, »Herrenjahre« und »Niemandsland« zu bis heute anhaltendem Ruhm; zusammen mit Kollegen wie etwa Franz Innerhofer bildete er die von Publikum wie Medien gefeierte Garde der aus engen Provinzverhältnissen hervorgegangenen Nachwuchshoffnungen der österreichischen Literaturszene; seine stark autobiographisch gefärbten Entwicklungsromane zählten zu den Glanzlichtern im Programm des damals führenden Belletristikverlags Residenz.

Daß Wolfgruber nun schon seit bald dreißig Jahren schweigt und seine Leser trotz anhaltenden Drängens der Verleger, Buchhändler und Kritiker vergebens auf ein neues Werk warten läßt, bereitet auch mir Kopfzerbrechen – und mir nicht

Der Alltagsmensch

zuletzt deshalb, weil wir Nachbarn sind. Der mittlerweile 68jährige lebt seit vielen Jahren in der nur wenige Schritte von meinem Domizil entfernten Riesgasse, wieder und wieder begegne ich dem stillen, stets in sich gekehrt wirkenden Mann, und es wäre für mich ein Leichtes, ihn anzusprechen, ihn für seine Stärke, sich konsequent der schrillen Betriebsamkeit des Buchmarktes fernzuhalten, zu bewundern und vor allem in den Chor derer einzustimmen, die es mit dem Verlangen nach einem Wiedererstarken seiner Stimme ernst meinen. Doch sein verschlossener Gesichtsausdruck, dem niemals auch nur das kleinste Lächeln anzumerken ist, hindert mich daran. Ich bin und bleibe also auf die Hoffnung angewiesen, eines Tages vielleicht doch im Schaufenster der nahen Buchhandlung, in der ich vorzeiten einer seiner seltenen Lesungen beigewohnt habe, auf seinen Namen zu stoßen – auf dem Cover des langersehnten neuen »Wolfgruber«.

Den stummen Begegnungen mit dem schweigsamen Schriftstellerkollegen stehen andere gegenüber, bei denen es höchst beredt zugeht. Ich denke an Herbert Lederer, den langjährigen Prinzipal des legendären Ein-Mann-Theaters am Schwedenplatz, dessen Wege sich mit den meinen kreuzen, wenn er an der Seite seiner gleichfalls hochbetagten Frau den Arenbergpark durchquert – Philemon und Baucis wie aus dem Bilderbuch. Rührend auch der Anblick des lieben alten Hofrats aus dem damaligen Unterrichtsministerium, der es sich trotz Gehbehinderung und Einkaufswagerl nicht nehmen läßt, vor mir den Hut zu ziehen. Und nicht zu vergessen die bezaubernde Supermarktkassierin aus Thailand, die mich, Familiennamen und Vornamen verwechselnd, seit Jahr und Tag mit »Herr Dietmar« anspricht. Waffengleichheit auf asiatisch …

186

Auch von einem Namenswechsel im gastronomischen Bereich ist zu berichten. Ecke Ungargasse/Dapontegasse eröffnete vor circa zwölf Jahren ein vegetarisches Restaurant. Alle Zeichen standen auf durchschlagenden Erfolg: gute Lage, vorzügliche Küche, freundliches Personal. Daß dennoch die Gäste ausblieben, ja die alsbaldige Schließung drohte, lag an dem Namen, den die (aus Taiwan stammenden) Betreiber für ihr Lokal gewählt hatten: Lecker. Hatte denn niemand die ahnungslosen Wirtsleute darüber aufgeklärt, daß es für das österreichische Ohr kaum ein schlimmeres Wort gibt als das zackig-deutsche »lecker«? Gerade noch rechtzeitig entschloss man sich zu einer Umbenennung, und von da an war und ist das Vegetasia, wie es nunmehr heißt, Abend für Abend ausgebucht.

Hussein

Hussein ist um die vierzig Jahre alt, stammt aus Bangladesch und lebt seit 1992 in Wien. Der stämmige Schwarzhaarige mit dem hellbraunen Teint und dem mittelhohen Wuchs zählt zu jener vielhundertköpfigen Brigade von Kolporteuren, die allabendlich an den verschiedensten Standorten Wiens, vornehmlich solchen mit starkem Passantenaufkommen, die Frühausgaben der Zeitungen vom folgenden Tag anbieten. An ihrem leuchtend gelben Umhang erkennt man sie schon von weitem; ihre »Ware« tragen sie entweder in der Hand oder breiten sie neben sich auf dem Gehsteigpflaster aus. Je nach Temperament verharren sie an dem ihnen zugewiesenen Platz oder schwärmen in die umliegenden Häuserviertel, Gassen und Lokale aus, und wenn sie zu den besonders

Der Alltagsmensch

Furchtlosen und Beweglichen gehören, behalten sie auch die vorbeifahrenden Autos im Auge und bedienen ihre Kundschaft durch die heruntergekurbelten Wagenfenster. Daß sie dabei so manches waghalsige Manöver auf sich nehmen, zählt zu ihrem Berufsrisiko. Doch geschickt, wie sie sind, kommen sie mit den Gefahren des Straßenverkehrs gut zurecht – man hat kaum je von einem Unfall gehört, in den einer der Zeitungskolporteure verstrickt worden wäre oder den er gar selber verursacht hätte.

Gäbe es für Einsatzfreude und Verkaufsgeschick der Wiener Nachtkolporteure Noten, erhielte Hussein mit Sicherheit eine Eins: Er zählt zu den Besten seines Fachs. Seit nunmehr 18 Jahren stets am gleichen Platz tätig, verfügt er über einen Erfahrungsvorsprung, den sich ein Nachfolger erst unter Mühen erarbeiten müßte. Hussein kennt seinen Kundenstamm, dessen Wünsche und Gewohnheiten, und er weiß vor allem auch, wie man es anstellt, stetig neue Abnehmer hinzuzugewinnen. Am liebsten sind ihm diejenigen, die gerade kein Kleingeld bei sich haben: Er weiß, sie kommen am nächsten Tag wieder, um ihre Schulden zu begleichen, und tätigen bei dieser Gelegenheit gleich einen weiteren Kauf. Auch die Art, wie er auf die Besonderheiten mancher Kunden eingeht, trägt Hussein Sympathie ein: Älteren Leuten, die sich beim Hantieren mit dem Geldbörsel schwertun, nimmt er Einkaufstasche und Schirm ab; Unschlüssige läßt er geduldig in den aufliegenden Zeitungen blättern, bis sie in Ruhe ihre Wahl getroffen haben; und selbstverständlich unterläßt er es nie, sich für das Trinkgeld, das ihm so gut wie jeder seiner Kunden zukommen läßt, artig zu bedanken. Mich behandelt er besonders zuvorkommend, seitdem ich ihm verraten habe, daß ich meine Kaufentscheidung bereits beim morgendlichen

188

Zigarettenerwerb in der Trafik treffe, den Zeitungskauf selbst jedoch bis zum Abend zurückstelle und bei ihm tätige, dem auf jeden Zusatz-Cent Angewiesenen.

Husseins Standort ist die Straßenkreuzung Ungargasse/Neulinggasse im 3. Bezirk: Hier ist er allabendlich von 18 bis 21 Uhr die beherrschende Figur, hier hält er Hof. Sein scharfer Blick verrät ihm, wer von den Passanten aus freiem Willen auf ihn zusteuert, wer ihm zu entweichen versucht, wen er zum Kauf überreden und wem er, wenn alles andere nicht zum Ziel führt, vielleicht gar nachlaufen muß. Nichts überläßt er dem Zufall, alles folgt einer wohldurchdachten Strategie. So wie es in Wien seit Urzeiten zu einem gutgeführten Kaffeehaus gehört, daß es sich wenn irgend möglich in einem Eckhaus mit beidseitiger Fensterfront befindet, setzt auch Hussein auf die Magie der Ecke: Von seinem Platz aus überblickt er sowohl die Ungar- wie die Neulinggasse, sowohl die Straßenbahn- wie die Bushaltestellen (in beide Richtungen), sowohl den Taxistandplatz wie die umliegenden Gastwirtschaften, und das überdachte Portal der Buchhandlung, das seine eigentliche Operationsbasis bildet, dient ihm zugleich als regengeschützte Verkaufsfläche, auf der in bunter Vielfalt sein Zeitungssortiment ausgebreitet ist. Obwohl die Buchhandlung erst um 18 Uhr 30 schließt, späte Kunden also, um ins Innere des Ladens vorzudringen, über Husseins Zeitungsstapel klettern müssen, läßt man ihn freundlich-nachsichtig gewähren. Ja, es kommt vor, daß er sogar der Buchhändlerin seine Ware aufdrängt, obwohl diese neben ihrem Bücherangebot auch eine kleine Zeitungsabteilung betreibt. Ich erwähne dies nur, um das hohe Maß an Beliebtheit hervorzuheben, dessen sich Hussein in unserem Grätzel erfreut. Man stelle

Der Alltagsmensch

sich vor: Die Buchhändlerin deckt sich vor Geschäftsschluß bei ihrem »Untermieter« mit ebenjenen Illustrierten ein, die sie tags darauf selber ihrer Kundschaft anbietet! Fremdenfeindlichkeit, wie man sie uns Wienern immer wieder vorhält, schaut anders aus …

Hussein ist ein Musterbeispiel für gelungene Integration – und zwar von beiden Seiten. Ich erinnere mich an seine Frühzeit in unserem Grätzel, als er noch einen Turban trug. Die rituelle Kopfbedeckung stand ihm vorzüglich, und auch unserem Wohnbezirk, der damals noch nicht von Immigranten überlaufen und durch und durch bürgerlich war, tat ein Schuß Exotik gut. Wieso Hussein von einem Tag auf den anderen den Turban ablegte, ist schwer zu sagen. Ist er seinem muslimischen Glauben abtrünnig geworden? Wollte er uns gegenüber ein Zeichen der Assimilation setzen? Oder wollte er einfach nur den Kopf frei haben?

Was ich an ihm besonders bewundere, ist Husseins Gleichmut: Nie wird man ihn, auch wenn er strömendem Regen und wüstestem Sturm ausgesetzt ist, über Schlechtwetter klagen hören, und auf die Frage nach urlaubsbedingtem Geschäftsrückgang während der Hochsommersaison antwortet er nur mit stoischem Achselzucken. Phänomenal auch sein hervorragendes Gedächtnis. Hussein merkt sich über Wochen und Monate, welche Zeitungen man bei ihm eingekauft hat (was allerdings dazu führt, daß er wenig Verständnis für Kunden aufbringt, die eines Tages auf andere Blätter umsteigen oder gar überhaupt »abspringen«).

In letzter Zeit machen wir uns Sorgen um Hussein und seinen Verbleib. Es mehren sich die Zeichen für einen drohenden Rückzug unseres Lieblings. Wie anders sollte es zu deuten sein, daß er sich mit zunehmender Häufigkeit von einem jüngeren Kollegen vertreten läßt? Und was ist von dem hektischen Gemauschel zu halten, das er, für unser Ohr unverständlich, mit seinem Landsmann führt? Bahnt sich da womöglich die Einschulung eines Nachfolgers an?

Argwöhnisch beäugen wir auch die schöne junge Frau, die wir ab und zu an seiner Seite sehen: Sollte Hussein am Ende in den Ehestand treten, eine Familie gründen und mit Kind und Kegel in sein Heimatland zurückkehren wollen?

Selbstverständlich gönnen wir ihm von Herzen jedes Glück. Aber muß das unbedingt auf unsere Kosten gehen? Der Abschied von Hussein, sollte er tatsächlich unabwendbar sein, fiele uns verdammt schwer. Wäre es vielleicht eine zielführende Gegenmaßnahme von uns Stammkunden, wenn wir unsere Einkäufe bei Hussein verstärkten und auch den Trinkgeldanteil anhöben? Plumpe Bestechung im Widerstreit mit menschlichem Verständnis – keine leichte Entscheidung!

Ein Dackel muß es sein!

Fast alle Bücher sind heutzutage auf einer der beiden Innenseiten des Schutzumschlages mit einem Foto des Autors ausgestattet. Man will schließlich wissen, wie diese Person aussieht, mit deren Opus man sich Stunden, vielleicht Tage oder Wochen beschäftigen wird: Ist er jung oder alt, häßlich oder schön, hat er eine Durchschnittsvisage oder einen Charakterkopf? Das Autorenporträt ist fast ebenso wichtig wie der sogenannte Klappentext, der, gleichfalls auf dem Schutzumschlag plaziert, in knappen Worten über den Inhalt des Buches unterrichtet.

Der Alltagsmensch

Auch *meine* Bücher folgen dieser Regel. Das Foto, das mein Verlag für diesen Zweck ausgewählt hat und nun schon seit einigen Jahren verwendet, zeigt mich an der Seite eines Hündchens, dem ich offensichtlich zugetan bin, und auch das gute Tier läßt erkennen, daß es sich auf meinem Schoß wohlfühlt. Auf einem bequemen Fauteuil ruhend und entspannt in die Kamera blickend, bilden wir zwei ein harmonisches Gespann, das nur einen Schluß zuläßt: Der niedliche kleine Vertreter der weitverbreiteten Gattung White Highland Terrier ist *mein* Hund.

Er ist es aber nicht. Dascha gehört einer lieben Freundin von mir, die noch dazu nicht in Wien lebt, sondern im weit entfernten Lippstadt, hoch droben in Westfalen. Ich war wieder einmal bei Juliane zu Besuch, man unternahm dies und das, ging miteinander ins Theater, traf sich zu anregenden Gesprächen in der guten Stube oder zu erholsamen Spaziergängen in und außerhalb der Stadt, nahm gemeinsam die Mahlzeiten ein. Und es wurde fleißig fotografiert. Da Juliane und ihr Hündchen eine innige Zuneigung verbindet, war es unausbleiblich, daß auch Dascha wieder und wieder ins Bild kam – und bei einer dieser vielen Gelegenheiten eben auch zusammen mit mir.

Es war ein gelungener Schnappschuß, an dem alle – die Gastgeberin, der Gast und hoffentlich auch Hündin Dascha – ihre Freude hatten, und so ergab es sich, daß ich meinem Verlag, als er eines Tages nach einem neuen Autorenporträt verlangte, dieses Bild anbot. Trotz gewisser Einwände, der Hund auf meinem Schoß könnte vom eigentlichen Zweck, nämlich dem Konterfei des Autors ablenken, setzte ich mich mit meinem Wunsch durch, und so landeten Dascha und ich auf dem Schutzumschlag meines nächsten Buches. Ja, nicht

192

Ein Dackel muß es sein!

nur das: Auch in den Verlagsprospekten, auf den Veranstaltungsplakaten und in zahlreichen Zeitungsveröffentlichungen traten Dascha und ich gemeinsam auf – das Bild mit dem White Highland Terrier aus Lippstadt wurde mit der Zeit zu meinem Markenzeichen.

Was ich dabei allerdings nicht bedacht hatte, war die Neugier meiner Leser: Immer wieder wurde (und werde) ich gefragt, wie denn »mein« Hund heiße, welches Alter er habe und welches Geschlecht, wie ich mit ihm zurechtkäme, wie oft ich mit ihm äußerln ginge, welche Leckerbissen er bevorzuge und so weiter und so fort.

Wenn ich dann, in die Enge getrieben, eingestand, daß Dascha gar nicht mir gehöre, sondern meiner eine Tagesreise von Wien entfernt lebenden Freundin Juliane, machte sich auf den Gesichtern mancher der Fragenden Enttäuschung breit. Vor allem in der Hundestadt Wien zeigte man sich mit meiner Auskunft unzufrieden, und ganz schlimm war es, wenn ich, von Bekannten zu einem Besuch eingeladen, von meinen Gastgebern mit der Frage empfangen wurde: »Ja, wieso haben Sie denn nicht Ihr Hunderl mitgebracht?« Besonders enttäuscht war die Geschäftsführerin einer Wiener Buchhandlung, die zu einer Lesung mit mir eingeladen und schon das »Schüsserl« für den vierbeinigen Begleiter hergerichtet hatte. Ich glaube, Dascha wäre mächtig stolz, wenn sie wüßte, wie groß das Interesse für ihre Person ist, wie viele Menschen sich nach ihrem Befinden erkundigen, wie viele sie an der Zuneigung, deren ich mich erfreuen darf, teilhaben lassen.

Vielleicht aber wäre sie auch beleidigt. Denn Dascha ist nicht nur nicht mein Hund, sondern – um der Wahrheit die

Der Alltagsmensch

Ehre zu geben – noch nicht mal meine Rasse. Ich mag den kleinen Kerl von Herzen gern, spiele und schmuse mit ihr bei jedem unserer Wiedersehen und schicke ihr zu jedem ihrer Geburtstage ein Packerl Leckerli, die sie, wie mir berichtet wird, mit Heißhunger verschlingt. Aber meine eigentliche große Liebe gilt einer anderen Hundegattung und das, so weit ich zurückdenken kann: dem Dackel. Der Dackel ist in meinen Augen die Krone der Schöpfung, und es zählt zu den größten Defiziten meines Lebens, daß ich es niemals geschafft habe, selber zum Dackelbesitzer zu werden, sondern mich stets damit begnügen mußte, an den Wonnen jener anderen zu partizipieren, denen das Glück beschieden war, eines dieser wunderbaren Tiere ihr eigen zu nennen. Mein unsteter, von umfangreicher Reisetätigkeit geprägter Lebenswandel hat jede Art von Hundehaltung unmöglich gemacht, und insbesondere einem so eigensinnigen und temperamentvollen Gefährten wie dem Dackel könnte ich es unmöglich antun, ihn permanent und über längere Zeitspannen im Stich zu lassen.

So kam es, daß ich, um meiner Dackelleidenschaft zu frönen, mich mein Leben lang mit der Nebenrolle des Mitliebenden begnügen mußte. Die Dackelbesitzer unter meinen Freunden und Bekannten wissen ein Lied davon zu singen: Wieder und wieder dränge ich mich ihnen, um dem Objekt meiner Zuneigung nahe zu sein, mit Besuchen auf; Urlaubern, die ihrem »Waldi« keine Reisestrapazen zumuten wollen, stehe ich als Pflegevertretung zu Diensten; und kommt es einmal zu einer allzu langen dackellosen Zeitspanne, halte ich mich ohne jede Hemmung an jenen Fremden schadlos, denen ich da oder dort beim Äußerln ihres Lieblings begegne, spreche sie ungefragt auf ihren Dackel an,

Ein Dackel muß es sein!

überschütte sie mit Komplimenten und beneide sie um ihr Glück.

Natürlich gibt es Gründe für meine einseitige Ausrichtung auf die Gattung Dackel, und wie bei so vielen Marotten, mit denen ich meinen Mitmenschen auf die Nerven gehe, spielt auch bei dieser mein Wohnort Wien eine entscheidende Rolle. Von Kind an, was meine tierischen Präferenzen betrifft, nach allen Richtungen offen, hätten ebensogut Katze oder Kakadu, Grille oder Leguan meine Favoriten werden können. Meine beiden Brüder, der eine zwei, der andere vier Jahre älter als ich, waren in dieser Hinsicht die bestimmenden Kräfte: Hans Rudolf hielt es mit den Zierfischen, Helmut mit den Zwergvögeln.

Ich selber brachte es nur – und auch das bloß für die Lebensdauer eines einzigen Exemplars – zu einem Goldhamster; in späteren Jahren begnügte ich mich überhaupt mit Tierkontakten in der Außenwelt, erfreute mich am Gesang der Amsel vor meinem Fenster und fütterte die Krähen im Park. Nur bei den klugen Dohlen wäre ich um ein Haar schwach geworden: Ich hörte von durch Verletzungen fluguntauglich gewordenen Exemplaren, die man auf Burg Kreuzenstein erwerben, zu sich nehmen und daheim aufziehen könne; das Beispiel des Bildhauers Fritz Wotruba, dem es gelungen war, seine Dohle »Hansi« sogar zum Sprechen zu bringen, bereitete mir große Lust, es ihm gleichzutun. Doch ich schob den Ausflug nach Kreuzenstein immer wieder auf, und schließlich nahm ich von der Idee, mir eine Dohle zu halten, gänzlich Abstand. Wieso war ich dem geliebten Federvieh auf einmal untreu geworden? Der Dackel war es, der mir plötzlich in die Quere gekommen war.

Der Alltagsmensch

Es gab eine befreundete Familie, die mich häufig in ihr Haus einlud. Sie wohnten in der Nähe von Schönbrunn, führten eine exzellente Küche, an deren Leckerbissen ich teilhaben durfte, waren leidenschaftliche Spaziergänger, die mich zu ihren Ausflügen rund um Wien mitnahmen, und – sie hatten einen Dackel. Zuerst einen braunen, dann, nach dessen Ableben, einen schwarzen, beide vom »klassischen«, vom kurzhaarig-glatten Typ. Und beide, Waldi wie Ruppi, waren der erklärte Liebling, ja der Mittelpunkt des Hauses.

Es gefiel mir, daß man den Gast in den Dackelkult mit einbezog: Ich durfte mit den beiden äußerln gehen, durfte ihnen bei ihren Streichen zuschauen, durfte sie stundenweise sogar zu mir nehmen – Waldi wie Ruppi wuchsen mir ans Herz. An ihrer Seite, ja von ihnen angeführt, lernte ich die Schönheiten der Wiener Vorortbezirke kennen, die verwunschensten Praterpfade, die verschwiegensten Wanderwege zwischen Bisamberg und Helenental. Was mich an den munteren Gesellen besonders entzückte, war ihre an Rücksichtslosigkeit grenzende Durchsetzungskraft, die sich zum Beispiel immer dann äußerte, wenn es bei Weggabelungen um die Entscheidung ging, in welcher Richtung die angetretene Wanderung fortzusetzen sei. Vor allem Ruppi, der Jüngere, hatte da ein ganz klares Konzept: Er lief vor uns her, uns anderen meistens weit voraus, und näherte er sich einer Weggabelung, blieb er stehen, blickte einen kurzen Moment zu uns zurück und vergewisserte sich, daß wir ihn im Auge behalten und somit seine (längst getroffene) Entscheidung zur Kenntnis genommen hatten. Eine Widerrede seitens seiner Begleitung war weder vorgesehen noch möglich – wir Masochisten trotteten willig hinterdrein.

196

Ein Dackel muß es sein!

Leihonkelglück mit »Waldi«

Der Alltagsmensch

Es gab viele solcher Vorfälle, die uns gnadenlos in die Schranken wiesen – etwa, wenn Ruppi wieder einmal durchbrannte, von seinen Begleitern – zuerst flehend, dann drohend und schließlich wütend – zur Ordnung gerufen wurde und dennoch unauffindbar blieb. Irgendwo und irgendwann (und sichtlich schlechten Gewissens) tauchte der Strawanzer dann doch auf, und was tat er, um die drohende Bestrafung für seinen Ungehorsam abzuwenden? Er hob das Haxl und täuschte ein dringendes Bedürfnis vor. Überflüssig zu erwähnen, daß von Sanktionen keine Rede sein konnte: Überglücklich schlossen wir den unerziehbaren Autisten in die Arme, alles war wieder gut, und Ruppi übernahm für den weiteren Verlauf unserer Wanderung aufs Neue die Führung.

Ruppi und Waldi sind inzwischen seit vielen Jahren im Hundehimmel, und nach einer Reihe von Todesfällen in »ihrer« Familie haben sie auch keinerlei Nachfolger gefunden. Was aber geblieben ist (und nicht nur bei ihrem eigentlichen Herrl und dessen Anhang, sondern auch beim »Leihonkel«: bei mir), ist die geradezu manische Liebe zum Typus Dackel – auch wenn es mit den Jahren schwerer und schwerer geworden ist, diese Liebe auszuleben, denn die Dackel sind – nicht nur in Wien – knapp geworden, von anderen, »modischeren« Rassen in den Hintergrund gedrängt. Ob der Dackel (oder Dachshund), wie er hierzulande, der Bassotto, wie er in Italien, oder die Salchicha, wie er in Spanien genannt wird, eines Tages eine triumphale Wiederkehr erleben wird – wir wissen es nicht. Aber in meinem Herzen wird der lustige Filou immer seinen festen Platz haben.

198

Ein Dackel muß es sein!

Kürzlich rief die ORF-Redakteurin Ruth Rybarski an. Ihrerseits eher den Katzen zugetan (über die sie zwei zauberhafte Bücher geschrieben hat), weiß sie von meiner Dackelleidenschaft und versuchte daher, als sie im Zuge ihrer Nebentätigkeit für eine der Wiener Tierschutzorganisationen von einem herrenlosen Dackel erfuhr, für den ein guter Platz gesucht wurde, das betreffende Tier an mich zu vermitteln. Zu meinem Kummer mußte ich ihr absagen: Mit meinen 78 bin ich leider zu alt dafür. Das kann man einem Hund nicht antun. Es bleibt also, was mich betrifft, weiterhin bei der bescheidenen Rolle des »Leihonkels«. Immerhin darf ich ab und zu beim schönsten Dackel von Wien einspringen: Balsa, der Liebling der mit mir befreundeten Konzertpianistin Anika Vavic, ist ein mit allen Zertifikaten ausgestattetes Prachtexemplar aus edelster Belgrader Zucht, bei dem die Besitzer läufiger Dackelinen, wie ich höre, Schlange stehen. Es besteht also Hoffnung, daß die Ära dieser wunderbaren Tiere doch noch nicht gänzlich beendet ist.

Viel Spaß habe ich auch mit Egon, dem schon bejahrten Dackelrüden meiner Hausnachbarin Doris A. Ich wurde selber Zeuge eines Vorfalls, der auf eindrucksvolle Weise belegt, in welch heikle, aber auch glücksstiftende Situationen die Eigensinnigkeit des Dackels dessen Besitzer bringen kann. Frau A. war mit Egon in unserer Gasse äußerln, wie gewohnt ging das gute Tier seiner Wege, war durch nichts dazu zu bewegen, zu seinem Frauerl zurückzukehren. Immer lauter, immer verzweifelter, immer grimmiger wurden ihre Rufe: »Egon, Egon!« schallte es durch die Neulinggasse. Da kam ein vornehmer älterer Herr des Weges, hielt in seinen Schritten inne und wandte sich scheinbar entrüstet der Ruferin zu – mit den Worten: »Entschuldigen Sie, gnädige Frau,

199

Der Alltagsmensch

aber seit wann sind wir per du?« Es war – wie der Dackel der
Frau A. – ein Egon. Wie ich einige Zeit später erfuhr, erwuchs
aus diesem zufälligen Zusammentreffen eine Freundschaft,
die seither von beiden Seiten angelegentlich gepflegt wird, ja
floriert, und es würde mich nicht wundern, wenn Frau Doris
und Herr Egon eines Tages vor den Traualtar treten würden
– mit Dackel Egon als Trauzeugen.

Der Autor

Signierstunde

Schriftsteller schreiben Bücher, schreiben Briefe, schreiben Widmungen. Letzteres schreiben sie am liebsten: Ein Autogramm, dazu noch ein zwei Grußzeilen – was wäre leichter als das? Und beide Seiten freut's: Der Leser trägt ein persönliches Andenken des Autors nachhause, und der Autor hat nicht nur ein weiteres Buchexemplar an den Mann gebracht, sondern auch eine neue Bekanntschaft geschlossen, die vielleicht von Dauer sein wird – im Idealfall gar von Buch zu Buch.

Bei den Superstars der Branche, den sogenannten Großschriftstellern, ist das Signieren eine flüchtige Angelegenheit: Im Angesicht der Endlosschlange Wartender reicht es nur für eine in Rekordzeit hingefetzte Unterschrift, ein Sekundenblickwechsel ist schon das höchste der Gefühle, Fragesteller werden vom den Verkauf abwickelnden Personal abgedrängt.

Was mich betrifft, so spiele ich in einer Liga, in der es beim Signieren weniger gehetzt zugeht: Da bleibt schon auch Zeit für ein kurzes »Kundengespräch«, und auch Sonderwünsche werden gern erfüllt. Die Ansprüche, die diesbezüglich an den Autor gestellt werden, könnten allerdings unterschiedlicher nicht sein: Begnügen sich die einen mit dem bloßen Namenszug, bestehen andere auf der Hinzufügung des Veranstaltungsdatums, wieder andere möchten neben dem des Autors auch ihren eigenen Namen verewigt sehen, und besonders Beharrliche erkühnen sich sogar, in die Formulierung des Widmungstextes einzugreifen – etwa nach dem Muster »Bitte könnten Sie hineinschreiben: ›Für Kunigunde und Adalbert mit herzlichen Glückwünschen zur Goldenen Hochzeit!‹«

Ich komme solchen Wünschen gerne nach und ernte dafür Dank. Nur, wenn mir allzu intime Eingriffe ins Privatleben der Bittsteller zugemutet werden, muß ich passen. Widmungswünsche wie »Liebe Mathilde, bleib wie du bist!« kann ich schwerlich erfüllen: Weiß ich denn, wie sie *ist*, die mir gänzlich unbekannte Mathilde? Und woher nehme ich das Recht, ihr anzuraten, zu *bleiben* wie sie ist? Was ist, wenn sie ein rechtes Luder ist und ich sie mit meiner Widmung darin noch bestärke?

Auch bei der Niederschrift des Empfängernamens heißt es aufpassen. Es war nach einer Lesung in einer Wiener Buchhandlung, eine lange Schlange drängte sich vor dem Signiertisch, einen nach dem anderen fertigte ich brav ab. Einer der Interessenten, ein soignierter älterer Herr, hatte seine Visitenkarte in das soeben erworbene Buchexemplar eingelegt. Ich ahnte den Grund: Er trug einen komplizierten, auf slawische Abkunft hindeutenden Namen, wollte offensichtlich sicherstellen, daß mir beim Abschreiben kein Fehler unterlief. Als ich schon im Begriff war, Buchstabe für Buchstabe und Hatschek für Hatschek seinen schwierigen Namen auf die Widmungsseite zu übertragen, warf ich noch einen zweiten Blick auf die mir ausgehändigte Visitenkarte – und was las ich da? Eine ganze Serie von Berufstiteln: Professor, Doktor, Magister, Hofrat. Um nur ja nichts falsch zu machen, fragte ich sicherheitshalber zurück: »Aber die Titel – die lassen wir wohl weg?« Mit einem Anflug von Entrüstung kam die Antwort:

Zweite Heimat Amalthea-Verlag (der Autor mit Helmut Qualtinger, Zeichner Rudolf Angerer und Verleger Dr. Herbert Fleissner)

»Na, den Hofrat – den hätt' ich aber schon gern dabei!« Mit viel Glück gelang es mir, die Situation zu retten und den begehrten Titel in den schon halbfertigen Widmungstext einzufügen. Ich bin mir sicher, ohne den »Hofrat« wäre das Buch für dessen Besitzer wertlos gewesen ...

Mit vielen Kollegen teile ich den Wunsch, mit meinen Büchern auch möglichst *junge* Leser anzusprechen. Da sich meine Klientel eher aus den reiferen Jahrgängen zusammensetzt, ist die Freude immer besonders groß, wenn mir ein Teenager ein Buch zum Signieren überreicht. Im gegenständlichen Fall handelte es sich um einen Burschen von schätzungsweise 17 Jahren, er bat um eine persönliche Widmung, ich fragte

ihn nach seinem Namen. Doch kaum hatte ich dazu angesetzt, den Namen niederzuschreiben, stoppte er den Vorgang
– mit den ernüchternden Worten: »Entschuldigen Sie, aber
das Buch ist nicht für mich, sondern für die Oma!«

Auch mit den vorgedruckten Buchwidmungen kann es zu
Komplikationen kommen. Viele Autoren (darunter auch ich)
pflegen ihre Bücher einem bestimmten, ihnen nahestehenden Menschen zu dedizieren: ihrer Ehefrau, ihren Kindern,
einem verehrten Vorbild oder auch einer Person, die sich um
das Zustandekommen des betreffenden Werkes besonders
verdient gemacht hat. Der Autor geht dabei in der Regel
diskret vor, läßt den Namen nicht voll ausdrucken, sondern
beläßt es bei dem Vornamen und eröffnet damit der Deu-
tungsphantasie der neugierigen Leserschaft breiten Spiel-
raum. »Für Erika« lautete die Widmungszeile in einem meiner Bücher. Als der Titel auf den Markt kam und seine erste
Abnehmerschaft erreicht hatte, meldeten sich nacheinander
drei mir näher bekannte Erikas – und alle drei, um sich zu
vergewissern, ob sie damit gemeint seien (und falls ja, sich für
die ehrenvolle Geste zu bedanken). Feig, wie ich bin, beließ
ich alle drei in dem Glauben, die »Richtige« zu sein – dabei
waren sie es doch nur zu einem Drittel. Um solche Peinlich-
keiten hintanzuhalten, empfiehlt es sich daher, zumindest den
Anfangsbuchstaben des Familiennamens hinzuzufügen, und
tatsächlich verfahre ich seither nach diesem Muster. Geheim-
niskrämerei ist ja ganz schön, aber stiftet nur Verwirrung,
macht womöglich böses Blut.

Ein besonders schönes Erlebnis hatte ich vor vielen Jahren in Innsbruck. Es war bei einer Lesung in einer dortigen
Buchhandlung, es ging um mein Frühwerk »Schauplätze

österreichischer Dichtung«. Als ich mit meiner Darbietung fertig war, formierte sich eine Besucherschlange, man stellte sich zum Signieren an. Ich schrieb Widmung um Widmung, schließlich kam ein älterer Herr an die Reihe, der mir mit besonders gewinnendem Lächeln sein soeben erworbenes Exemplar unter die Nase hielt. Ich blickte ihn an, stutzte, dann richtete ich das Wort an ihn:

»Entschuldigen Sie, Sie werden es vielleicht schon öfter zu hören bekommen haben, aber Sie sind einem sehr berühmten Mann wie aus dem Gesicht geschnitten!«

»Und der wäre?« fragte mein Gegenüber, nun noch um einige Grade amüsierter.

»Der Zeichner Paul Flora!« antwortete ich.

Darauf er (nun mit breitestem Lachen):

»Kein Wunder, ich bin's.«

Es stellte sich heraus, daß Paul Flora damals in seiner Freizeit der gleichen Neigung frönte wie ich: literarische Schauplätze, die auf seinen Reisen am Weg lagen, aufzusuchen und auf sich wirken zu lassen. Wir schieden voneinander, indem wir mancherlei Anregungen austauschten, und einige der seinen haben tatsächlich in spätere Werke von mir Eingang gefunden, insbesondere in mein Südtirolbuch »Im Rosengarten«. Vergelt's Gott, Meister Flora!

Wie die meisten Generationsgenossen, mit denen ich Umgang pflege, spüre auch ich mein Altwerden nicht nur an mancherlei physischen Beschwerden, sondern vor allem am Gedächtnisschwund. Was gäbe ich darum, Stammleser, denen ich bei Lesungen oder anderen Gelegenheiten wiederbegegne, mit ihrem Namen ansprechen zu können. Groteskerweise gelingt dies umso besser, je länger unsere Bekanntschaft zurückliegt:

Der Autor

Nicht wenige, die ich seit dreißig oder mehr Jahren zu meinen Anhängern zählen darf, kann ich mühelos, ja aus dem Stand identifizieren, mitunter sogar mit der Nennung ihrer Adresse (samt Hausnummer) verblüffen, während ich bei anderen, die ich erst seit kurzer Zeit kenne, kläglich versage. Wann werde ich mich auch auf mein Langzeitgedächtnis nicht mehr verlassen können?

Höchste Konzentration beim Signieren wurde mir abverlangt, als ich vor einiger Zeit vor der Aufgabe stand, für eine große Wiener Anwaltskanzlei einen Stapel von 300 Büchern mit persönlichen Widmungen zu versehen. Es sollte das Weihnachtsgeschenk für die Stammkunden des Unternehmens sein, und jeder der Empfänger sollte laut Wunsch der Firmenleitung nicht nur mit seinem Namen, sondern auch mit all seinen Titeln angesprochen werden. Ich erhielt zu diesem Zweck eine feinsäuberlich erstellte Liste, deren Angaben nun nur noch auf die Widmungsseite des Buches zu übertragen waren. Doch was auf den ersten Blick wie ein Kinderspiel aussah, entpuppte sich als hartes Stück Arbeit: Generaldirektoren durften nicht mit Generalsekretären, Senatsräte nicht mit Hofräten, dreifache Doktoren nicht mit zweifachen verwechselt werden. Jeder kleinste Flüchtigkeitsfehler bedeutete: Das betreffende Buchexemplar würde unweigerlich im Altpapiercontainer landen. Ich hatte Glück: Die Übung war gelungen, schweißgebadet legte ich nach dem dreihundertsten Eintrag den Griffel aus der Hand.

Kein Problem hatte ich mit den Datierungswünschen meiner Leser, die einer Veranstaltung am Vortag der totalen Sonnenfinsternis des Jahres 1999 beigewohnt hatten. Das große Naturereignis war damals in aller Munde, Presse und Fernsehen berichteten schon Wochen vorher über das zu erwartende

Signierstunde

Spektakel, mit geschwärzten Gläsern ausgestattet rüstete man sich für den großen Moment, besprach im Familienkreis, wo man zur fraglichen Zeit, um die beste Sicht zu haben, Position beziehen würde. Am Vorabend, als meine Lesung stattfand, hatte die allgemeine Hochspannung den Siedepunkt erreicht – mit der Folge, daß mich etliche Zuhörer bei der anschließenden Signierstunde um Vordatierung ersuchten. Ob man es glauben will oder nicht: Das »historische« Ereignis der Sonnenfinsternis sollte nach ihrem Wunsch auch in der Buchwidmung seinen Niederschlag finden. Überflüssig zu erwähnen, daß ich bei dem kleinen Schwindel gerne mitgemacht habe …

Zum Schluß möchte ich noch auf ein weiteres Kuriosum zu sprechen kommen, das mit dem Signieren von Büchern zusammenhängt. Vor allem in Wien zählt es zu den Verkaufsstrategien mancher Buchhändler, vom Autor vorsignierte Exemplare auf Lager zu nehmen und ihren Kunden anzubieten. Die Erfahrung lehrt, daß diese Praxis den Absatz fördert: Wenn der Käufer die Wahl hat zwischen einem »neutralen« und einem signierten Exemplar, entscheidet er sich in der Regel fürs signierte. Doch es gibt auch Ausnahmen: Ich weiß von einem Buchhändler, dessen diesbezügliche Empfehlung von einem seiner Kunden brüsk, ja entrüstet zurückgewiesen wurde – mit dem Argument: »Das nehm' ich nicht, da steht ja schon was drin!« Der Gute war der festen Überzeugung gewesen, vom Buchhändler mit minderwertiger Ware abgespeist zu werden, mit einem verhunzten, einem sogenannten Mängelexemplar – und das zum vollen Preis!

Lesung im Riesenrad

Mein Verhältnis zum Prater gleicht jenen lieblosen Freundschaften, die jeder von uns aus seinem eigenen Beziehungsleben kennt: Ohne rechtes Animo plätschern sie dahin, stehen über längere Zeit still, drohen sich gar aufzulösen, flackern dann aber doch aus diesem oder jenem Grund wieder auf – nur zur großen Liebe reicht es nicht.

Wenn ich Besuch aus dem Ausland bekomme und meine Gäste durch Wien führe, steht der Prater nur dann auf der Agenda, wenn dies ausdrücklich verlangt wird, und nur mit viel Überredungskunst bin ich dazu zu bewegen, meine Gäste auf der obligaten Riesenradfahrt zu begleiten. Die vielgerühmte Aussicht auf die Stadt bietet heute jedes bessere Hochhaus – insbesondere, wenn dessen oberste Etage mit einem Restaurant oder Café bestückt ist, in dem man Sightseeing mit Erfrischung und Verzehr verbinden kann. Das Riesenrad mit den abgeschabten Innenwänden seiner Gondeln und seiner von steter Unterbrechung noch verlangsamten, ruckartigen Bewegung empfinde ich als einen einzigen Langweiler – da ist sogar eine Fahrt mit dem sogenannten Blumenrad, das sich in nächster Nähe befindet, aufregender. Dort sitzt man im Freien, kann mit Hilfe der in der Mitte der Gondel installierten Kurbel selber die Perspektive bestimmen, ist nicht tatenlos in einen Käfig eingepfercht.

Entschließt man sich nach längerem Fernbleiben wieder einmal zu einem Praterbesuch, bildet es immerhin einen gewissen Reiz, sich über die in der Zwischenzeit in Betrieb genommenen neuen Attraktionen einen Überblick zu verschaffen. Auch wenn ich die abenteuerlichen Sturzflüge all dieser Technikmonster Jüngeren überlasse, muß ich doch

Lesung im Riesenrad

ihren ausgeklügelten Mechanik- und Sicherheitssystemen Respekt zollen, und ich frage mich, wie es möglich ist, diesen gigantischen Aufwand aus den paar Euro zu finanzieren, die der Besucher an der Kassa zu entrichten hat.

Alle paar Jahre – immer, wenn die Geschäfte wieder einmal schlecht gehen – wird der Prater totgesagt: Vergnügungsparks dieser Art hätten ihr Ablaufdatum erreicht, die Jugend halte nach anderen Zerstreuungen Ausschau, Ringelspiel und Hochschaubahn seien rettungslos »retro«. Und dann, gerade dann, bäumt sich der Überlebenskünstler Wurstelprater ein weiteres Mal gegen den angekündigten Untergang auf und zieht mit einer neuen Errungenschaft für eine Weile wieder alle Blicke auf sich. So zuletzt geschehen mit der Eröffnung des für Wien neuen Wachsfigurenkabinetts der Madame Tussaud, das meines Erachtens eine wirkliche Bereicherung des hiesigen Freizeitangebots darstellt. Weder die langen Besucherschlangen noch der stattliche Eintrittspreis konnten mich davon abhalten, mich gleich an einem der ersten Tage nach Inbetriebnahme von diesem Wunder der Modellierkunst verzaubern zu lassen: Der Prater hat seit März 2011 eine Attraktion von Weltformat.

Auch auf dem gastronomischen Sektor ist etwas eingetreten, das ich mir noch vor zehn Jahren nicht hätte vorstellen können: Mit der Wiedereröffnung des legendären »Eisvogel« verfügt der Prater heute über ein Nobellokal, das alle Stückeln spielt und jene Anspruchsvolleren, die sich bisher mit den derben Genüssen des allerdings ungleich populäreren Schweizerhauses begnügen mußten, zur Einkehr lädt. Bei dieser Gelegenheit möchte ich mich auch in die heftig geführte Diskussion um den neuen Pratervorplatz einschalten. Von den strengen Architektur- und Kulturkritikern als

Kitschorgie in Grund und Boden verdammt, kann ich an dem neuen Entrée nichts gar so Verwerfliches finden: Der Eingang zu einem Vergnügungspark braucht weder Opernfoyer noch ein zweites Schönbrunn zu sein. Weder Schießbude noch Grottenbahn sind Musentempel, die Pforte zu Bierzelt und Glücksspielhalle verträgt grelle Kulissen ebenso wie billigen Dekor.

Das Einzige, das mir vielleicht am heutigen Prater fehlt, ist das Romantische. Seit vielen Jahren trauere ich Einkehrgasthäusern wie dem guten alten »Butterfaß« nach, in dessen Kastaniengarten ich so manches Wiener Schnitzel verzehrt und so manches Krügel Bier geleert habe. Welche Wonne war es, sich von der Wirtin das Rezept ihrer Stück für Stück im Reindl und ausschließlich in Butterschmalz herausgebackenen Schnitzel erläutern zu lassen oder dem Schankburschen beim Anzapfen der Bierfässer zuzuschauen! Auch die diversen fliegenden Händler sind verschwunden – so etwa die Frau mit den lauthals feilgebotenen »Glücksbüscherln« und der Mann mit den mittels Holzzange aus dem Riesenbottich gefischten Salzgurken.

Umso gespannter sehe ich der Eröffnung des Speiselokals des Herrn Markovic entgegen – es ist das aus baupolizeilichen Gründen mehrmals verzögerte Projekt meines hochgeschätzten Hausbesorgers aus dem 3. Bezirk. Herr Markovic, seines Zeichens ein mustergültig integrierter Neubürger serbischer Abkunft, ist auf dem besten Wege, sich von seinem bisherigen Metier als Schutz- und Putzengel zweier stattlicher Wohnhäuser im Bezirk Landstraße zu emanzipieren und sich als Praterwirt zu etablieren. Einerseits seinen drohenden Abgang als Hausbesorger beklagend, freue ich mich andererseits auf seinen Einstieg in die Pratergastronomie: Markovics Ćevapčići werden dafür sorgen, daß meine Verbindung zum Prater nicht nur nicht abreißen, sondern sich im Gegenteil intensivieren wird. Er hat mir jedenfalls schon jetzt bevorzugte Bedienung zugesagt. Sogar von einer persönlichen Einladung zur Eröffnungsparty ist die Rede.

Ein eleganter Brief aus der Schweiz flatterte mir ins Haus, er war in Kloten abgestempelt – jener Vorortgemeinde vor den Toren Zürichs, auf deren Areal sich unter anderem der Flughafen der Stadt ausbreitet. Es war der typische Damenbrief: elegantes Papier, gefüttertes Kuvert, alles in zartem Hellblau. Geschrieben war er mit dunkelblauer Tinte, anstelle des voll ausgeschriebenen Namens nur mit den Initialen der Absenderin bedruckt. Die Handschrift ließ auf eine Person von noblem Stand schließen, und auch Satzaufbau und Inhalt verrieten Kultur und Geschmack.

Die Schreiberin stellte sich mir als Vorsitzende eines schweizerischen Frauenvereins vor, die für sich und die Damen ihres Klubs eine einwöchige Wien-Reise vorbereitete. Das vorgesehene Besichtigungsprogramm, so erfuhr ich, stehe in sämtlichen Punkten fest, nur in einem bedürfe es noch einer entsprechenden Vereinbarung: Man habe vor, an einem der noch freien Abende eine Autorenlesung zu organisieren – und zwar mit mir. Als Veranstaltungsort sei das Riesenrad vorgesehen, die dafür in Betracht kommende Gondel sei bereits gebucht, nun fehle es nur noch an meiner Zusage.

Eine Lesung im Riesenrad – das war für mich etwas Neues: War denn das überhaupt möglich? Und wie um Himmels willen sollte das vonstattengehen?

Aus der weiteren Korrespondenz mit der Frauenvereinsvorsitzenden, die daraufhin in Gang kam, ging hervor, daß es seit einiger Zeit die Möglichkeit gebe, Riesenradgondeln samt Bewirtung zu buchen, die einstündige Fahrt also mit einem kompletten Nachtmahl zu verbinden. Das dem Etablissement angeschlossene Restaurant werde den Damen ein 3-Gang-Menü samt Begrüßungssekt, Tafelwein und Mokka servieren; bei jedem längeren Halt an der Einstiegsstelle eilten die Kellner herbei, um den nächsten Gang aufzutischen und den vorherigen abzuräumen. Was meinen Part betreffe, so würde ich zwischen Braten und Dessert gereicht werden – man denke an einen Auftritt von circa 15 Minuten. Die Zusammenstellung des Programms bleibe mir überlassen, wobei man es allerdings zu schätzen wüßte, wenn ich für meine Lesung Texte mit wienerischem Einschlag auswählen würde.

Das Angebot gefiel mir: Ich hatte in all den Jahren an den verschiedensten Orten aus meinen Büchern vorgelesen, in Bibliotheken und Buchhandlungen, in Galerien und Confiserien, in Eisenbahnzügen und auf Kreuzfahrtschiffen. Jedoch noch nie in einem Etablissement wie dem Riesenrad!

Das ungewöhnliche Unternehmen wurde ein voller Erfolg. Die Damen ergötzten sich an ihrem Mahl, genossen zwischen Gänseleberpastete und Apfelstrudel die Aussicht auf die unter ihnen liegende Wienerstadt samt Lichtermeer, knipsten ihre Erinnerungsfotos und lauschten der Stimme des angeheuerten Autors. Da sie, von Prosecco und Wein beschwingt, allesamt bester Stimmung waren, hatte ich mit meinem Vortrag leichtes Spiel: Kein animierteres Auditorium hätte ich mir wünschen können. Auch über den Ausklang der Veranstaltung kann ich nur das Beste sagen: Der von einem befreundeten Buchhändler an der Ausstiegstelle improvisierte Verkaufsstand wurde gestürmt, meine Bücher fanden reißenden Absatz. Mit einem herzlichen »Grüezi« gingen wir auseinander; auf schweizerische Frauenvereine lasse ich seit diesem Erlebnis nichts kommen …

Daß ich dennoch Leseauftritten im Riesenrad skeptisch gegenüberstehe, hängt mit einem zweiten, weniger geglückten Auftritt an diesem nicht unbedingt literaturaffinen Ort zusammen. Es war die Wiener Buchwoche des Jahres 2008. Über viele Jahre in den Festsälen des Rathauses abgehalten, wurde diese alljährliche Großveranstaltung zum ersten Mal aufs Messegelände, also in den Prater verlegt, und auch, was die Örtlichkeiten der einzelnen Autorenauftritte betrifft, wurden neue Wege beschritten. Um die »Schwellenangst« der Besucher zu mindern und den Eventcharakter des Ereignisses zu erhöhen, hatten die Organisatoren der »Buch Wien« die Idee, ihr Veranstaltungsprogramm auch auf eine Reihe »externer« Örtlichkeiten zu erstrecken. So kam es, daß ich und die Kollegen Elke Heidenreich und Georg Markus für eine Gemeinschaftslesung im Riesenrad verpflichtet wurden.

Schon Stunden vor Beginn – ich glaube, unser Termin war für 17 Uhr angesetzt – zeichnete sich ab, daß die Bedingungen für unseren Auftritt nicht die besten waren: Es war ein Winternachmittag mit Schneesturm, Blitz und Donner, an dem kein Hund aus dem Haus, geschweige denn ein literaturinteressiertes Publikum in den Prater oder gar in eine der bedrohlich schwankenden Riesenradgondeln zu locken war. Tatsächlich fand sich nur ein erbärmlich kleines Grüppchen Unverzagter am Ort des Geschehens ein; in einer Mischung aus Kapitulation und letzten Resten von Abenteuerlust wurde beratschlagt, ob man unter diesen Umständen unser Programm überhaupt abwickeln oder es doch besser absagen sollte. Auch wir drei Autoren waren uneins: Markus und ich, die beiden Pflichtbewußten, votierten dafür, trotz alledem das Wagnis einzugehen, die aus Köln eingeflogene Elke Heidenreich, an und für sich eine beherzte Person, doch des herrschenden Katastrophenwetters wegen total verängstigt, drohte mit unverzüglicher Abreise. Nichts auf der Welt werde sie dazu bringen, sich und ihre Zuhörer der Gefahr einer Schüttelpartie oder gar eines Absturzes auszusetzen.

Wir einigten uns darauf, die Entscheidung dem Maschinenmeister des Riesenrads zu überlassen: Er, der erfahrene Fachmann, solle beurteilen, ob das Unternehmen zu riskieren oder aber abzusagen sei. »Meine Herrschaften«, so hob er mit fester Stimme zu seiner Beschwichtigungsrede an, »in den 111 Jahren seines Bestehens hat es im Riesenrad nur einen einzigen Todesfall gegeben, und das war ein Selbstmord.«

Das Diktum des Maschinenmeisters gab den Ausschlag: Auch die störrische Elke Heidenreich gab schließlich ihren Widerstand auf, einer nach dem anderen stiegen wir, gefolgt von unseren tapferen Mini-Auditorien, in die Gondeln des ansonsten verwaisten Riesenrads ein, verkürzten unser Programm allerdings von den vorgesehenen drei Runden auf eine und taten – wenn auch mit gemischten Gefühlen – unsere Pflicht.

Zum Glück ging die Sache ohne Zwischenfall aus – für Organisatorin Gabi Madeja Anlaß genug, der aus Autoren und Zuhörern geschmiedeten Schicksalsgemeinschaft eine Runde Wein zu spendieren. Es war wie ein Akt der Befreiung, der sich in heftigem gegenseitigen Zuprosten entlud.

Wie ging es in den folgenden Jahren mit der »Buch Wien« weiter? Das Veranstaltungsprogramm wuchs und wuchs, die Besucherzahl erreichte Rekorde, und auch die dafür ausgewählten Örtlichkeiten nahmen kontinuierlich zu. Nur eine einzige blieb davon ausgespart: das Riesenrad.

In meiner »wilden« Zeit – ja, auch die gab's, als ich Mitte zwanzig war! – hatten einige Freunde und ich die Idee, den Heiligen Abend nicht in der tannenzweiggeschmückten und kerzenlichterhellten warmen Stube zu verbringen, sondern im zu dieser Stunde menschenleeren Wurstelprater. Wir kamen uns enorm eigenständig, ja verwegen vor, wenn wir miteinander durch das dunkle, nur vom Gebell herrenloser Hunde belebte Gelände der verlassenen Budenstraßen und festverriegelten Hütten zogen, glaubten uns als Bürgerschreck profilieren zu müssen, genossen die kollektive Verachtung der althergebrachten Feierlichkeit. Statt den Christbaum anzuzünden, Weihnachtslieder zu singen oder gar an der mitternächtlichen Mette teilzunehmen, schlenderten wir im Alltagsgewand durch den Wurstelprater oder das, was von ihm während der toten Saison übriggeblieben war, und verschafften uns auf diese Weise eine Art Anti-Stimmung, die uns von der Spießigkeit der anderen hochmütig abhob. Nirgends das kleinste Licht hinter den festverschlossenen Fenstern, von nirgendwoher das kleinste Fetzchen Weihnachtsmusik, kein noch so schwacher Duft von Vanillekipferln und Bratäpfeln, dafür die totale Leere, Finsternis, Verlassenheit. Umso größer freilich der Überdruß beim anschließenden Wiedereintauchen in die Normalität: Der Heimweg durch die reklamegespickten Geschäftsstraßen mit ihrem nunmehr altbackenen Weihnachtsdekor war für uns stolze Zivilisationsverächter ein einziger Frust, ähnlich dem Kater nach einer durchzechten Nacht – nur unter umgekehrtem Vorzeichen.

Unbeeinflußt von solch zwiespältigen Erfahrungen griff ich in späteren Jahren, als meine ersten Wien-Bücher erschienen, wieder und wieder das Thema Prater auf, und eines von ihnen, der Literaturführer »Gustl, Liliom und der Dritte Mann«, war überhaupt zur Gänze diesem Topos gewidmet, von dem Adalbert Stifter gesagt hat: »Wenige Hauptstädte in der Welt dürften so ein Ding aufzuweisen haben wie wir unseren Prater. Ist es ein Park? Nein. Ist es eine Wiese? Nein. Ist es ein Garten? Nein. Eine Lustanstalt? Nein. Was denn? Alles dies zusammengenommen.«

Die einschlägigen Bücher in der Hand, durchstreifte ich den Prater auf den Spuren von Felix Salten, Heimito von Doderer und Stefan Zweig, suchte die Schauplätze von Molnárs »Liliom«, Schnitzlers »Leutnant Gustl« und Graham Greene's »Drittem Mann« auf und unternahm so den Versuch, der »Reservation am Rande des täglichen Lebens« (Doderer) jene subtilen Reize abzugewinnen, die ihr die großen Dichter in ihren Werken attestiert haben. Wer hätte gedacht, daß ein so deftiger Autor wie der »Mundl«-Erfinder Ernst Hinterberger sogar das nahe dem Lusthaus im Pratergestrüpp versteckte Wallfahrtskirchlein Maria Grün zu einem der Handlungsorte seines Kriminalromans »Jogging« machen würde? Hinterberger wäre freilich nicht Hinterberger, täte er dies nicht mit der ihm eigenen Distanz zu allem Frömmlerischen; der betreffende Abschnitt in seinem Buch, die Mörderfahndung der beiden Wiener Kriminalkommissare schildernd, schließt mit den Worten:

Als Dörfler und Holler den volkstümlichen Andachtsort Maria Grün erreichten, fanden sie ihn unbelebt. Sie hatten auch niemanden erwartet. Wer sollte um diese Zeit auch die in einer kitschigen kleinen Grotte dargestellte Jungfrau Maria besuchen? Oder vor den vielen, oft vor Jahrzehnten an den Bäumen angebrachten, aber längst unkenntlich gewordenen Heiligenbildern, Emailvignetten oder Blechkreuzen beten? Derlei machten sowieso nur alte Weiber, und die schliefen jetzt oder waren zumindest zuhause und hatten sich verbarrikadiert. Trotzdem ging Dörfler zur Tür der kleinen Kapelle und drückte die Klinke nieder. Dort drinnen waren manchmal Liebespaare oder Unterstandslose oder zur Fahndung Ausgeschriebene, die sich das primitive Schloß mit einem Dietrich aufsperrten. Aber heute war zugesperrt und alles in Ordnung …

Auch in meinen Büchern »Der erste Walzer« und »Wien – Wahlheimat der Genies« erwies ich dem Prater die gebührende Reverenz. Unter dem Titel »Hutschen, Schlitten, Ringelspiel« ging ich der Geschichte der vormals der feinen Wiener Gesellschaft vorbehalten gewesenen und erst 1766 von Kaiser Josef II. der Allgemeinheit freigegebenen Praterauen nach, und als ich Jahre davor den Versuch unternahm, die Verdienste all der berühmten und auch weniger berühmten Wahlwiener zu würdigen, die mit ihrem Lebenswerk – von Beethoven bis Brahms, von Theophil Hansen bis Theodor Billroth – ihrer neuen Heimat gehuldigt haben, war es für mich keine Frage, daß in einer solchen Porträtgalerie auch der Triestiner Vergnügungskünstler Basilio Calafati und der aus Rußland zugewanderte »Rumpfmensch« Nikolai Basilowitsch Kobelkoff ihren Platz finden müßten. Der Prater ist eben doch, unabhängig von seinem stetigen Auf und Ab, ein facettenreiches, ja faszinierendes Thema.

Der Autor

Nichts als Pannen

Der Wiener liebt den großen Auftritt, in keiner zweiten Stadt gibt es so viele Ballsäle und Bälle. Eine Unzahl von Klubhäusern, Vereinslokalen und Extrazimmern bietet den Mitgliedern der diversen Zusammenschlüsse, Hobbyklubs und Landsmannschaften eine regelmäßig genutzte Bühne. Und auch uns Schriftstellern steht eine reiche Auswahl von Podien zur Verfügung, auf denen wir uns mit unseren Hervorbringungen produzieren können.

Einem Vortrag von fünfzig Minuten zu lauschen, ist bequemer, als sich durch die 500 Seiten des betreffenden Buches zu quälen: Autorenlesungen sind »in«. Das Publikum stellt allerdings auch gewisse Ansprüche an den Vortragenden: Showelemente sind erwünscht, Zwischenfälle kein Schaden. Auch vom introvertiertesten, asketischsten und durchgeistigsten Vorleser erwartet die Theaterstadt Wien ein Mindestmaß an Allüre und Effekt. Umgekehrt wird jedes kleinste Versagen unnachsichtig registriert, kolportiert, kommentiert.

Ich erinnere mich an einen Abend in der renommierten Buchhandlung Berger im 1. Bezirk. Das traditionsreiche Geschäft am Kohlmarkt veranstaltete viele Jahre hindurch in dem über dem Laden befindlichen Vortragssaal im 1. Stock Autorenlesungen, zu denen sich nicht nur die erste Schriftstellergarnitur des Landes, sondern regelmäßig auch ein erlesenes Publikum einfand: Die »Stunde der Begegnung« war aus beiderlei Sicht ein bestens eingeführter, ein begehrter Termin. Auch ich hatte das Glück, »beim Berger« mehrere meiner Bücher präsentieren zu dürfen.

218

Nichts als Pannen

Mit der Zeit lernte ich etliche der Berger-Stammkunden auch persönlich kennen; mit ihnen während meines Vortrags freundliche Blicke zu tauschen, hob meine Stimmung. An einem dieser Abende saß Frau Diplomkaufmann I. in der ersten Reihe. Meine Freude war groß: Ich schätzte die ebenso attraktive wie temperamentvolle Dame nicht nur als besonders aufmerksame Zuhörerin, sondern auch als großzügige Käuferin meiner Bücher. Erkundigungen über ihre Person ergaben, sie sei in der Modebranche tätig, führe einen der angesehensten Haute-Couture-Salons der Stadt.

Meine Lesung nahm den gewohnten Verlauf, beim anschließenden Signieren und dem damit verbundenen Gedränge bot sich leider keine Gelegenheit, mit Frau I. mehr als nur ein paar Begrüßungsworte zu wechseln.

Als ich kaum eine Stunde später bei mir zuhause eintraf, fand ich ein Fax vor, das mich stutzig machte. Es trug den Firmenbriefkopf des von Frau I. geführten Modesalons und war in der Art eines Warengutscheins gestaltet. Was mochte das bedeuten? Niemals hatte ich das betreffende Geschäft frequentiert, niemals einen Einkauf getätigt, niemals irgendeinen Anspruch auf Vergütung erworben.

Der Text des Faxes gab den gewünschten Aufschluß. Es handelte sich um einen Gutschein für kostenloses Annähen eines Sakkoknopfes, jederzeit zu den angegebenen Geschäftszeiten im Salon von Frau I. einlösbar.

Wie das? Die scharfsichtige Frau Diplomkaufmann hatte von ihrem Sitz in der ersten Reihe aus wahrgenommen, daß am linken Ärmel meines Sakkos ein Knopf fehlte, und das ließ ihr, der auf perfektes Outfit bedachten Expertin, keine Ruhe. Eleganter und witziger hätte sie den schlampigen Autor auf das sträfliche Manko nicht aufmerksam machen können.

Selbstverständlich löste ich noch am folgenden Tag und unter dem Jubel der gesamten Belegschaft den Gutschein ein, aber ebenso selbstverständlich trete ich seit jenem Vorfall vor jedem meiner Leseauftritte vor den Spiegel und überprüfe akribisch mein Äußeres. Ein solcher Lapsus soll mir kein zweites Mal passieren!

Ich möchte noch von einem zweiten Vorfall berichten, der mich gelehrt hat, auf der Hut vor strengen Zuhörerblicken zu sein. Meine Mutter war gerade verstorben; unter den wenigen Habseligkeiten, die sie hinterließ, war ein Gegenstand, der mein besonderes Interesse auf sich zog: ihr Ehering. Genauer gesagt: die seit dem frühen Ableben meines Vaters kunstvoll vereinigten Eheringe beider Elternteile. Es war zu jener Zeit ein weitverbreiteter Brauch unter Witwen, die keine weitere Ehe eingingen: Man ging zum Juwelier und ließ den eigenen Ring mit dem des verstorbenen Partners zusammenschweißen, um auf diese Weise Treue über den Tod hinaus zu bekunden. Auch meine Mutter, die auf eine glückliche Ehe zurückblicken konnte, wählte diesen Weg.

Als sie 1991 selber starb und mein älterer Bruder und ich ihre kleine Hinterlassenschaft in Augenschein nahmen, um sie unter uns aufzuteilen, fiel mein Blick auf den bewußten Doppelring. Gerührt rechnete ich nach: 23 Jahre hatte mein Vater die eine Hälfte, 63 Jahre meine Mutter die andere getragen – eine Summe von 86 Jahren! Einer schwer erklärlichen Eingebung folgend griff ich nach dem zwar schon etwas abgeschabten, doch noch immer strahlenden Gold und streifte es versuchsweise über den schmucklosen Ringfinger meiner linken Hand. Und siehe da, er paßte! Er paßte haargenau. War es ein Zeichen meiner fortdauernden Anhänglichkeit

Nichts als Pannen

Bis zu 100 Lesungen im Jahr: der Autor und sein Publikum

Der Autor

an die verstorbenen Eltern, daß ich ihn von Stund an anbehielt? Oder war es der reine Übermut des bis dato jeglichem Zierat Abgeneigten, den plötzlich die Lust überkam, seiner Schmucklosigkeit ein Ende zu machen?

Wie auch immer – ich trug von diesem Tag an den Doppelring meiner geliebten Eltern, und ich trug ihn mit einer Mischung aus Verehrung, Gerührtheit und Stolz. Was ich dabei nicht bedacht hatte: Ich hatte die Rechnung ohne meine Leser gemacht. Genauer: ohne die überaufmerksamen Zuhörer meiner Vortragsveranstaltungen. Immer wieder ereignete es sich in der Folge, daß mich einzelne auf den ihnen ungewohnten Anblick ansprachen und mit der Frage bedrängten: Nanu, haben Sie geheiratet? Oder sind Sie gar verwitwet?

Ich mußte also mit der Wahrheit herausrücken und erklärte den hartnäckigen Fragern, wie es zu dieser meiner »Veränderung« gekommen war. Doch je öfter ich mich diesem Ansturm aus Neugier und Indiskretion ausgesetzt sah, desto mehr reifte in mir der Entschluß, den Spuk zu beenden, den mit so viel Irritation behafteten Ring doch besser abzustreifen und dort landen zu lassen, wo er wohl von Rechts wegen hingehörte: in Mutters Schmuckschatulle.

In diesem Zusammenhang fällt mir noch ein anderer Vorfall ein, der mit meiner Mutter zu tun hatte. Es war im März 1984; die Mutter, 86 Jahre alt, lebte schon seit einiger Zeit in einem Altersheim in der nordrheinwestfälischen Industriestadt Leverkusen. Freunde in Rom, die über erstklassige Kontakte zum Vatikan verfügten, waren auf die Idee gekommen, mir zu meinem 50. Geburtstag mit einer Glückwunschbotschaft des Papstes eine Freude zu bereiten. Mit welchen Kniffen und Tricks es ihnen gelungen war, dem für derlei Ehrenbezeugungen zuständigen

»Arcivescovo Elemosiniere di Sua Santità« das exquisite Dokument abzuluchsen, entzieht sich meiner Kenntnis. Tatsache ist, daß pünktlich zum »Stichtag«, in eine die Dimensionen meines Briefkastens sprengende Rolle aus hartem Karton verpackt, ein 35 x 50 Zentimeter großes Pergament bei mir eintraf, mit dem mir, geschmückt mit einem Porträtfoto des seit sechs Jahren amtierenden Papstes Johannes Paul II., der »apostolische Segen« des Heiligen Vaters erteilt wurde.

Das farbenreiche, handgemalte, mit üppigem Zierat versehene und in feierlichem Latein abgefaßte Unikat verfehlte seine Wirkung nicht: Mochte ich die ebenso überraschende wie unverdiente Ehrung »in occasione del 50. compleanno« auch nur den besonderen Beziehungen meiner römischen Freunde zum Vatikan zu verdanken haben – meine Freude über das mit dem Prägestempel des Heiligen Stuhls beglaubigte Dokument war groß. Und noch größer, so war ich mir sicher, würde die Freude sein, die meine strenggläubige Mutter empfände, wenn sie erführe, welch außergewöhnliche Auszeichnung ihrem Sohn widerfahren sei. Ich ließ also in meinem Copyshop ein vor allem auch die Goldtöne des farbenprächtigen Pergaments originalgetreu wiedergebendes Faksimile anfertigen und schickte es meiner Mutter – in der frohen Erwartung, sie werde vor Entzücken die Hände über dem Kopf zusammenschlagen, vor Ergriffenheit drei Vaterunser beten und mit der Trophäe auch bei ihren Mitbewohnern im Altersheim Eindruck schinden.

Doch obwohl meine Mutter und ich zu jener Zeit in regelmäßigem Briefkontakt standen und auch häufig miteinander telefonierten, blieb in diesem Fall jegliche Reaktion von ihrer Seite aus. Ich ließ mehrere Wochen verstreichen, schließlich aber verließ mich die Geduld, und ich sprach sie bei unserem nächsten Telefonat frontal auf die Angelegenheit an, die für sie – nach meiner Einschätzung – doch einer Sensation gleichkommen mußte. Ihre Antwort war mehr als ernüchternd: sie war niederschmetternd. Die lieben Mitbewohner in ihrem Altersheim, vor denen sie – wie erwartet – mit dem päpstlichen Dokument geprahlt hatte, waren hohnlachend über meine Mutter hergefallen und hatten sie darüber »aufgeklärt«, welchem Schwindel sie da aufgesessen sei: Papstglückwünsche wie diese erhalte man für ein paar Lire in jedem Souvenirladen von Rom.

Meine verzweifelten Beteuerungen, die Sache sei kein Fake, sondern garantiert echt, fruchteten ebenso wenig wie meine zornerfüllten Verwünschungen der boshaften Neider: Meine Mutter war durch nichts von ihrer Überzeugung abzubringen, von ihrem übermütigen Sohn hereingelegt worden zu sein und sich vor ihren Mitmenschen als leichtgläubiges Dummchen blamiert zu haben, das keine Ahnung davon habe, wie es in der Welt zugehe und wie in dieser Welt alles, buchstäblich alles käuflich sei.

Ich weiß nicht, wessen Ärger der größere war: der meiner sich tatsächlich düpiert fühlenden Mutter oder der ihres zu Unrecht eines billigen Täuschungsmanövers bezichtigten Sohnes. Wir haben über diese Angelegenheit nie wieder ein Wort gesprochen.

Hausbesuch

Familie P. lebt in einem der Villenvororte Wiens, nahe der Südbahn. *Er* ist schon einige Jahre in Pension, *sie* noch berufstätig, die Tochter schon lange aus dem Haus. Es sind

Hausbesuch

kultivierte, weitgereiste Leute, mehrerer Sprachen mächtig, Bildungsbürgertum mit progressivem Einschlag. Ich kenne sie von einer Lesung her, lasse ihnen für alle Veranstaltungen, die in ihrer Nähe stattfinden, Einladungen zukommen. Wenn sie nicht gerade verreist sind, erscheint mindestens einer von ihnen, manchmal auch alle drei.

Diesmal war die Sache anders: Sie luden mich zu einer Feier in ihrem Haus ein. Genauer gesagt: Die Tochter rief mich an, ein runder Geburtstag der Mutter stehe bevor, die Jubilarin solle mit einem besonderen Geschenk überrascht werden, und dieses besondere Geschenk sei ich. »Kennen Sie Robert Lembkes Fernsehsendung übers Beruferaten?« fragte die Tochter. »Wären Sie für so etwas zu haben?«

Der Plan gefiel mir: Umrahmt von einer zünftigen Geburtstagsjause, würde die Familie, noch verstärkt um zwei, drei Freunde und Verwandte, am Wohnzimmertisch Platz nehmen, der Mutter würden die Augen zugebunden, und ihre Aufgabe wäre es, durch zielgerichtete Fragen meine Identität zu entschleiern. Jeder aus der Runde könne sich an dem Quizspiel beteiligen, ich selber dürfe nur mit ja oder nein antworten.

Wir nahmen also unsere Plätze ein, als Letzte wurde, einen dunklen Seidenschal ums Gesicht geknüpft, das Geburtstagskind hereingeführt, das Spiel konnte beginnen. Um die Gefahr zu minimieren, Frau P. könnte mich als regelmäßige Besucherin meiner Lesungen vorschnell erkennen, wurde mir geraten, meine Stimme zu verstellen.

Alles lief wie am Schnürchen: Frau P. wurde auf falsche Fährten gelockt, kam mehrmals in die Nähe der Lösung, entfernte sich dann wieder von ihr, landete zu meinem

Mißvergnügen auch bei meiner Konkurrenz – so ging das eine gute Viertelstunde hin und her. Die Teilnehmer quietschten vor Vergnügen, Frau P. vibrierte vor Anspannung und Konzentration.

Es kam das Finale: Unter lautem Jubel der Runde stieß die Jubilarin meinen Namen hervor, die Augenbinde wurde ihr abgenommen, Applaus. Dem gelungenen Vorspiel folgte, was als eigentliches Geburtstagsgeschenk gedacht war: eine Privatlesung für Frau P. und ihre Runde. Ich hatte dafür einen kurzen Text aus meinem jüngsten Buch ausgewählt, und da die Stimmung an unserem Tisch kaum noch zu steigern war, hatte ich ein leichtes Spiel und wurde für meine Darbietung ebenfalls mit Beifall bedacht. Es fiel sogar ein Lesehonorar für den Autor ab: Mit einer Kiste vorzüglichen Weins verließ ich das gastliche Haus. Überflüssig zu erwähnen, daß ich mich seit jenem Ereignis dem Freundeskreis der Familie P. zuzählen darf, und ich bin sicher, es wird ihnen eines Tages wieder etwas einfallen, wonach sich alle Schriftsteller dieser Welt sehnen: der Vertiefung ihrer Beziehung zu den Lesern.

Das Robert-Lembke-Remake im Hause P. blieb übrigens nicht der einzige Hausbesuch, den ich mir nahestehenden Lesern auf deren Ersuchen abgestattet habe. Auch von einem Fall mit tragischem Ausgang ist zu berichten. Frau K., Witwe eines Wiener Industriellen und hochbetagt in einer herrschaftlichen Wohnung nahe meinem eigenen Domizil lebend, war das, was man eine Leseratte nennt: Auf dem Beistelltisch neben ihrem Fauteuil türmten sich die Bücher. Auch von meinen eigenen Neuerscheinungen ließ sie kaum eine aus, wir kamen darüber ins Gespräch, und als sie mir eines Tages ihren Kummer darüber anvertraute, daß sie unter

Hausbesuch

Das Dutzend ist voll: eines von zwölf Grieser-Büchern zum Thema Österreich

dramatischem Verlust ihrer Sehkraft zu leiden und wohl in absehbarer Zeit mit totaler Erblindung zu rechnen habe, bot ich ihr an, sie gelegentlich zu besuchen und ihr vorzulesen.

Frau K. zeigte sich überglücklich, mit meiner Hilfe den drohenden Verzicht auf ihr Lieblingshobby hintanhalten zu können, ging dankbar auf meinen Vorschlag ein. Alle paar Wochen meldete ich mich bei ihr zum Vorlesetermin an, wir tranken miteinander Tee, sie drückte mir ihre jeweiligen Neuerwerbungen in die Hand, ich las ihr daraus vor. Auch ich profitierte von ihrer klugen Auswahl: So manches der Bücher, die sie sich hatte besorgen lassen, hätte ich ohne Frau K. wohl niemals kennengelernt.

Ich nehme an, es lag daran, daß ich eine Zeit lang beruflich überlastet war, jedenfalls traten in unserem Verkehr größere Pausen ein, und ab einem gewissen Zeitpunkt stellte ich meine Besuche bei Frau K. gänzlich ein. Sie verließ jetzt auch kaum noch ihre Wohnung, es entfielen also die gelegentlichen Begegnungen auf der Straße, die mich an meine selbstauferlegte Pflicht erinnert hätten, und kam es durch den einen oder anderen Umstand doch dazu, daß ich ihrer gedachte, siegte die Bequemlichkeit über die Hilfsbereitschaft: Ich verdrängte jeden Gedanken an meine sich sträflich mehrende Schuld. Bis ich eines Tages die schreckliche Wahrheit erfuhr: Frau K., inzwischen total erblindet und auch nur noch mit Krücken gehfähig, hatte sich aus ihrer im Mezzanin gelegenen Wohnung in den fünften Stock geschleppt, dort mit letzter Kraft das Gangfenster geöffnet und sich in den Hinterhof gestürzt. Sie war auf der Stelle tot, auf dem Fußboden vorm Fenster lagen als einziges die beiden Krücken.

Anders als bei Hausärzten, Fußpflegern und Heimhilfen bleiben bei Schriftstellern die Hausbesuche nicht auf Behinderte beschränkt. Was soll zum Beispiel einen wohlhabenden und kunstsinnigen Unternehmer davon abhalten, die Feier seines Firmenjubiläums mit dem Auftritt eines Autors, dessen jüngstes Werk in aller Munde ist, zu schmücken? Auch solchen Einladungen, bei denen klarerweise Geld fließt, bin ich stets gern nachgekommen. Großbanken, Computerhersteller und Wirtschaftstreuhänder können Honorare zahlen, von denen Literaturzirkel, Bibliotheken und Volkshochschulen nur träumen können. Ich rate dennoch zur Vorsicht: Autorenlesungen vor Auditorien aus Managern und Magnaten, aus Großkunden und Firmenbelegschaften sind stets dem Risiko eingeschränkter Aufnahmebereitschaft ausgesetzt. Ich erinnere mich mit Schrecken eines Auftritts bei der Jubiläumsfeier einer Bausparkasse, der im Lärm sektschlürfender Damen

Hausbesuch

und wodkatrinkender Männer unterging – ganz zu schweigen von dem robusten Organisationsleiter, der mir mitten in meinen Vortrag hinein das Mikrofon aus der Hand riß, um die Autonummer eines Teilnehmers durchzugeben, der seinen Wagen falsch geparkt hatte.

Nein, die schönsten Einladungen sind eben doch die der ernsthaft Interessierten, mag der Kreis auch noch so klein, die Örtlichkeit auch noch so glanzlos und das Entgelt auch noch so bescheiden sein. Mit Wonne erinnere ich mich an die Leseabende in der zum Vortragssaal umfunktionierten Wohnung meiner Freunde in der Porzellangasse: Jeder der Teilnehmer steuerte nach vorheriger präziser Absprache sein Teil zum Büffet bei, jeder half beim Aufstellen der Sessel mit, beim Geschirrabwaschen, beim Aufräumen. Auch die alljährlichen Privatlesungen in der Ordination eines kunstsinnigen Wiener Gynäkologen möchte ich nicht missen – wieso sollte es nicht möglich sein, ein literaturbegeistertes Auditorium auch zwischen Wartezimmer und Operationsstuhl in seinen Bann zu ziehen?

Nur mit der Einladung zu einem Gartenfest in Hietzing hatte ich Probleme: Die Veranstaltung war als »Fête blanche« angekündigt, der Dress-Code schrieb durchgängig weiße Kleidung vor. Doch woher nehmen, wenn man – wie ich – nichts Weißes im Kasten hat? Alle Damen erschienen in blütenweißen Blusen und Röcken, alle Herren in blütenweißen Hemden und Hosen – nur ich im gewohnten Schwarz. »Künstlerische Freiheit« lautete der freundliche Kompromiß, auf den sich Gastgeber und Gast im Nu einigten – das Fest konnte beginnen.

Der Autor

Das T-Shirt mit den drei Fischen

Februar 1996, »lecture tour« durch England, Schottland, Wales und Irland, jeden Tag in einer anderen Stadt. Vom Österreichischen Kulturinstitut in London initiiert und vom Außenministerium in Wien organisiert, sollte ich den Germanistikstudenten der diversen Universitäten mein damaliges Leibthema »Schauplätze der Weltliteratur« nahebringen – ein insgesamt lohnendes, trotz aller Reisestrapazen auch für den Vortragenden erfreuliches Unterfangen.

Nur einer der insgesamt zwölf Auftritte war durch widrige äußere Umstände beeinträchtigt: Schneestürme, wie man sie in dieser Region kaum je erlebt hat, hatten den Verkehr in Leicester lahmgelegt. Die Straßen waren menschenleer, die Häuser blieben verschlossen, die Hauptstadt der Grafschaft Leicestershire glich einer Geisterstadt.

Auch der Großteil der Studentinnen und Studenten, die sich für meinen Vortrag angemeldet hatten, blieb wetterbedingt aus, nur ein kleiner Kreis Unentwegter fand sich in dem mir zugewiesenen Hörsaal ein. Aber wie das oft so ist bei literarischen oder auch wissenschaftlichen Veranstaltungen: Je übersichtlicher das Auditorium, desto intensiver die Diskussion. Besonders eine der Studentinnen – ich erinnere mich heute nicht mehr an ihr Aussehen, geschweige denn an ihren Namen – tat sich mit klugen Fragen hervor, bedankte sich bei der Verabschiedung für mein Kommen und begleitete mich, durch den hohen Neuschnee stapfend, zu dem Taxi, das mich vor der Weiterfahrt nach Liverpool zu meiner Bed-and-Breakfast-Pension brachte.

230

Das T-Shirt mit den drei Fischen

Im Jahr darauf – manche meiner Erinnerungen an jene Vortragsreise waren inzwischen verblaßt – erhielt ich einen Anruf aus England. Es war die Stimme jener eifrigen Germanistikstudentin aus Leicester, die aber inzwischen an einen anderen Ort übersiedelt war, ihr Studium abgebrochen hatte und nun als Public-Relations-Assistentin für ein auf Textilien spezialisiertes Versandhaus arbeitete. Ihre Firma, Lands' End mit Namen, war dabei, eine Deutschlandfiliale aufzubauen, und für deren Katalog war sie, die des Deutschen Mächtige, zuständig. Um die künftige Klientel des kräftig expandierenden Unternehmens nicht nur mit Kragenweiten und Schuhgrößen, mit Maßen und Preisen, mit Lieferbedingungen und Versandkosten vollzustopfen, hatte sie sich bei ihren Vorgesetzten mit dem Vorschlag durchgesetzt, den Mittelteil des über hundert Seiten starken Katalogs mit einer Art literarischem Appendix anzureichern, in dem namhafte Autoren mit Kurzbeiträgen zu textilaffinen Themen zu Wort kommen sollten.

Dies war denn auch der Grund ihres Anrufs: ob ich mir – so lautete die Frage – vorstellen könnte, für das in Vorbereitung befindliche nächste Heft eine kleine Geschichte zu schreiben – und zwar zum Thema »Mein Lieblingshemd«. Es sollte nach Möglichkeit etwas Selbsterlebtes sein, nostalgisch oder witzig, kurz und bündig, flott. Als Honorar könne man mir einen Gutschein über 200 Pfund anbieten, der nach freier Wahl gegen Waren aus dem aktuellen Angebot von Lands' End einzulösen sei, selbstverständlich mit dem hausüblichen Mitarbeiterrabatt.

Ich rechnete die Sache durch: Mindestens acht Hemden würden dabei für mich herausschauen – eine ebenso günstige wie bequeme Gelegenheit, meinen Wäschevorrat aufzustocken. Außerdem reizte mich die Idee, einmal etwas ganz anderes zu schreiben als die mit umfangreichem Recherchieraufwand verbundenen Literaturreportagen, die mein damaliges Genre bildeten. Ebenso wie Elke Heidenreich und drei weitere prominente Kollegen, die gleichfalls von Lands' End angeschrieben worden waren, sagte ich zu – und das umso freudiger, als ich nicht lange darüber nachzudenken brauchte, welche Geschichte ich den Leuten von Lands' End anbieten würde. Hier ist sie:

Es war in den frühen Siebzigerjahren, also zu der Zeit, da allenthalben die mit mehr oder minder originellen Werbesprüchen bedruckten T-Shirts aufkamen. Der Verlag S. Fischer in Frankfurt hatte gerade mein erstes Buch herausgebracht. »Von Schloß Gripsholm zum River Kwai« hieß der Haupt-, »Literarische Lokaltermine« der Untertitel. Wie jeder auf dem Buchmarkt Debütierende platzte ich vor Stolz und unternahm alles Menschenmögliche, der in meinen Augen die Welt aus den Angeln hebenden Neuigkeit optimale Verbreitung zu verschaffen.

Nur – wie stellt man das an? Sollte ich wildfremde Menschen auf der Straße anfallen und sie von meinem neuen Status unterrichten? Sollte ich mir ein Schild um den Hals hängen: »Achtung, Schriftsteller!«?

In meiner Not kam mir ein zufällig zur selben Zeit gestarteter Werbefeldzug meines Verlages zu Hilfe: Das Haus S. Fischer hatte ein T-Shirt kreiert, das – mit den stilisierten drei Fischen des Firmenlogos, bunt auf weißem Grund – für seine Produkte warb. In einer Wiener Buchhandlung, in der ich häufig verkehrte, hatte ich das gute Stück entdeckt; es handelte sich um keinen im allgemeinen Textilhandel

Das T-Shirt mit den drei Fischen

erhältlichen Artikel, sondern um ein ausschließlich für Buchhandelsstammkunden bestimmtes Werbegeschenk.

Ich erbat mir ein Exemplar, bedankte mich höflich und trug das Beutestück heim. Doch statt es im Kleiderkasten zu verstauen, zog ich es augenblicklich an, und obwohl ich damals noch ein strammer Krawattenträger war, konnte ich mich von meinem Fischer-T-Shirt kaum noch trennen: Ich trug es tagaus tagein, ich trug es bei allen Gelegenheiten, und vor allem – ich trug es so, daß der Blick eines jeden, der meinen Weg kreuzte, frontal auf die drei Fische fiel.

Der erhoffte Effekt trat prompt ein: Neugierig erkundigte sich jeder, der mit mir ins Gespräch kam, nach dem Grund meiner ungewohnten Adjustierung und eröffnete mir so die Möglichkeit, mich ebenso lässig wie einprägsam als frischgebackenen Buchautor zu outen. In meiner Euphorie war ich fest davon überzeugt, selbst der bornierteste Banause würde unverzüglich in die nächsterreichbare Buchhandlung rasen, um auf der Stelle mein Opus Nr. 1 zu erwerben.

Eines hatte ich in meinem Größenwahn freilich nicht bedacht: Ein dermaßen extensiv eingesetztes Werbemittel ist immensem Verschleiß ausgesetzt. Tag für Tag dasselbe T-Shirt, jeden Abend in die Waschmaschine, jeden Morgen aufs Bügelbrett – die drei Fische wurden blasser und blasser, Ärmel und Halsausschnitt gerieten aus der Fasson, Saum und Bund fransten aus. Keine drei Monate, und mein Lieblings-Shirt hatte ausgedient. Doch die drei Monate – sie hatten sich gelohnt: Ich war – zumindest in meinem engeren Umkreis – als Schriftsteller etabliert.

Der Autor

Vier Buchstaben

Hans Weigel war unter den Schriftstellern seiner Generation in vieler Hinsicht eine Ausnahmeerscheinung. Nicht nur, daß der 1908 in Wien Geborene nahezu alle Sparten seines Berufs – Essay und Satire, Drama und Roman – beherrschte, machte er sich auch als unermüdlicher Mentor nachwachsender Talente verdient, galt unter anderem als Entdecker der großen Ingeborg Bachmann. Auch Randerscheinungen wie ich profitierten von Weigels Urteilskraft und Einsatzfreude, die sich in ermunterndem Zuspruch und absatzfördernden Rezensionen niederschlug. Keine Bitte um Fürsprache schlug er ab; obwohl zeitlebens mit Arbeit überhäuft, ließ er keinen der unzähligen Briefe, die ihn seitens ratsuchender Jungautoren erreichten, unbeantwortet.

In einem der Titelsucht verfallenen Land wie Österreich galt es als selbstverständlich, daß man Hans Weigel auf Grund seines Status als »Herr Professor« anredete. Auch wenn man nichts Genaueres über seine akademischen Würden wußte, wählte man automatisch diese Form der Annäherung – »Professor« konnte unter keinen Umständen falsch sein.

Doch Weigel war kein Professor und wollte auch keiner sein. Jeden Versuch, ihn zur Annahme dieses Ehrentitels zu bewegen, wehrte er vehement ab – wohlgemerkt nicht aus Koketterie, sondern als Zeichen des Protestes gegen die allzu großzügige, ja inflationäre Art und Weise, mit der die zuständigen österreichischen Instanzen auch so manchen Unwürdigen mit Auszeichnungen überhäufen.

Hans Weigel stand mit dieser Meinung nicht allein da: Auch etliche andere aus seiner Branche taten alles, um nicht mit

234

Vier Buchstaben

Hinz und Kunz in diesen übervollen Topf der »Prof. h.c.« geworfen zu werden. Doch das Gros der zur »Nobilitierung« vorgesehenen Kandidaten nahm die Auszeichnung willig an, brachte sich vielleicht sogar selber dafür ins Gespräch, sah sich nach einflußreichen Mentoren um, die das betreffende Ansuchen aktiv zu unterstützen bereit waren.

Auch was den Gebrauch des Titels betraf, dessen Nutzung im persönlichen Umgang und im Schriftverkehr, waren viele dieser frischernannten Professoren alles andere als zimperlich. Ich erinnere mich an eine Reporterin des ORF, die Friedrich Torberg zu einem Interview vors Mikrophon geholt und ihn im Vorgespräch der Sendung gefragt hatte, wie er anzusprechen sei. Torbergs knappe Antwort: »Selbstverständlich Herr Professor!« Und der Kabarettist Karl Farkas, von dem man – als notorischem Spötter – eher eine distanzierte Haltung zu derlei Ritualen erwartet hätte, ließ sich schon lange vor dem Verleihungsakt sein neues Briefpapier drucken, auf dessen Kopf neben Namen und Adresse die berühmten vier Buchstaben prangten: Prof.

Zwischen Mitteilung und Vollzug lagen im Fall Farkas mehrere Monate; wegen momentaner Arbeitsüberlastung hatte er um Aufschub der Zeremonie gebeten. Doch des Titels bediente er sich vom ersten Augenblick der Bekanntgabe an – er konnte es schier nicht erwarten, von seiner Mitwelt als Professor gewürdigt zu werden.

Nicht so Hans Weigel. Ich habe es schon gesagt: Er lehnte jedes Ansinnen, ihn zum Professor zu machen, barsch ab, und um diese seine Einstellung auch nach außen hin kenntlich zu machen, ließ er sich sogar einen Stempel mit der Aufschrift »Kein Professor!« anfertigen, mit dem er seine Briefpost versah.

235

Der Autor

Hans Weigels Titelphobie hinderte mich allerdings nicht daran, meinerseits schwach zu werden, als ich eines Tages die Nachricht erhielt, ich sei für die Verleihung des Professortitels vorgeschlagen worden. Zu meiner Ehrenrettung möchte ich allerdings festhalten, daß ich im Gegensatz zu manch anderem Kandidaten nicht selber in dieser Causa tätig geworden war. Ich erinnere mich nur an einen Telefonanruf des damaligen Generalsekretärs des PEN-Clubs, Franz Richter, der bei mir (wie ich allerdings erst später erfuhr) vorfühlen wollte, ob ich zur Annahme des »Prof.« bereit sei. Die Telefonverbindung war schlecht, ich verstand den Anrufer kaum, auch muß ich während des Gesprächs durch irgendetwas abgelenkt gewesen sein – das einzige, was ich begriff, war: Franz Richter wollte in irgendeiner Angelegenheit meine Zustimmung einholen. Da Richter ein ausnehmend seriöser und obendrein liebenswürdiger Mann war, konnte man ihm voll vertrauen, und so gab ich ihm, ohne überhaupt zu wissen, worum es ging, grünes Licht.

Einige Wochen später läutete bei mir wieder das Telefon – diesmal meldete sich eine Beamtin des Unterrichtsministeriums. »Grüß Gott, Herr Professor!« eröffnete Frau Fachoberinspektorin W. das Gespräch. Aha, so dachte ich, wieder eine dieser Personen, die einem – in Österreich sehr gebräuchlich! – mit einem Titel schmeicheln wollen, den man gar nicht hat. Ich fiel also der Anruferin beherzt ins Wort. Doch mein Einspruch prallte an ihr ab: In knappen, aber bestimmten Worten klärte mich Frau W. darüber auf, daß Dr. Hilde Hawlicek, die amtierende Bundesministerin für Unterricht, Kunst und Sport, soeben das Dekret unterzeichnet habe, mit dem ich zum Professor h.c. ernannt worden sei, nur die Unterschrift des Bundespräsidenten sei noch ausständig.

Vier Buchstaben

Der eigentliche Grund des Anrufes der Frau Fachoberinspektorin war – so stellte sich heraus – ihr Wunsch, ich möge die Aufgabe übernehmen, bei der bevorstehenden Feier im Zeremoniensaal des Ministeriums die obligaten Dankworte zu sprechen. Da es meistens mehrere Kandidaten sind, die bei solchen Anlässen »dekoriert« werden, fällt diese Aufgabe in der Regel demjenigen zu, den man seitens des Ministeriums für besonders wortmächtig hält, also dem Schriftsteller, und der war in diesem Falle ich.

Freudig überrascht stotterte ich ein paar ungelenke Dankworte ins Telefon, kehrte an meinen Schreibtisch zurück, setzte meine kleine Ansprache auf, fand mich, frisch eingekleidet und frisiert, zum angegebenen Termin im Zeremoniensaal des Ministeriums ein, lauschte den Worten des Laudators und der üblichen Streichmusik und – war von Stund an Professor.

Unterdessen war mir auch klar geworden, wie ich überhaupt zu meiner neuen Würde gekommen war. Franz Richter, der Generalsekretär des PEN-Clubs, hatte – so wie auch die Funktionäre anderer Standesvertretungen – von der Möglichkeit Gebrauch gemacht, aus der Reihe seiner Schutzbefohlenen ihm würdig erscheinende Kandidaten auszuwählen und dem Ministerium für den Professorentitel vorzuschlagen. Danke, lieber Franz Richter!

Bleibt nur noch die Frage, ob und wie sehr jenes Ereignis vom 17. Juni 1988 mein ferneres Leben verändert hat – eine Frage, die ich nicht mit einem Wort beantworten kann.

Ich denke, es ist wichtig, mit einem Titel (und gerade mit einem, der keinen akademischen Grad kennzeichnet, sondern »nur« ehrenhalber verliehen wird) sparsam umzugehen. Gut, auch ich habe mir – zusätzlich zu meinem »normalen« – einen kleinen Posten »Prof.«-Briefpapier drucken lassen. Doch ich verwende es nur zu besonderen Anlässen – etwa, wenn es darum geht, einem unliebsamen Adressaten die Zähne zu zeigen. Auch bei einem etwaigen »Wickel« mit einer Behörde oder einem Streit mit unredlichen Geschäftspartnern kann das Auftrumpfen mit dem Professorentitel hilfreich sein. Vielleicht ist dann der Kontrahent eher zum Einlenken bereit, vielleicht erhöht es, was die Erledigung der Causa betrifft, das Tempo – es kommt immer auf einen Versuch an. Gerade in einem titelfreudigen Land wie Österreich kann es die Position eines Beschwerdeführers oder Antragstellers beträchtlich stärken, wenn er seinen Allerweltsnamen mit den gewissen vier Buchstaben anreichert, und ich erinnere mich an Fälle, wo ich mit dieser Praxis tatsächlich Erfolg gehabt habe.

Auf der anderen Seite ist jedoch auch Vorsicht geboten – und das besonders dann, wenn ich als Autor agiere. In Werbeprospekten für meine Bücher und auf Veranstaltungsplakaten meiner Leseabende hat der »Prof.« nichts verloren: Er lenkt die Erwartungen des Publikums in eine falsche Richtung. Wäre ich ein Gelehrter und hielte wissenschaftliche Vorträge, Kurse oder Seminare, würde das Wörtchen »Prof.« meine Kompetenz zweifellos erhöhen. Doch ich bin kein Gelehrter, sondern ein Erzähler, und das Metier des Erzählers ist nicht das Dozieren, sondern eine Mixtur aus Information und Unterhaltung. Da wäre jegliches Auftrumpfen mit Titeln fehl am Platz. Ich achte also stets darauf, daß beim Aushandeln von Lesungsterminen jeglicher Hinweis auf den »Professor« unterbleibt.

Die Wirklichkeit sieht allerdings anders aus. Viele der Veranstalter setzen sich – zugegeben: in der besten Absicht – über

Vier Buchstaben

Fest mit Freunden: Kammersängerin Gundula Janowitz und Regisseur Nik Sulzberger gratulieren zum Fünfundsiebziger

meinen Einspruch hinweg und knallen mir den unerwünschten »Prof.« auf Einladungskarte, Presseaussendung und Plakat. Ich habe den Kampf inzwischen aufgegeben: Die österreichische Titelsucht duldet keine Ausnahme.

Der Vorlaß

In jedem Wien-Führer nimmt die Hofburg breiten Raum ein, und für diejenigen, die über die »Innereien« des altehrwürdigen Gebäudekomplexes zwischen Michaelerplatz und Burgring ganz genau Bescheid wissen wollen, steht sogar eine große Zahl eigener Publikationen zur Verfügung. Der Mann, dem Verwaltung und Aufsicht der Wiener Hofburg obliegt, durfte sich zu Zeiten der Monarchie mit dem Titel »Burggraf«

schmücken; auch sein republikanischer Nachfolger zählt zu den begehrtesten Posten der österreichischen Beamtenbürokratie, ist es doch in der Tat so etwas wie ein kleines *Reich*, dem der »Burghauptmann« vorsteht: eine Stadt in der Stadt.

Wer jemals seinen Fuß in einen der Trakte der ehemals kaiserlichen Burg gesetzt hat, weiß ein Lied davon zu singen, wie leicht man sich in all den Gängen, Stiegen und Zimmerfluchten verirrt. Stallburg und Amalienburg, Reichskanzlei- und Leopoldinischer Trakt, Winterreitschule und Redoutensaal auseinanderzuhalten, verlangt dem Besucher ein hohes Maß an Orientierungssinn ab; die diversen Innenhöfe, Tore und Denkmäler vervollständigen das Labyrinth.

Ein weiteres Kapitel bilden die in den einzelnen Bauteilen untergebrachten Sammlungen: Wie finde ich zur Schatzkammer oder zur Burgkapelle, zu den ehemaligen Kaiserappartements oder zur Hoftafel- und Silberkammer? Das historische Waffenarsenal und die Kollektion alter Musikinstrumente verfügen ebenso über eigene Museen wie die Sparte Völkerkunde, die Ausgrabungen von Ephesos, das Porträtarchiv, die Sammelstücke der Kunstsprache Esperanto und vieles andere mehr.

Besonders viel Raum beanspruchen die riesigen Bestände der Nationalbibliothek: Über mehrere Trakte der Hofburg verteilt und dort teilweise bis in die tiefsten Tiefen der Untergeschosse ausgelagert, bilden sie das Herzstück der monumentalen Anlage, und wenn es nach den Plänen der Generaldirektion geht, stehen bei Bewilligung der dafür erforderlichen Mittel noch eine Reihe weiterer Neuerungen bevor.

Eine der jüngeren Initiativen der Nationalbibliothek ist die am 1. Jänner 1996 erfolgte Gründung des Österreichischen

Der Vorlaß

Literaturarchivs, dem laut Erlaß des Bundesministeriums für Wissenschaft und Forschung der Erwerb, die fachgerechte Aufarbeitung und die Nutzung der Schriftstellernachlässe obliegt. Ödön von Horváth, Erich Fried, Ernst Jandl, Theodor Kramer, Axel Corti und Hilde Spiel sind nur einige der inzwischen über 130 Autoren, die hier mit ihren Manuskripten und anderen Memorabilien verewigt sind. Zu den weiteren Schätzen des vom seinerzeitigen Germanistik-Papst Wendelin Schmidt-Dengler angelegten Archivs zählen die Teilnachlässe Heimito von Doderers, Jakob Wassermanns und Alfred Kubins; anderes wie gewisse Kafka-Autographe oder die in Zürich lagernde Felix-Salten-Hinterlassenschaft mußte Wunschtraum bleiben, weil das Anschaffungsbudget der Nationalbibliothek und die Geldforderungen der betreffenden Erben zu weit auseinanderklafften.

In einer zweiten Aufbaustufe gingen Schmidt-Dengler und sein zehnköpfiges Mitarbeiterteam dazu über, neben den *Nachlässen* der verstorbenen Schriftsteller auch die *Vorlässe* der noch lebenden zu erwerben, und auch da wimmelt es von großen Namen: Peter Handke, Peter Henisch, Robert Menasse, Josef Haslinger, Gerhard Roth.

Als im Jahr 2003 das Österreichische Literaturarchiv auch an mich mit der Frage herantrat, ob ich geneigt wäre, ihnen meinen Vorlaß anzuvertrauen, war ich zunächst einmal überrascht: Ein Vertreter der üblicherweise geringer bewerteten Sparte *Sachbuch* unter all den Koryphäen der »littérature pure« – war das ein wirklich ernstgemeintes Offert?

Einerseits meine Bedenken nicht zurückhaltend, fühlte ich mich andererseits natürlich sehr geehrt und stimmte freudig-dankbar zu. Was in den Augen der strengen Fachleute für

241

Peter Handke – radelnd: Edi Sauerzopfs Porträtskizze für das Ausstellungsplakat der Wien-Bibliothek 1993

mich sprach, waren erstens die starke Verbreitung meiner Werke, zweitens die Fülle an Recherchematerial, die sich in den bis dahin drei Jahrzehnten meiner schriftstellerischen Tätigkeit angehäuft hatte, und drittens wohl auch die Prominenz der Briefpartner, mit denen ich im Lauf der Jahre – insbesondere für meine Bücher »Musen leben länger«, »Glückliche Erben« und »In deinem Sinne« – in Kontakt getreten war. Post aus dem Umkreis von Hermann Hesse und Bertolt Brecht, von Hugo von Hofmannsthal, Kurt Tucholsky und Gottfried Benn, von Erich Kästner, Ingeborg Bachmann und Joseph Roth – das weckte bei den professionellen Hütern des literarischen Erbes Appetit, und ich war gern bereit, diesen Appetit zu stillen.

So wurde also ein entsprechender Vertrag ausgehandelt, ein angemessenes Entgelt vereinbart und das gewünschte

Der Vorlaß

Material, sorgfältig sortiert, für die Übernahme bereitgestellt. Einige Wochen später fuhr ein Dienstwagen der Nationalbibliothek bei mir vor und holte die randvoll gefüllten 16 Kisten ab: Typoskripte und Korrespondenzen, Konvolute aus Aufzeichnungen, Bild- und Quellenmaterial, Belegstücke der Bücher, der Tonträger und der Fernsehfilmkassetten.

Der Abschied fiel mir leichter, als ich gedacht hatte. Erstens – so wurde mir versichert – würde ich im Bedarfsfall auch weiterhin Zugriff auf mein Material haben (wenn auch – so wie jeder andere Benützer des Österreichischen Literaturarchivs – nur in dessen Lesesaal im Michaelertrakt der Hofburg). Zweitens wußte ich es zu schätzen, daß es in meinem aus allen Nähten platzenden Privatarchiv fortan »luftiger« zugehen würde. Und drittens sah ich es – vor allem in Phasen übermäßiger beruflicher Inanspruchnahme – als willkommene Entlastung an, bei der Beantwortung komplizierter Leseranfragen auf das Literaturarchiv und dessen Mitarbeiterstab verweisen zu können. Was für mich jedoch am allermeisten zählte, war die große Auszeichnung, die mir durch den »Einzug« in die heiligen Hallen der Österreichischen Nationalbibliothek widerfahren war. Meine Bindung an die Wahlheimat Wien hatte durch diesen Vorgang einen weiteren und wesentlichen Schub erfahren.

Mein Nobelpreis

Irgendwann im Spätsommer 2004 sickerte es durch: Die Wiener Wirtschaftskammer habe die Absicht, einen neuen, der Buchbranche zugedachten Anerkennungspreis auszuloben und im Abstand von zwei Jahren an einen Autor zu verleihen,

Der Autor

dessen Werke einen besonderen Bezug zu Wien haben. Der Start dieser löblichen Initiative war für den 22. Februar 2005 angesetzt, die für die Nominierung des Preisträgers eingesetzte Kommission aus Vertretern der Kammer und der Fachgruppe Buch- und Medienwirtschaft entschied sich für mich. Welche anderen Kandidaten im Gespräch waren, entzieht sich meiner Kenntnis: Bei solchen Jurybeschlüssen geht es ja immer höchst geheimnisvoll zu.

Daß die Wahl des ersten Preisträgers (dem in späteren Jahren Christine Nöstlinger, Trude Marzik, Gerhard Tötschinger und Manfred Deix folgten) auf mich fiel, hatte mit den zahlreichen Wien-Büchern zu tun, die ich zwischen 1987 und 2004 veröffentlicht hatte. Sie alle – »Eine Liebe in Wien«, »Wahlheimat Wien«, »Wiener Adressen«, »Alle Wege führen nach Wien«, »Heimat bist du großer Namen«, »Gustl, Liliom und der Dritte Mann« und »Weltreise durch Wien« – hatten im Buchhandel wie in den Medien starke Resonanz gefunden, erzielten Spitzenplätze in den Bestsellerlisten, sicherten mir ein treues und kontinuierlich wachsendes Leserpublikum.

»Buchpreis der Wiener Wirtschaft« – so hieß die wohldotierte neue Auszeichnung, und da sie, im Gegensatz zu jenen »Bletschen«, mit denen verdiente Österreicher auf Grund von Bittstellerei, Anciennität oder auch »Beziehungen« mehr oder minder routinemäßig »dekoriert« werden, auf klaren kaufmännischen Fakten gründete, nahm ich Verleihungsurkunde und Bankscheck der Wiener Wirtschaftskammer dankbar an. Es gab im Lauf der Jahre auch etliche andere Ehrungen, die mir zufielen, aber sie hier der Reihe nach aufzuzählen, würde den Leser langweilen. Nur auf *eine* möchte ich der Kuriosität halber doch noch zu sprechen kommen.

244

30. September 1999, Lesung in der renommierten Buchhandlung Prachner in der Kärntnerstraße. Wie bei dortigen Veranstaltungen üblich, war an diesem und den Tagen davor das Hauptschaufenster zur Gänze leergeräumt, ausschließlich Grieser-Bücher füllten die Auslage, zwanzig, dreißig Exemplare, dazu ein schmuckes Plakat, ein Porträt des Autors, weiteres Werbematerial.

Gegen Mittag jenes 30. September, also wenige Stunden vor meinem Leseauftritt, erfolgte über Radio und Fernsehen die Bekanntgabe der Schwedischen Akademie, Günter Grass sei der Literatur-Nobelpreis zuerkannt worden. Jede Buchhandlung, die auf sich hielt, mußte auf eine solche Nachricht reagieren, am besten mit einem blitzschnell arrangierten Sonderschaufenster. Doch im gegenständlichen Fall war das nur schwer möglich: Grieser raus und Grass rein – das hätte bedeutet, daß man sich die Werbung für die abendliche Veranstaltung mit mir vermasselt hätte. Also entschloß sich die Firma Prachner zu einem Kompromiß: Man ließ in aller Eile ein Miniposter drucken, einen Karton im DIN-A4-Format, und stellte ihn in die Auslage, mitten unter die vielen Grieser-Bücher. Der Text der improvisierten Mitteilung war ebenso klar wie kurz. Erste Zeile: *Nobelpreis*, zweite Zeile: *für Günter Grass*.

Die Firma Prachner konnte zufrieden sein, hatte das Ihre dazu getan, dem großen Ereignis die gebührende Aufmerksamkeit zu verschaffen. Doch ein tückischer Zufall wollte es, daß der in die Auslage gestellte Karton aus irgendwelchen Gründen seinen Halt verlor und hinunterrutschte – mit dem Resultat, daß die Zeile »*für Günter Grass*« verschwand und nur noch die Zeile »*Nobelpreis*« zu lesen war. Was war die Folge? Mochten die Straßenpassanten, die zu dieser Stunde

Der Autor

das Schaufenster der Buchhandlung Prachner in Augenschein nahmen, auch noch so verwundert, verstört oder gar wütend sein, sie mußten zur Kenntnis nehmen, daß nicht Günter Grass oder einem anderen Würdigen die höchste literarische Auszeichnung der Welt zuerkannt worden war, sondern mir. Tatsächlich trafen noch vor Beginn der abendlichen Lesung die ersten Glückwünsche bei mir ein, zwar zögerlich-zweifelnde und überrascht-ungläubige, aber jedenfalls Glückwünsche. Leider ist die Prachner'sche Fehlleistung nicht im Bild festgehalten worden, und so halten viele, denen ich von dem Vorfall berichte, meine kurzzeitige Nobilitierung für eine gut erfundene Anekdote. Ist es aber nicht. Es hat sich ganz genau so abgespielt. So leicht kann unsereins zum Nobelpreis kommen …

Was ich an Wien mag	*Was ich an Wien* nicht *mag*
das Wiener Wasser	den Wiener Wind
den Duft der Akazienblüte im Türkenschanzpark	den Gestank des Donaukanals
Servus	Tschüss
Wetterfleck	Pelzhauben, Leggings
Tafelspitz, Grammelschmalz, Quittenkäse	Hirn mit Ei, Grießschmarrn
Rotwein	Bier
Mölkerbastei, Heiligenkreuzerhof, Strudlhofstiege, Durchhaus Siebensterngasse/Burggasse	die Unwegsamkeit des Schwarzenbergplatzes und die Monotonie der Höhenstraße
T-Mobile Center	Hundertwasserhaus
Peregrini-Kirtag im Servitenviertel	Faschingsveranstaltungen
Städtische Bücherei Kundmanngasse	die Abschaffung des Zettelkataloges
die Wien-Feuilletons von Daniel Spitzer, Ludwig Speidel und Victor Auburtin	Anglizismen wie Head Lounge, Railjet, Newsflash, Top
die Sessel im Radio-Kulturhaus	rückwärtige Logenplätze in der Staatsoper
die Chauffeure der Buslinie 4A	Radfahrer auf Gehsteigen
Weinwanderweg beim Kahlenbergerdorf	Fußgänger, die partout nicht ausweichen
die Akkordeonspieler am Karlsplatz	Schaustellerrummel rund um den Stephansplatz

247

Was ich an Wien mag	*Was ich an Wien* nicht *mag*
Metallene Fußabstreifer an den Hauseingängen (sehr selten geworden)	Zahlknopf der Münzfernsprecher
24-Stunden-Service meines Copyshops	Firmen-Hotlines mit End-los-Warteschleife, Handy-Exzesse in den öffentlichen Verkehrsmitteln
die Sanitäranlagen im »Imperial«	Lokale mit überfüllten Kleiderständern
Kurzhaardackel, jede Art von Krähenvögeln	Jogger, Nordic Walker
die Künstlerporträts der Zeichnerin Winnie Jakob (WIN)	Medienkult um Scheingrößen aus Showbusiness, Eventkultur und Society
die Radiostimme von Axel Corti †	die Bühnenstimme von Birgit Minichmayr
meine Tabaktrafik	leerstehende Geschäfte
den Taschentuchbaum im Botanischen Garten	nächtliche Parties auf benachbarten Dachterrassen
die Zeitungskommentare von Christian Ortner	die Barbara Karlich Show

Was ich außerdem an Wien mag

Inzersdorfer Blumenmarkt um fünf Uhr früh

die türkisblauen Jugendstilvasen im Stadtpark

Adalbert Stifters Ölbild »Blick in die Beatrixgasse«

das Loos-Zimmer im Wien-Museum

die Auslagen der Konditorei Demel (siehe Bild)

Reinhold Schneiders Buch »Winter in Wien«

Scherenschleifer (sehr selten geworden)

Die 19 000 (!) Abfallkörbe an den Wiener Gehsteigen

die Kaiser-Franz-Joseph-Statue im Burggarten

die ehemalige Insektenpulverfabrik Zacherl in der Nußwaldgasse

Eau de Toilette von Kniže

das Biedermeier-Stehpult aus der Verlassenschaft meines Anwalts Dr. P.

meinen langjährigen Briefträger Franz M.

Anmerkung:

Daß die Zahl der Pro-Stimmen die der Kontra-Stimmen deutlich übersteigt, darf als Beleg dafür gewertet werden, daß ich mich in Wien wohlfühle.

Höchste Raffinesse: Die Auslagengestaltung der Konditorei Demel

Personenregister

A Sancta Clara, Abraham
  (Johannes Ulrich Megerle) 69
Adler, Emma 77
Adler, Viktor 77
Alexander, Peter 68
Alt, Salome 126
Altenberg, Peter 116
Aslan, Raoul 78
Attems-Heiligenkreuz, Franziska
  69
Auburtin, Victor 248
Auden, Wystan Hugh 15

Bachmann, Ingeborg 234, 242
Batthyány, Ladislaus 78
Baudouin I., König der Belgier
  18
Beethoven, Ludwig van 54, 217
Benatzky, Ralph 89
Benjamin, Walter 35
Benn, Gottfried 242
Bernhard, Thomas 21f.
Billroth, Theodor 217
Bojaxhiu, Agnes (genannt Mutter
  Teresa) 79
Brahms, Johannes 217
Brecht, Bertolt 242
Broch, Hermann 116
Bruckner, Anton 69

Brusatti, Otto 56f., 90
Bukowski, Manfred 172ff.

Calafati, Basilio 218
Corti, Axel 241, 248

Deix, Manfred 244
Doderer, Heimito v. 35, 54, 216,
  241

Eckhardt, Fritz 14
Elges, Paula 169
Elisabeth, Kaiserin von
  Österreich 20
Enzensberger, Hans Magnus 74

Farkas, Karl 235
Flora, Paul 205
Forst, Willi 169
Francillo-Kauffmann, Hedwig
  53
Freud, Sigmund 168
Fried, Erich 241
Friedell, Egon 54
Frischmuth, Barbara 46ff.

Gluck, Christoph Willibald 56
Grass, Günter 245f.
Greene, Graham 216

Personenregister

Grieser, Jakob 58ff.
Griesser, Erhart 60f.

Hadid, Zaha 37ff.
Haile Selassie I., Kaiser v.
  Äthiopien 18
Hamann, Brigitte 154
Handke, Peter 241f.
Hansen, Theophil 217
Harfouch, Corinna 85
Haslinger, Josef 241
Hawelka, Josefine 110
Hawlicek, Hilde 236f.
Heesters, Johannes 137ff.
Heidenreich, Elke 213f., 232
Henckel-Donnersmarck, Florian
  178
Henisch, Peter 241
Herdan, Alice 17
Hesse, Hermann 242
Hessel, Franz 35
Hetzer, Koschka 135f.
Hinterberger, Ernst 216
Hodina, Karl 90
Hofbauer, Klemens Maria 77
Hofmannsthal, Hugo v. 77, 242
Hollein, Hans 172, 175
Horváth, Ödön v. 241
Hvizd, Agnes 78

Innerhofer, Franz 185

Jakob, Winnie 248
Jandl, Ernst 241
Jeritza, Maria 126

Johannes Paul II., Papst 80, 223
Josef II., Kaiser des Hl. Röm.
  Reiches 217

Kafka, Franz 241
Karas, Anton 91
Karlich, Barbara 248
Kästner, Erich 242
Keun, Irmgard 19
Khevenhüller-Metsch,
  Maximilian 176, 177
Khevenhüller-Metsch,
  Wilhelmine 178
Kienzl, Wilhelm 77
Klaus, Josef 18
Klausnitzer, Rudi 56
Klestil, Thomas 158
Knobloch, Heinz 25
Kobelkoff, Nikolai Basilowitsch
  218
Kohl, Hannelore 158
Kohl, Helmut 157f.
Kramer, Theodor 241
Krug, Dietmar 155
Kubin, Alfred 241
Kuh, Anton 19
Kührer, Marianne 112ff.
Kurz, Alfred 68
Lanckoronski, Karl v. 69

Lederer, Herbert 186
Lembke, Robert 225f.
Leopoldi, Hermann 91
Leser, Norbert 40, 80, 90
Loos, Adolf 54, 250

Personenregister

Löwenherz, Richard I., engl.
    König 45

Madeja, Gabi 214
Madre Pascalina 78
Mahler-Werfel, Alma 78
Mahler, Gustav 77
Maria Theresia, Königin
    v. Ungarn u. Böhmen
    70, 120
Markus, Georg 213f.
Marzik, Trude 244
May, Karl 20
May, Klara 20
Mayer-Schalburg, Uta
    159
Meinrad, Josef 54, 78
Menasse, Robert 241
Mendel, Gregor 77
Mindszenty, József 78
Minichmayr, Birgit 248
Mitterer, Felix 155
Moes, Wladyslav v. 20
Moser, Hans 90, 92
Mozart, Wolfgang Amadeus
    54, 70, 126

Nagl, Maly 90
Nika, Vujica 178
Nizon, Paul 14
Nöstlinger, Christine 244

Ondrusch, Anna 71
Ondrusch, Simon 168
Ortner, Christian 248

Podrecca, Boris 170
Prawy, Marcel 14
Preußler, Otfried 86
Pribyl, Hermine 102
Probus, röm. Kaiser 54

Qualtinger, Helmut 51, 203

Raitenau, Wolf Dietrich v. 126
Richter, Franz 236f.
Rosenkranz, Evelyn 39
Roth, Gerhard 241
Roth, Joseph 14, 19, 242
Rybarski, Ruth 199

Salten, Felix 54, 216, 241
Schambeck, Herbert 18
Schmidt-Dengler, Wendelin
    241
Schmidt, Franz 77
Schneider, Reinhold 9f., 249
Schnitzler, Arthur 216
Schönborn, Christoph 80
Schubert, Franz 69
Schwarz, Alois 78
Seder, Erne 42ff.
Sibelius, Jean 56
Sinatra, Frank 68
Speidel, Ludwig 248
Spiel, Hilde 241
Spitzer, Daniel 248
Stifter, Adalbert 216, 249
Suter, Martin 84
Suttner, Bertha v. 20
Svensson, Jön 77

253

Personenregister

Torberg, Friedrich 235
Toscanini, Arturo 55
Tötschinger, Gerhard 244
Tucholsky, Kurt 242
Twain, Mark 20

Ungar, Leopold 79

Vivaldi, Antonio 56

Waal, Edmund de 160
Wagner, Otto 37f., 50
Wassermann, Jakob 241
Weber, Johann Baptist 78
Weigel, Hans 145ff., 234ff.

Werfel, Franz 78
Werner, Oskar 14
Wolfgruber, Gernot 185f.
Wotruba, Fritz 37, 68, 79,
   195
Wotruba, Lucy 79
Wussow, Barbara 40

Xander, Brigitte 133, 136

Yeh Yon Tschen 102

Zimmer, Franz 133f., 136
Zuckmayer, Carl 17f.
Zweig, Stefan 216

Dietmar Grieser
DAS ZWEITE ICH

*Von Hans Moser bis Kishon,
von Falco bis Loriot*

Bestsellerautor Dietmar Grieser, diesmal auf Spurensuche im Reich der abgelegten und der angenommenen, der echten und der falschen Identitäten, weiß auf alle einschlägigen Fragen Antwort: unter welchen Tarnnamen Kaiserin Elisabeth durch die Lande reist, wie Kishon zu seinem »Markenzeichen« kommt u.v.m. Alles in allem ein amüsantes Kompendium, ein fesselnder Streifzug durch den Jahrmarkt der Eitelkeiten – in Österreich und dem Rest der Welt.

»*Dietmar Grieser wird seinem Ruf als genauer Spurensucher und amüsanter Erzähler mehr als gerecht.*«
Wiener Zeitung

»*Wer Dietmar Grieser kennt, weiß, was ihn erwartet: spannende, sorgfältig recherchierte Geschichten von Menschen und Begebenheiten – kurz literarische Kleinode fesselnd und humorvoll erzählt.*« Badener Zeitung

263 Seiten, ISBN 978-3-85002-718-2
Amalthea

Lesetipp

AMALTHEA SIGNUM VERLAG
WWW.AMALTHEA.AT